독학사

2단계

경영학과

마케팅조사

SD에듀

(주)시대고시기획

머리말

학위를 얻는 데 시간과 장소는 더 이상 제약이 되지 않습니다. 대입 전형을 거치지 않아도 '학점은행제'를 통해 학사학위를 취득할 수 있기 때문입니다. 그중 독학학위제도는 고등학교 졸업자이거나 이와 동등 이상의 학력을 가지고 있는 사람들에게 효율적인 학점 인정 및 학사학위 취득의 기회를 줍니다.

본 도서는 독학사 전공 중 경영학과 학위를 목표로 하는 분들을 위하여 집필된 것으로 전공기초과정의 경영학과 2단계 과정을 다루고 있습니다. 경영학과 2단계에서는 경영정보론, 마케팅원론, 마케팅조사, 원가관리회계, 인적자원관리, 조직행동론, 회계원리 등을 학습하게 될 것입니다.

경영학과 2단계 시험에 응시하는 수험생들이 단기간에 효과적인 학습을 할 수 있도록 다음과 같이 구성하였습니다.

01 기출복원문제
기출복원문제를 수록하여 최근 시험경향을 파악하고 이에 맞춰 공부할 수 있도록 하였습니다.
→ 기출복원문제 해설 무료 동영상 강의 제공

02 핵심이론
독학학위제 평가영역과 관련 내용을 면밀히 분석하여 시험에 꼭 나오는 '핵심이론'을 수록하였으며, 이론 안의 '더 알아두기' 등을 통해 내용 이해에 부족함이 없도록 하였습니다.

03 OX문제 및 실전예상문제
핵심이론의 내용을 OX문제로 다시 한 번 체크하고, '실전예상문제'를 통해 앞서 공부한 이론이 머릿속에 잘 정리되었는지 확인해 볼 수 있도록 하였습니다.

04 최종모의고사
최신 출제유형을 반영한 '최종모의고사(총 2회분)'로 자신의 실력을 점검해 볼 수 있습니다. 실제 시험에 임하듯이 시간을 재고 풀어본다면 시험장에서 실수를 줄일 수 있을 것입니다.

05 빨리보는 간단한 키워드
핵심적인 이론만을 꼼꼼하게 정리하여 수록한 '빨리보는 간단한 키워드'로 전반적인 내용을 한눈에 파악할 수 있습니다. → '빨리보는 간단한 키워드' 무료 동영상 강의 제공

시간 대비 학습의 효율성을 높이기 위해 이론 부분을 최대한 압축하려고 노력하였습니다. 문제들이 실제 기출유형에 맞지 않아 시험 대비에 만족하지 못하는 수험생들이 많은데 이 책은 그러한 문제점을 보완하여 수험생들에게 시험에 대한 확신을 주고, 단기간에 고득점을 획득할 수 있도록 노력하였습니다. 끝으로 본 도서로 독학학위 취득의 꿈을 이루고자 하는 수험생들이 반드시 합격하기를 바랍니다.

편저자 드림

B D E S

독학학위제 소개

독학학위제란?

「독학에 의한 학위취득에 관한 법률」에 의거하여 국가에서 시행하는 시험에 합격한 사람에게 학사학위를 수여하는 제도

- ✓ 고등학교 졸업 이상의 학력을 가진 사람이면 누구나 응시 가능

- ✓ 대학교를 다니지 않아도 스스로 공부해서 학위취득 가능

- ✓ 일과 학습의 병행이 가능하여 시간과 비용 최소화

- ✓ 언제, 어디서나 학습이 가능한 평생학습시대의 자아실현을 위한 제도

- ✓ 학위취득시험은 4개의 과정(교양, 전공기초, 전공심화, 학위취득 종합시험)으로 이루어져 있으며 각 과정별 시험을 모두 거쳐 학위취득 종합시험에 합격하면 학사학위 취득

독학학위제 전공 분야 (11개 전공)

※ 유아교육학 및 정보통신학 전공: 3, 4과정만 개설
  (정보통신학의 경우 3과정은 2025년까지, 4과정은 2026년까지만 응시 가능하며, 이후 폐지)
※ 간호학 전공: 4과정만 개설
※ 중어중문학, 수학, 농학 전공: 폐지 전공으로 기존에 해당 전공 학적 보유자에 한하여 응시 가능

※ SD에듀는 현재 4개 학과(심리학과, 경영학과, 컴퓨터공학과, 간호학과) 개설 완료
※ 2개 학과(국어국문학과, 영어영문학과) 개설 진행 중

독학학위제 시험안내

과정별 응시자격

단계	과정	응시자격	과정(과목) 시험 면제 요건
1	교양	고등학교 졸업 이상 학력 소지자	• 대학(교)에서 각 학년 수료 및 일정 학점 취득 • 학점은행제 일정 학점 인정 • 국가기술자격법에 따른 자격 취득 • 교육부령에 따른 각종 시험 합격 • 면제지정기관 이수 등
2	전공기초		
3	전공심화		
4	학위취득	• 1~3과정 합격 및 면제 • 대학에서 동일 전공으로 3년 이상 수료 　(3년제의 경우 졸업) 또는 105학점 이상 취득 • 학점은행제 동일 전공 105학점 이상 인정 　(전공 28학점 포함) ➜ 22.1.1. 시행 • 외국에서 15년 이상의 학교교육과정 수료	없음(반드시 응시)

응시 방법 및 응시료

• 접수 방법: 온라인으로만 가능
• 제출 서류: 응시자격 증빙 서류 등 자세한 내용은 홈페이지 참조
• 응시료: 20,400원

독학학위제 시험 범위

• 시험과목별 평가 영역 범위에서 대학 전공자에게 요구되는 수준으로 출제
• 시험 범위 및 예시문항은 독학학위제 홈페이지(bdes.nile.or.kr) ➜ 학습정보 ➜ 과목별 평가영역에서 확인

문항 수 및 배점

과정	일반 과목			예외 과목		
	객관식	주관식	합계	객관식	주관식	합계
교양, 전공기초 (1~2과정)	40문항×2.5점 =100점	–	40문항 100점	25문항×4점 =100점	–	25문항 100점
전공심화, 학위취득 (3~4과정)	24문항×2.5점 =60점	4문항×10점 =40점	28문항 100점	15문항×4점 =60점	5문항×8점 =40점	20문항 100점

※ 2017년도부터 교양과정 인정시험 및 전공기초과정 인정시험은 객관식 문항으로만 출제

합격 기준

- 1~3과정(교양, 전공기초, 전공심화) 시험

단계	과정	합격 기준	유의 사항
1	교양	매 과목 60점 이상 득점을 합격으로 하고, 과목 합격 인정(합격 여부만 결정)	5과목 합격
2	전공기초		6과목 이상 합격
3	전공심화		

- 4과정(학위취득) 시험 : 총점 합격제 또는 과목별 합격제 선택

구분	합격 기준	유의 사항
총점 합격제	• 총점(600점)의 60% 이상 득점(360점) • 과목 낙제 없음	• 6과목 모두 신규 응시 • 기존 합격 과목 불인정
과목별 합격제	• 매 과목 100점 만점으로 하여 전 과목(교양 2, 전공 4) 60점 이상 득점	• 기존 합격 과목 재응시 불가 • 1과목이라도 60점 미만 득점하면 불합격

시험 일정

- 경영학과 2단계 시험 과목 및 시험 시간표

구분(교시별)	시간	시험 과목명
1교시	09:00~10:40(100분)	회계원리, 인적자원관리
2교시	11:10~12:50(100분)	마케팅원론, 조직행동론
중식 12:50~13:40(50분)		
3교시	14:00~15:40(100분)	경영정보론, 마케팅조사
4교시	16:10~17:50(100분)	생산운영관리, 원가관리회계

※ 시험 일정 및 세부사항은 반드시 독학학위제 홈페이지(bdes.nile.or.kr)를 통해 확인하시기 바랍니다.

※ SD에듀에서 개설되었거나 개설 예정인 과목은 빨간색으로 표시했습니다.

독학학위제 단계별 학습법

1 단계 평가영역에 기반을 둔 이론 공부!

독학학위제에서 발표한 평가영역에 기반을 두어 효율적으로 이론 공부를 해야 합니다. 각 장별로 정리된 '핵심이론'을 통해 핵심적인 개념을 파악합니다. 모든 내용을 다 암기하는 것이 아니라, 포괄적으로 이해한 후 핵심내용을 파악하여 이 부분을 확실히 알고 넘어가야 합니다.

2 단계 시험경향 및 문제유형 파악!

독학사 시험 문제는 지금까지 출제된 유형에서 크게 벗어나지 않는 범위에서 비슷한 유형으로 줄곧 출제되고 있습니다. 본서에 수록된 이론을 충실히 학습한 후 '실전예상문제'를 풀어 보면서 문제의 유형과 출제의도를 파악하는 데 집중하도록 합니다. 교재에 수록된 문제는 시험 유형의 가장 핵심적인 부분이 반영된 문항들이므로 실제 시험에서 어떠한 유형이 출제되는지에 대한 감을 잡을 수 있을 것입니다.

3 단계 '실전예상문제'를 통한 효과적인 대비!

독학사 시험 문제는 비슷한 유형들이 반복되어 출제되므로 다양한 문제를 풀어 보는 것이 필수적입니다. 각 단원의 끝에 수록된 '실전예상문제'를 통해 단원별 내용을 제대로 학습했는지 꼼꼼하게 확인하고, 실력점검을 합니다. 이때 부족한 부분은 따로 체크해 두고 복습할 때 중점적으로 공부하는 것도 좋은 학습 전략입니다.

4 단계 복습을 통한 학습 마무리!

이론 공부를 하면서, 혹은 문제를 풀어 보면서 헷갈리고 이해하기 어려운 부분은 따로 체크해 두는 것이 좋습니다. 중요 개념은 반복학습을 통해 놓치지 않고 확실하게 익히고 넘어가야 합니다. 마무리 단계에서는 '빨리보는 간단한 키워드'를 통해 핵심개념을 다시 한 번 더 정리하고 마무리할 수 있도록 합니다.

COMMENT
합격수기

" 저는 학사편입 제도를 이용하기 위해 2~4단계를 순차로 응시했고 한 번에 합격했습니다.
아슬아슬한 점수라서 부끄럽지만 독학사는 자료가 부족해서 부족하나마 후기를 쓰는 것이 도움이 될까 하여
제 합격전략을 정리하여 알려 드립니다.

#1. 교재와 전공서적을 가까이에!

학사학위 취득은 본래 4년을 기본으로 합니다. 독학사는 이를 1년으로 단축하는 것을 목표로 하는 시험이
라 실제 시험도 변별력을 높이는 몇 문제를 제외한다면 기본이 되는 중요한 이론 위주로 출제됩니다. SD
에듀의 독학사 시리즈 역시 이에 맞추어 중요한 내용이 일목요연하게 압축·정리되어 있습니다. 빠르게
훑어보기 좋지만 내가 목표로 한 전공에 대해 자세히 알고 싶다면 전공서적과 함께 공부하는 것이 좋습니
다. 교재와 전공서적을 함께 보면서 교재에 전공서적 내용을 정리하여 단권화하면 시험이 임박했을 때 교
재 한 권으로도 자신 있게 시험을 치를 수 있습니다.

#2. 시간확인은 필수!

쉬운 문제는 금방 넘어가지만 지문이 길거나 어렵고 헷갈리는 문제도 있고, OMR 카드에 마킹까지 해야
하니 실제로 주어진 시간은 더 짧습니다. 1번에 어려운 문제가 있다고 해서 시간을 많이 허비하면 쉽게 풀
수 있는 마지막 문제들을 놓칠 수 있습니다. 문제 푸는 속도도 느려지니 집중력도 떨어집니다. 그래서 어
차피 배점은 같으니 아는 문제를 최대한 많이 맞히는 것을 목표로 했습니다.
① 어려운 문제는 빠르게 넘기면서 문제를 끝까지 다 풀고 ② 확실한 답부터 우선 마킹한 후 ③ 다시 시험
지로 돌아가 건너뛴 문제들을 다시 풀었습니다. 확실히 시간을 재고 문제를 많이 풀어봐야 실전에 도움이
되는 것 같습니다.

#3. 문제풀이의 반복!

여느 시험과 마찬가지로 문제는 많이 풀어볼수록 좋습니다. 이론을 공부한 후 실전예상문제를 풀다보니
부족한 부분이 어딘지 확인할 수 있었고, 공부한 이론이 시험에 어떤 식으로 출제될지 예상할 수 있었습니
다. 그렇게 부족한 부분을 보충해가며 문제유형을 파악하면 이론을 복습할 때도 어떤 부분을 중점적으로
암기해야 할지 알 수 있습니다. 이론 공부가 어느 정도 마무리되었을 때 시계를 준비하고 최종모의고사를
풀었습니다. 실제 시험시간을 생각하면서 예행연습을 하니 시험 당일에는 덜 긴장할 수 있었습니다.

학위취득을 위해 오늘도 열심히 학습하시는 동지 여러분에게도 합격의 영광이 있으시길 기원하면서 이만 줄입니다. "

이 책의 구성과 특징

기출복원문제

> ▶ 온라인(www.sdedu.co.kr)을 통해 기출문제
> 무료 동영상 강의를 만나 보세요.

※ 본 문제는 다년간 독학사 경영학과 2단계 시험에서 출제된 기출문제를 복원한 것입니다. 문제의 난이도와 수험경향 파악으로 사용하
권고드립니다. 본 기출복원문제에 대한 무단복제 및 전제를 금하여 저작권은 SD에듀에 있음을 알려드립니다.

01 다음 중 신디케이트 조사와 일반 마케팅 조사와의 차이점에 해당
하는 것은?

① 마케팅 조사 프로젝트를 더 빠른 기간 내에 끝낼 수 있다.
② 복수의 다양한 회사가 전문기관에 의뢰하여 진행될 수 있다.
③ 더 정확한 자료를 제공받을 수 있다.
④ 2차 자료 활용에 더욱 적합한 조사 방법이다.

01 신디케이트 조사란 기
판매하기 위하여 조사
으로 자료를 수집하는
케이트 조사라고 해서
빠른 기간 내에 끝내거
자료를 제공받거나 2차
더욱 적합하다는 것은
에 의한 추가적인 조사
반 마케팅 조사와의 ㄷ

01 기출복원문제

'기출복원문제'를 풀어 보면서
독학사 경영학과 2단계 시험의
기출 유형과 경향을 파악해 보세요.

제 **1** 장 **마케팅 조사의 이해**

제1절 마케팅 조사의 의의 [기출]

1 마케팅 조사의 개요 [기출]

(1) 현대의 마케팅 관리자는 의사결정에 영향을 미치는 마케팅 조사의 중요성을 이해하고 있지만, 마ㅓ
조사는 합리적인 의사결정에 도움을 주는 것이지 의사결정 자체를 대신해 주는 것은 아니다.

(2) 마케팅 조사는 의사결정이 아니며, 최선의 의사결정을 하기 위한 확률을 높이는 것이다.

02 핵심이론

평가영역을 바탕으로 꼼꼼하게 정리된
'핵심이론'을 통해 꼭 알아야 하는 내용을
명확히 이해할 수 있어요.

○X로 점검하자 | 제1장

※ 다음 지문의 내용이 맞으면 O, 틀리면 ×를 체크하시오. [1~7]

01 마케팅 조사는 의사결정이다. ( )

02 마케팅 조사의 목적은 소비자들에 대한 명확한 이해를 기반으로, 소비자들을 만족시켜 주는
및 서비스를 제공하는 것이다. ( )

03 마케팅 프로그램의 개발은 마케팅 믹스 4P's(Product, Price, Place, People)에 대한 계획

04 탐색조사는 기업의 마케팅 문제와 현재의 상황을 보다 잘 이해하기 위해서 시행하는 조사

05 기술조사는 현재 나타나고 있는 마케팅 현상을 보다 정확하게 이해하기 위해서 시행하는 조사

06 1차 자료는 현 조사문제에 도움을 줄 수 있는 기존의 모든 자료이다. ( )

03 OX로 점검하자

핵심이론을 학습한 후 중요 내용을
OX문제로 한 번 더 점검해 보세요.

제 1 장 | 실전예상문제

01 다음 중 마케팅 조사의 단계로 옳은 것은?

① 문제정의 → 자료수집방법의 결정 → 조사설계 → 표본설계
　→ 시행 → 분석 및 활용
② 문제정의 → 자료수집방법의 결정 → 표본설계 → 조사설계
　→ 시행 → 분석 및 활용
③ 문제정의 → 조사설계 → 자료수집방법의 결정 → 표본설계
　→ 시행 → 분석 및 활용
④ 문제정의 → 표본설계 → 조사설계 → 자료수집방법의 결정
　→ 시행 → 분석 및 활용

01 마케팅 조사의 단계
　문제정의 → 조사설계 → 자료수집
　방법의 결정 → 표본설계
　분석 및 활용

04 실전예상문제

핵심이론에서 공부한 내용을 기억하며
'실전예상문제'를 풀어 보면서
문제를 해결하는 능력을 길러 보세요.

제1회 최종모의고사 | 마케팅조사

제한시간: 50분 | 시작 ＿＿시 ＿＿분 - 종료 ＿＿시 ＿＿분

크 정답 및 해설

01 다음 중 괄호 안에 들어갈 말로 가장 적절한
　　것은?

　　문제정의 → 조사설계 → 자료수집방법
　　결정 → (　　　) → 시행 → 분석 및 활용

　① 정보수집
　② 표본설계
　③ 자료의 코딩

03 마케팅 조사의 단계에서 조사설계는 조○
　　성격에 따라 여러 가지로 나누어진다. 디
　　중 다른 하나는?

　① 표본조사
　② 인과조사
　③ 탐색조사
　④ 기술조사

05 최종모의고사

핵심이론을 익히고 실전예상문제를
풀어 보았다면 이제 남은 것은 단 하나!
'최종모의고사'를 실제 시험처럼 시간을
정해 놓고 풀어 보세요.

+ P / L / U / S +

시험 직전의 완벽한 마무리!
빨리보는 간단한 키워드

'빨리보는 간단한 키워드'는 핵심요약집으로 시험 직전까지
해당 과목의 중요 핵심이론을 체크할 수 있도록 합니다.
또한, SD에듀 홈페이지(www.sdedu.co.kr)에 접속하시면
해당 과목에 대한 핵심요약집 무료 강의도 제공하고 있으니
꼭 활용하시길 바랍니다!

CONTENTS
목 차

Add+　｜　기출복원문제 · 003

핵심이론 + 실전예상문제

제1장
마케팅 조사의 이해

제1절 마케팅 조사의 의의 · 003
제2절 마케팅 조사와 마케팅 프로그램의 개발 · · · · · · · · · · · · · · · · · · 004
제3절 마케팅 조사의 유형 · 005
제4절 마케팅 조사의 단계 · 006
제5절 마케팅 조사 수행에 있어서의 과학적 조사방법의 활용 · · · · · · 011
제6절 마케팅 조사의 주요 조사대상 · 011
제7절 마케팅 조사의 수행주체 · 012
제8절 마케팅 조사의 이용주체 · 013
제9절 마케팅 조사의 윤리 · 013
제10절 마케팅 조사의 최근 경향 · 015
OX로 점검하자 · 016
실전예상문제 · 017
Self Check로 다지기 · 026

제2장
마케팅 조사의 예비적 관계

제1절 의사결정단계와 마케팅 조사와의 상호관계 · · · · · · · · · · · · · · · 029
제2절 마케팅 문제의 인식 · 030
제3절 마케팅 문제의 정의 · 031
제4절 마케팅 문제의 유형 · 031
제5절 조사요구서의 작성 · 032
제6절 마케팅 조사제안서 작성과 평가 · 034
OX로 점검하자 · 035
실전예상문제 · 036
Self Check로 다지기 · 038

제3장
마케팅 조사모델과 조사정보의 구조

제1절 마케팅 조사정보의 기능 · 041
제2절 마케팅 조사모델 · 042
제3절 조사정보의 구조와 개발과정 · 044
제4절 조사정보 구조의 사례 · 048
OX로 점검하자 · 049
실전예상문제 · 050
Self Check로 다지기 · 054

제4장
자료의 측정

제1절 1차 자료와 2차 자료 · 057
제2절 측정의 의미와 과정 · 062
제3절 척도의 종류 · 063
제4절 측정의 타당성 및 신뢰성 · 070
OX로 점검하자 · 077

실전예상문제 · 078
Self Check로 다지기 · · · · · · · · · · · · · · · · 085

제5장

질문서의 작성

제1절 질문서 작성의 중요성 · · · · · · · · · · · · · · 089
제2절 질문서 작성의 기본지침 · · · · · · · · · · · · · 090
제3절 질문서 작성의 예비조사 · · · · · · · · · · · · · 092
제4절 질문서의 구조와 질문내용의 파악 · · · · · · · · 093
제5절 질문–응답형태의 선택 · · · · · · · · · · · · · · 094
제6절 질문의 순서 · 098
제7절 질문용어의 선택 · · · · · · · · · · · · · · · · · 099
제8절 예비조사와 질문서의 보완 · · · · · · · · · · · · 099
OX로 점검하자 · 102
실전예상문제 · 103
Self Check로 다지기 · · · · · · · · · · · · · · · · 107

제6장

표본조사의 설계

제1절 표본추출의 기본 용어 · · · · · · · · · · · · · · 111
제2절 표본추출의 방법 및 표본조사의 설계 · · · · · · 114
제3절 단순무작위 표본추출법 · · · · · · · · · · · · · 115
제4절 계층별무작위 표본추출법 · · · · · · · · · · · · 116
제5절 군집 표본추출법 · · · · · · · · · · · · · · · · · 117
제6절 체계적 표본추출법 · · · · · · · · · · · · · · · · 118
제7절 표본추출의 단계 · · · · · · · · · · · · · · · · · 120
OX로 점검하자 · 122
실전예상문제 · 123
Self Check로 다지기 · · · · · · · · · · · · · · · · 127

제7장

자료수집방법

제1절 수집방법과 수집방법의 결정기준 · · · · · · · · 131
제2절 커뮤니케이션 방법 · · · · · · · · · · · · · · · · 132
제3절 커뮤니케이션 방법 선택의 기준 · · · · · · · · · 136
OX로 점검하자 · 137
실전예상문제 · 138
Self Check로 다지기 · · · · · · · · · · · · · · · · 141

제8장

**수집 자료의
처리와 분석**

제1절 수집 자료의 정리와 분석 단계 · · · · · · · · · 145
제2절 수집 자료의 정리 : 편집과 코딩 · · · · · · · · 146
제3절 자료의 분석 · 149
제4절 단일변수의 분석 · · · · · · · · · · · · · · · · · 150
제5절 두 변수의 분석 · · · · · · · · · · · · · · · · · · 157
제6절 다변량 분석 · 159
OX로 점검하자 · 163
실전예상문제 · 164
Self Check로 다지기 · · · · · · · · · · · · · · · · 168

CONTENTS

목차

제9장
단순회귀분석

제1절 변수 상호 간의 관계 · 171
제2절 회귀모델의 기본개념 · 171
제3절 회귀분석의 모델 · 173
제4절 회귀방정식의 추정 · 173
제5절 회귀모델의 오차의 분산추정 · · · · · · · · · · · · · · · · 175
제6절 회귀분석에 있어서의 통계적 추론 · · · · · · · · · · · 176
제7절 회귀모델의 평가 · 177
제8절 상관관계 · 179
제9절 회귀분석의 활용 · 181
OX로 점검하자 · 182
실전예상문제 · 183
Self Check로 다지기 · 187

제10장
분산의 분석

제1절 분산분석의 이해 · 191
제2절 분산분석의 이론적 고찰 · 192
OX로 점검하자 · 196
실전예상문제 · 197
Self Check로 다지기 · 201

제11장
다변량 분석법

제1절 다변량 분석법의 활용 · 205
제2절 요인분석법 · 206
제3절 군집분석법 · 211
제4절 판별분석법 · 214
제5절 다차원 척도법 · 217
제6절 컨조인트 분석법 · 219
OX로 점검하자 · 222
실전예상문제 · 223
Self Check로 다지기 · 227

제12장
조사결과의 통합 및 조사보고서 작성

제1절 조사결과의 통합 및 요약을 위한 기법들 · · · · · · 231
제2절 조사보고서 작성 · 231
제3절 조사보고서와 자료의 시각화 · · · · · · · · · · · · · · · · 233
OX로 점검하자 · 235
실전예상문제 · 236
Self Check로 다지기 · 238

최종모의고사

최종모의고사 제1회 · 241
최종모의고사 제2회 · 248
최종모의고사 제1회 정답 및 해설 · · · · · · · · · · · · · · · · · 255
최종모의고사 제2회 정답 및 해설 · · · · · · · · · · · · · · · · · 259

핵심요약집

빨리보는 간단한 키워드 · 265

기출복원문제

출/제/유/형/완/벽/파/악/

훌륭한 가정만한 학교가 없고, 덕이 있는 부모만한 스승은 없다.

– 마하트마 간디 –

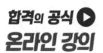

※ 본 문제는 다년간 독학사 경영학과 2단계 시험에서 출제된 기출문제를 복원한 것입니다. 문제의 난이도와 수험경향 파악용으로 사용하시길 권고드립니다. 본 기출복원문제에 대한 무단복제 및 전제를 금하며 저작권은 SD에듀에 있음을 알려드립니다.

01 다음 중 신디케이트 조사와 일반 마케팅 조사와의 차이점에 해당하는 것은?

① 마케팅 조사 프로젝트를 더 빠른 기간 내에 끝낼 수 있다.
② 복수의 다양한 회사가 전문기관에 의뢰하여 진행될 수 있다.
③ 더 정확한 자료를 제공받을 수 있다.
④ 2차 자료 활용에 더욱 적합한 조사 방법이다.

01 신디케이트 조사란 기업고객들에게 판매하기 위하여 조사기관이 주기적으로 자료를 수집하는 것이다. 신디케이트 조사라고 해서 프로젝트를 더 빠른 기간 내에 끝내거나, 더 정확한 자료를 제공받거나 2차 자료 활용에 더욱 적합하다는 것은 아니다. 제3자에 의한 주기적인 조사라는 것이 일반 마케팅 조사와의 큰 차이점이다.

02 다음 중 2차 자료에 해당하지 <u>않는</u> 것은?

① 재무제표 및 손익계산서
② 인구총주택조사 결과
③ 무역협회 사례 및 보고서
④ 조사 목적을 기술하도록 설계된 질문지

02 조사 목적을 기술하도록 설계된 질문지는 1차 자료에 해당한다.

03 다음 중 조사대상의 생활방식, 행동양식, 심미적인 가치관 등의 자료를 얻는 데 가장 적합한 조사 방법론은?

① 서베이법
② 전문가 의견조사
③ 패널조사
④ 종단조사

03 서베이법은 인구 통계적 특성, 행동의 동기, 태도 및 의견 등의 광범위한 정보의 수집이 가능하다.

정답 (01 ② 02 ④ 03 ①)

04 ③은 마케팅 현상의 원인이 무엇인지 밝혀내는 인과조사에 적합한 질문이다.
탐색조사는 주로 문제를 규명하는 것이 목적이며, ①·②·④는 탐색조사를 통해 답을 구할 수 있다.

04 다음 중 탐색조사를 통해 답을 구할 수 <u>없는</u> 질문은 무엇인가?

① 소비자가 특정 제품으로부터 기대하는 것은 무엇인가?
② 고객이 우리의 서비스에 대해 얼마나 만족/불만족했는가?
③ 영업사원의 숫자에 따라 회사의 수익이 얼마나 달라질 수 있는가?
④ 소비자는 우리 제품 대신 어떤 제품을 사려고 하는가?

05 자료분석방법에 대한 한계점은 조사제안서가 아니라 조사보고서에 해당하는 항목이다. 또한, 한계점은 학술적 논문보고서에는 포함되는 것이 관례이지만, 실무적인 조사보고서에는 포함되지 않기도 한다.

05 다음 중 조사제안서에 포함되어야 할 항목에 대한 설명으로 옳지 <u>않은</u> 것은?

① 조사제안서에는 자료분석방법이 포함되어야 한다.
② 조사제안서에는 조사의 범위와 자료수집방법이 포함되어야 한다.
③ 조사제안서에는 소요비용(예산) 및 일정이 포함되어야 한다.
④ 조사제안서에는 자료분석방법에 대한 한계점이 포함되어야 한다.

06 ① 서열척도에 해당한다.
② 비율척도에 해당한다.
③ 등간척도에 해당한다.

06 다음 중 명목척도에 대하여 옳게 설명한 것은?

① 명목척도를 사용하여 조사자는 조사대상의 서열을 배열할 수 있다.
② 절대 '0'이 존재하며 의미를 가진다.
③ 하나의 조사대상이 다른 조사대상에 대해서 몇 배나 크기가 큰지 혹은 작은지를 잘 설명할 수 있다.
④ 상호배반적인 범주에 할당되며, 범주 간 관계가 꼭 정의될 필요는 없다.

정답 04 ③　05 ④　06 ④

07 다음 중 등간척도에 대한 설명으로 옳은 것은?

① 절대 '0'점이 존재하며, 의미를 가진다.

② 평균, 상관분석, 분산, 회귀분석 등의 통계분석이 불가능하다.

③ 조화평균, 기하평균과 같은 통계량은 계산이 불가능하다.

④ '+', '-', '×', '÷'의 수학계산이 가능하다.

07 ① 비율척도에 대한 설명이다.
② 등간척도는 평균, 상관분석, 분산, 회귀분석 등의 통계분석이 가능하다.
④ 등간척도는 '×', '÷'의 수학계산이 불가능하다.

08 다음 중 의미차별화 척도에 대한 설명으로 옳은 것은?

① 서로 상반되는 제품의 이미지를 비교하기 위해 사용될 수 있다.

② 대가 되는 형용사적 표현을 설계하기가 쉽다는 장점이 있다.

③ 탐색조사 없이도 척도를 개발할 수 있다는 장점이 있다.

④ 집단평균이 계산될 필요 없이 사용될 수 있다.

08 ② 대가 되는 형용사적 표현을 설계하기가 어렵다.
③ 탐색조사 없이도 개발할 수 있는 척도는 없다.
④ 보통 등간척도로 간주되고, 집단평균은 계산 후 사용되어야 한다.

09 다음 중 타당성과 신뢰성에 대한 설명으로 옳은 것은?

① 예측 타당성은 높은 상관관계와 관련이 없다.

② 신뢰성은 반복적으로 측정했을 시에 일관성 있는 결과를 보여주는 정도를 말한다.

③ 판별 타당성은 서로 다른 개념을 측정했을 때 얻어진 측정값들 간에는 상관관계가 높아야 한다는 것을 말한다.

④ 수렴 타당성을 위해 크론바흐 알파를 사용한다.

09 ① 높은 예측 타당성은 높은 상관관계를 갖는 경우이다.
③ 판별 타당성은 서로 다른 개념을 측정했을 때 언어진 측정값들 간에는 상관관계가 낮아야 한다는 것을 말한다.
④ 신뢰성을 위해 크론바흐 알파를 사용한다.

정답 07 ③ 08 ① 09 ②

10 제시된 질문은 히스토그램(혹은 밀도도표) 등을 이용하여 분포의 시각화로 표현하는 것이 가장 적합하다.

10 조사보고서는 자료특성에 따라 수량, 비율, 분포, 지리공간 자료를 시각화하여 정보를 효율적으로 전달할 수 있다. 다음의 마케팅 질문을 가장 효과적으로 표현할 수 있는 시각화 방법은 무엇인가?

> 어떤 집단이 제품을 가장 많이 구매하는가?

① 수량의 시각화
② 비율의 시각화
③ 분포의 시각화
④ 지리공간 시각화

11 ②의 예시는 자료수집방법 결정 단계에 해당한다. 조사설계 단계에서도 자료수집방법을 고려하지만, 설문지(직접)작성은 조사설계 단계 혹은 자료수집방법 결정 단계에서 진행되지 않고, 시행 단계에서 진행된다.

11 다음 중 마케팅 조사의 단계와 예시설명의 연결이 적절하지 <u>않은</u> 것은?

① 문제정의 : "A사는 최근 자사 제품의 판매 저조로 매출하락에 직면하게 된다. 매출하락의 원인을 살펴보기로 하였다."
② 조사설계 : "1차 자료를 수집하기 위해 서베이를 진행하기로 하고, 설문지를 작성하였다."
③ 표본설계 : "단순무작위 표본추출법을 활용하여, 200명의 표본을 추출하였다."
④ 분석 및 활용 : "판별분석을 이용하여, 제품구매자를 세 그룹으로 세분화하였다."

12 ① 개방형 질문에 비해 응답하기 쉽다.
② 질문지 작성을 위해서는 탐색조사가 필요하다.
④ 개방형 질문에 비해 도표화와 분석이 쉽다.

12 다음 중 고정형 질문에 대한 설명으로 적절한 것은?

① 개방형 질문에 비해 응답하기 어렵다.
② 조사자가 탐색조사를 미리 할 필요가 없다.
③ 조사대상의 응답으로부터 응답자들을 직접적으로 비교할 수 있다.
④ 개방형 질문에 비해 도표화와 분석이 어렵다.

정답 10 ③ 11 ② 12 ③

13 다음 중 개방형 질문에 대한 설명으로 적절한 것은?

① 개방형 질문은 창의적인 응답을 얻을 수 없다.

② 연구조사의 후기 단계 또는 인과조사에 많이 사용된다.

③ 고정형 질문에 비해 시간이 많이 절약된다.

④ 보고서 작성 시 직접적인 인용이 가능하다.

14 A는 앱서비스의 사용자를 분석하기 위해 소비자 모집단을 복수의 대량사용자군과 소량사용자군으로 나누었다. 이 집단에서 수에 비례하여 표본의 수를 할당하고 각 집단에서 무작위 추출법으로 표본을 추출하였다. A가 사용한 표본추출법은 무엇인가?

① 단순임의 표본추출법

② 층화임의 표본추출법

③ 집락 표본추출법

④ 체계적 표본추출법

15 다음 사례에서 A가 사용한 표본추출법은 무엇인가?

> • A는 ○○구에 사는 인구 전체를 대상으로 삶의 질과 생활만족도를 조사하고 있다.
> • A는 ○○구의 모집단을 대표할 수 있을 만큼 다양한 특성을 지닌 집단으로 구성하고, 각 집단 내에서 무작위로 10명을 추출하여 면접과 설문을 진행하려 한다.

① 단순임의 표본추출법

② 층화임의 표본추출법

③ 집락 표본추출법

④ 체계적 표본추출법

13 ① 개방형 질문은 창의적인 응답을 얻어낼 수 있다.
② 연구조사의 초기 단계 또는 탐색적인 연구에서 많이 사용된다.
③ 고정형 질문에 비해 조사시간이 많이 든다.

14 계층별무작위 표본추출법은 층화임의 표본추출법(Stratified Sampling)이라고도 하며, 모집단을 구성하고 있는 집단에서 집단의 구성요소의 수에 비례해서 표본의 수를 할당하여 각 집단에서 단순무작위 추출법으로 추출하는 방법이다.

15 군집 표본추출법은 집락 표본추출법(Cluster Sampling)이라고도 하며, 모집단을 대표할 수 있을 만큼 다양한 특성을 지닌 집단(군집)들로 구성되어 있을 시에 군집을 무작위로 몇 개 추출해서 선택된 군집 내에서 무작위로 표본을 추출하는 방법이다.

정답 13 ④ 14 ② 15 ③

16 ④는 면접법의 장점에 해당한다.

16 다음 중 인터넷 조사의 장점이 아닌 것은?

① 질문지를 신속하게 전달할 수 있다.

② 우편질문법보다 비용 및 노력이 절감된다.

③ 잠재적 응답자에게 광범위하게 도달할 수 있다.

④ 다른 방법에 비해 개별적 상황에 대해 빠르게 대처하거나 적응할 수 있다.

17 확률 표본추출법에는 단순무작위 표본추출법(단순임의 표본추출법), 계층별무작위 표본추출법(층화임의 표본추출법), 군집 표본추출법(집락 표본추출법), 체계적 표본추출법(계통 표본추출법) 등이 있다.

17 다음 중 확률 표본추출법에 해당하는 방법만 나열된 것은?

① 층화임의 표본추출법, 할당 표본추출법, 체계적 표본추출법

② 할당 표본추출법, 편의 표본추출법, 체계적 표본추출법

③ 층화임의 표본추출법, 군집 표본추출법, 체계적 표본추출법

④ 층화임의 표본추출법, 편의 표본추출법, 군집 표본추출법

18 빅데이터는 전통적인 기법으로 분석하기 어려운 복잡하고 매우 큰 규모의 자료를 의미한다. 빅데이터는 양(volume), 속도(velocity), 다양성(variety)의 3대 요소로 정의된다.

18 최근 마케팅 조사에서는 빅데이터를 많이 활용하고 있다. 다음 중 빅데이터의 3대 요소가 아닌 것은?

① 양(volume)

② 속도(velocity)

③ 다양성(variety)

④ 타당성(validity)

19 확률 표본추출에 비해 비확률 표본추출에 드는 비용이 더 낮다.

19 확률 표본추출과 비확률 표본추출을 비교했을 때, 비확률 표본추출에 해당하는 설명으로 옳지 않은 것은?

① 표본이 모집단에 비해 대표성이 더 낮다.

② 표본추출 오류계산이 불가능하다.

③ 표본을 추출하는 비용이 더 높다.

④ 표본추출기법에 높은 수준이 요구되지 않는다.

정답 16 ④ 17 ③ 18 ④ 19 ③

20 다음 중 표본에 이상치(outlier)가 존재할 때, 자료의 중심성을 가장 잘 표현하는 값은 무엇인가?

① 범위값
② 중앙값
③ 평균값
④ 최빈값

21 다음 중 성격이 <u>다른</u> 통계값은?

① 중앙값
② 분산
③ 평균값
④ 최빈값

22 다음 중 보통 음의 상관관계를 가지는 독립변수와 종속변수는?

	독립변수	종속변수
①	광고	매출
②	만족도	수익
③	판매점포수	매출
④	가격	매출

20 표본에 이상치(outlier)가 존재할 때, 자료의 중심성을 가장 잘 표현하는 값은 중앙값(median)이다.

21 분산은 자료의 산포도를 표현하며, 다른 통계값은 자료의 중심화 경향을 표현한다.

22 가격과 매출의 관계는 보통 음의 상관관계를 갖는다.

정답 20 ② 21 ② 22 ④

23 제시된 자료에서 앱광고비용과 매출은 양의 상관관계이다.

23 다음과 같이 앱광고비용과 판매량을 수치화한 자료에서 나타나는 상관관계는 어떠한 그래프와 가장 유사한가?

앱광고비용	판매량
8,000	100,000
8,200	120,000
6,700	70,000
9,000	150,000

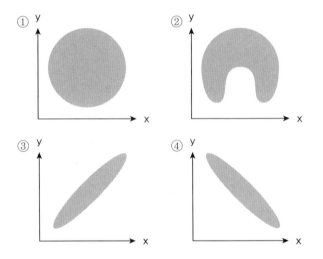

24 회귀분석은 독립변수와 종속변수 간의 상관관계를 확인하기 위해 실시한다.
②는 요인분석, ③은 군집분석, ④는 판별분석에 해당하는 설명이다.

24 다음 중 회귀분석에 대한 설명으로 옳은 것은?

① 회귀분석은 독립변수와 종속변수 간의 상관관계를 확인하기 위해 실시한다.
② 회귀분석은 불필요한 변수를 제거하기 위해 실시한다.
③ 회귀분석은 유사한 것을 묶어서 군집화하려는 경우에 실시한다.
④ 회귀분석은 서로가 구분되는지 그 이유를 찾기 위해 활용한다.

정답 23 ③ 24 ①

25 다음 중 성격이 <u>다른</u> 다변량 분석기법은?

① 다중회귀분석

② 요인분석

③ 군집분석

④ 판별분석

25 회귀분석은 상관관계를 확인하고 수치예측을 위해 활용한다.
요인분석, 군집분석, 판별분석은 각 집단의 분류를 위해 시행하며 분류예측을 위해 활용한다.

26 다음 내용과 같은 특징을 가지는 다변량 분석기법은 무엇인가?

> • 비슷한 특성을 가진 집단을 확인하기 위해 시도하는 통계적 분석방법이다.
> • 데이터 간 유사도를 정의하고, 그 유사도에 가까운 것부터 순서대로 합쳐가는 방식이다.
> • 종속변수가 없어도 분류가 가능한 분류기법이다.

① 다중회귀분석

② 요인분석

③ 군집분석

④ 판별분석

26 제시된 특징은 군집분석에 대한 내용이다. 군집분석은 비슷한 특성을 가진 집단을 확인하기 위해 시도하는 통계적 분석방법이며, 목적은 많은 수의 관측개체를 몇몇의 그룹(군집)으로 나눔으로써 대상집단을 이해하고 군집을 효율적으로 활용하는 데 있다. 또한 군집분석은 모든 개체들 간의 거리 또는 (비)유사성을 계산해서 군집화한다.

27 회귀분석을 통해 다음과 같은 회귀계수를 결과로 얻었다. 이에 대한 설명으로 옳은 것은?

$Y = 100 + 50X$	• Y = 추정판매액 • X = 투자한 광고비용

① 투자한 광고비용이 2일 때, 실제판매액은 200이다.

② 투자한 광고비용이 2일 때, 추정판매액은 250이다.

③ 투자한 광고비용이 3일 때, 실제판매액은 250이다.

④ 투자한 광고비용이 3일 때, 추정판매액은 250이다.

27 투자한 광고비용이 2일 때 추정판매액은 200이며, 실제판매액은 모른다.
투자한 광고비용이 3일 때 추정판매액은 250이며, 실제판매액은 모른다.

정답 25 ① 26 ③ 27 ④

28 주택가격예측, 프로모션예측 및 원인분석, 시계열분석 분야에는 회귀분석이 활용된다.
지각도를 활용한 경쟁관계 분석은 다차원척도법을 활용할 수 있다.

28 다음 중 회귀분석을 활용한 사례가 <u>아닌</u> 것은?

① A앱은 서울/부산 지역 아파트 실거래가를 예측하는 모델을 개발하였다.
② B미디어는 각 매체별 광고비용과 실제 매출액을 이용하여, 매체별 광고효과를 비교하였다.
③ C사는 지각도를 활용하여 자사제품과 경쟁사제품의 경쟁관계를 분석하였다.
④ D사는 월별 매출액 증가의 원인을 분석하였다.

29 가설은 조사 문제를 단순하게 재정의하는 것이 아니라, 검증이 가능한 행태로 재정의하는 것이다.

29 다음 중 가설에 대한 설명으로 옳지 <u>않은</u> 것은?

① 귀무가설과 대립가설이 있다.
② 가설은 명확하게 설정한다.
③ 조사 문제를 단순하게 재정의하는 것이다.
④ 가설에 따라 표본으로부터 필요한 통계량이 다르다.

30 분산분석(Analysis of Variance ; ANOVA)은 두 집단 이상의 평균 간의 차이를 검증하는 것으로 T-검정을 일반화한 분석 방법을 말한다. 또한 종속변수의 개별 관측치와 이들 관측치의 평균값 사이의 변동을 해당 원인에 따라 몇 가지로 나누어 분석하는 방법이다.

30 다음 중 집단 간(2 혹은 그 이상)의 차이를 분석하는 데 사용되는 분석방법은?

① 분산분석
② 요인분석
③ 군집분석
④ 컨조인트분석

31 문제는 판별분석에 대한 내용이다. 판별분석(Discriminant Analysis)은 사전에 정의된 집단들을 가장 잘 판별할 수 있도록 2개 이상 독립변수들의 선형결합(판별함수)을 도출한다.

31 미리 정의된 둘 또는 그 이상의 군집이 어떠한 측면에서 서로가 구분되는지 그 이유를 찾기 위해 활용되는 다변량 분석방법은?

① 군집분석
② 요인분석
③ 판별분석
④ 컨조인트분석

정답 28 ③ 29 ③ 30 ① 31 ③

32 다음과 같은 질문에서 활용된 척도와 질문형식으로 옳은 것은?

> 현재 시청하고 계신 벽걸이형 TV에 대한 당신의 만족도는 어떤가요?
>
> ① — ② — ③ — ④ — ⑤
> 매우 불만족   약간 불만족   보통   약간 만족   매우 만족

① 어의차이 척도를 활용한 개방형 질문
② 등급 척도를 활용한 고정형 질문
③ 스타펠 척도를 활용한 고정형 질문
④ 리커트 척도를 활용한 개방형 질문

33 다음 중 요인분석 기법에 대한 설명으로 옳지 <u>않은</u> 것은?

① 측정도구에 대한 타당성을 검증하기 위해 사용된다.
② 확인적 요인분석은 자료의 기본구조가 알려져 있지 않을 경우 많이 활용된다.
③ 불필요한 변수를 제거하거나 차원을 축소하기에 적합하다.
④ 모집단을 추정하지 않는다.

34 다음 내용과 같은 특성을 가진 다변량 분석기법은 무엇인가?

> • 포지셔닝을 위한 인지맵을 그리는 데 주로 사용되는 다변량 분석기법이다.
> • 유사성·비유사성 값을 활용하여 개체들을 2차원 공간상에 표현하는 분석방법이다.
> • 시장세분화, 신제품 개발 등의 광범위한 마케팅 문제에 유용하게 활용된다.

① 다차원척도법   ② 컨조인트분석
③ 군집분석   ④ 판별분석

---

32 제시된 질문은 등급 척도를 활용한 고정형 질문의 예시이다.

33 요인분석은 탐색적 요인분석과 확인적 요인분석으로 나뉜다. 이 중 탐색적 요인분석은 자료의 기본구조가 알려져 있지 않을 경우 많이 활용된다.

34 제시된 특성에 해당하는 것은 다차원척도법이다. 다차원척도법은 특정 연구대상들에 대한 사람들의 주관적인 또는 각종 지표 등과 같이 객관적인 근접성의 정도를 보여주는 데이터를 분석하며, 이러한 데이터 안에 감추어져 있는 구조를 발견하는 것이다. 또한 다차원척도법은 소비자들이 특정 대상들을 어떻게 생각하는지, 그렇게 판단하는 기준은 무엇인지를 알아내는 데 유용하다.

정답 32 ② 33 ② 34 ①

35 컨조인트분석을 활용하여 시장세분화, 제품의 최적속성 결정, 제품디자인, 신제품개발 등이 가능하다. 경쟁제품 분석이 가능한 것은 다차원척도법이다.

35 다음 중 컨조인트분석의 주요 활용 분야에 해당하지 <u>않는</u> 것은?

① 시장세분화

② 제품의 최적속성 결정

③ 경쟁제품 분석

④ 신제품개발

36 분산분석에서 표본의 크기는 서로 다를 수 있다.

36 다음 중 분산분석을 위한 기본 가정으로 옳지 <u>않은</u> 것은?

① 표본은 서로 독립적이다.

② 모집단은 정규분포를 따른다.

③ 표본의 크기는 서로 같다.

④ 모집단의 분산은 모두 같다.

37 위의 회귀분석식에서 추정계수는 β_0와 β_1이다.

37 통상적으로 활용되는 회귀분석 모델은 다음과 같다. 이에 대한 설명으로 옳지 <u>않은</u> 것은?

$$Y_i = \beta_0 + \beta_1 X_i + \varepsilon_i$$

① 위의 회귀분석 식에는 하나의 독립변수와 하나의 종속변수가 포함되어 있다.

② 회귀분석식의 추정계수는 X_i, Y_i이다.

③ ε는 우연적 오차로 해당평균은 0이며, 분산은 '0'으로 가정한다.

④ β는 상관관계를 반영한다.

정답 35 ③　36 ③　37 ②

38 자료수집방법의 종류에 대한 설명으로 옳은 것은?

① 우편질문법은 보통 회수율이 높고, 광범위한 지역의 조사가 가능하다.
② 전화면접법은 상세한 정보의 획득이 가능하고, 민감하거나 사적인 질문도 가능하다.
③ 면접법은 다량의 표본을 획득하기에 적합한 방법이다.
④ 질문지법은 조사를 표준화함으로써 측정의 오류를 최소화할 수 있다.

39 브랜드 매니저가 신제품 출시에 맞춰 제품가격을 설정하기 위해서 제품가격이 신제품 판매에 미치는 영향을 조사하려고 할 때, 가장 적합한 조사 방법은?

① 인과조사
② 기술조사
③ 탐색조사
④ 문헌조사

40 다음에 제시된 질문은 메트릭 척도법 중 어느 것을 활용하였는가?

> A라면의 맛은 상당히 좋다.
> 〈전혀 동의하지 않음〉 1 2 3 4 5 〈매우 동의함〉

① 연속형 평가척도
② 리커트 척도
③ 의미차별화 척도
④ 스타펠 척도

---

38 ① 우편질문법은 보통 화수율이 낮다.
② 전화면접법은 상세한 정보의 획득이 곤란하고, 민감하거나 사적인 질문을 할 수 없다.
③ 면접법은 다량의 표본을 획득하기에 적합하지 않다.

39 인과조사는 마케팅 현상의 원인이 무엇인지 밝혀내기 위한 조사이다. 제품가격이 신제품 판매에 미치는 영향을 조사하는 것은 인과조사의 예시이다.

40 제시된 질문은 리커트 척도의 예시이다. 리커트 척도는 서술형의 질문에 대해 찬·반의 정도를 표시하게 하는 방법을 말한다. 통상적으로 20~30개의 서술형 문항을 활용하고, 긍정적 문항 및 부정적 문항을 포함하고 있다. 또한 3점·5점·7점·11점·13점 척도 등을 활용하며, 이 중에서 5점 척도가 가장 많이 활용되고 있다.

정답 38 ④ 39 ① 40 ②

SD에듀와 함께, 합격을 향해 떠나는 여행

제 1 장

마케팅 조사의 이해

제1절	마케팅 조사의 의의
제2절	마케팅 조사와 마케팅 프로그램의 개발
제3절	마케팅 조사의 유형
제4절	마케팅 조사의 단계
제5절	마케팅 조사 수행에 있어서의 과학적 조사방법의 활용
제6절	마케팅 조사의 주요 조사대상
제7절	마케팅 조사의 수행주체
제8절	마케팅 조사의 이용주체
제9절	마케팅 조사의 윤리
제10절	마케팅 조사의 최근 경향
실전예상문제	

교육은 우리 자신의 무지를 점차 발견해 가는 과정이다.

– 윌 듀란트 –

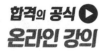
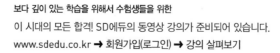

제 1 장 | 마케팅 조사의 이해

제1절 | 마케팅 조사의 의의 [기출]

1 마케팅 조사의 개요 [기출]

(1) 현대의 마케팅 관리자는 의사결정에 영향을 미치는 마케팅 조사의 중요성을 이해하고 있지만, 마케팅 조사는 합리적인 의사결정에 도움을 주는 것이지 의사결정 자체를 대신해 주는 것은 아니다.

(2) 마케팅 조사는 의사결정이 아니며, 최선의 의사결정을 하기 위한 확률을 높이는 것이다.

2 마케팅 조사의 개념 [중요] [기출]

(1) 마케팅을 함에 있어 관련되는 문제를 객관적이면서 정확하고 체계적인 방법으로 자료들을 수집·기록·분석하는 것이다.

(2) 마케팅 의사결정을 하기 위해 필요로 하는 여러 정보를 제공하기 위해 자료를 수집·분석하는 과정이다.

> **더 알아두기**
> 마케팅 조사는 마케팅 의사결정에 수반되는 불확실성의 감소이다.

3 마케팅 조사의 목적 `종요` `기출`

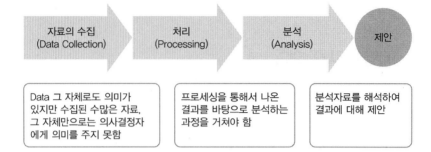

자료의 수집 (Data Collection)	처리 (Processing)	분석 (Analysis)	제안
Data 그 자체로도 의미가 있지만 수집된 수많은 자료, 그 자체만으로는 의사결정자에게 의미를 주지 못함	프로세싱을 통해서 나온 결과를 바탕으로 분석하는 과정을 거쳐야 함	분석자료를 해석하여 결과에 대해 제안	

마케팅 조사의 목적은 소비자들에 대한 명확한 이해를 기반으로, 소비자들을 만족시켜 주는 제품 및 서비스를 제공하여, 궁극적으로는 최선의 의사결정을 함으로써 소비자들에게 가치와 편익 등을 제공하기 위한 것이다.

> **더 알아두기**
>
> **마케팅 조사의 목적**
> 의사결정자가 보다 나은 의사결정을 내릴 수 있도록 지원하는 것이다.

제2절 마케팅 조사와 마케팅 프로그램의 개발

1 마케팅 조사 개발

(1) 조사준비 단계

자료를 정리하는 단계로서 보통 조직 내부의 전문 조사 인력을 활용하며, 그 외 복잡한 자료의 경우에는 외부의 전문업체가 수행하게 된다.

(2) 조사자와 의사결정과의 관계

① 통상적으로 최종 의사결정자는 의사결정 시에 여러 가지 환경요소를 다각적으로 종합해서 결정을 내리지만, 의사결정을 지원하는 조사자의 경우에는 스스로가 행한 조사의 결과에만 의존하는 경향을 보인다.

② 의사결정자와 조사자의 행동은 조사와 이를 기초로 수반되는 의사결정을 함에 있어 저해요소가 될 수 있으므로 서로 간의 커뮤니케이션이 중요하다.

> **용어 설명**
>
> 의사결정(Decision Making)
> 여러 가지의 대안 행동 및 정책들 중 하나를 선택해서 이를 적용하는 결정 과정을 말한다.

2 마케팅 프로그램의 개발

통상적으로 마케팅 프로그램의 개발은 마케팅 믹스 4P's(Product, Price, Place, Promotion)에 대한 계획이다.

제3절 마케팅 조사의 유형

1 신디케이트(Syndicate) 조사 (중요)

(1) 시장조사 전문기관 또는 전문회사 등에서 **주기적으로** 다양한 제품에 대한 동향, 정기적인 시장점유율 조사, 고객반응, 경쟁사에 관한 정보 등을 조사해서 기업이 마케팅 의사결정에 해당정보를 필요로 할 때 판매하기 위한 조사를 말한다.

(2) 점포의 조사 또는 소비자 패널 등을 통해 이루어진다.

> **예**
>
> 시청자들의 TV 시청률을 주기적으로 조사해서 시청률이 필요한 광고대행사 또는 광고주에게 판매

2 애드혹(Ad-hoc) 조사

(1) 기업 조직이 **필요로 하는 시기**에 시행하는 조사방법이다.

(2) 상황 등의 발생 시에 즉, 산발적으로 발생하게 되는 의사결정을 하기 위한 조사를 말한다.

3 옴니버스(Omnibus) 조사 기출

(1) 하나의 조사에 여러 기업들이 함께 참여하는 형식의 조사를 말한다.

(2) 비교적 다량의 정보를 반복적으로 조사하는 등의 단점을 보완하고자 대규모로 표본에 대해서 실시하는 방법을 선택하는 것이 경제적이다.

> **용어 설명**
>
> **시장점유율(Market Share)**
> 특정한 업종의 제품시장에서 취급되는 전체의 거래량 중 특정기업이 차지하는 비율을 말한다.

제4절 ┃ 마케팅 조사의 단계

문제정의 ➡ 조사설계 ➡ 자료수집방법 결정
➡ 표본설계 ➡ 시행 ➡ 분석 및 활용

[마케팅 조사의 단계] 기출

1 문제정의

(1) 환경의 변화 및 기업의 마케팅 조직이나 전략의 변화로 인한 마케팅 의사결정의 문제 발생 시 이를 위해 마케팅 조사가 필요해지고 마케팅 조사문제가 정의된다.

(2) 환경의 변화 또는 마케팅 전략의 변화 단계이다.

2 조사설계 종요 기출

(1) 정의된 문제에 대해 구성된 가설을 검증하는 조사를 수행하기 위한 포괄적인 계획을 의미하는 것으로, 어떠한 조사를 시행할 것인지 결정하는 단계이다.

(2) 조사의 성격에 따라 **탐색조사**(Exploratory Research), **기술조사**(Descriptive Research), **인과조사** (Casual Research) 등이 활용된다. 기출

① **탐색조사** 기출

　㉠ 기업의 마케팅 문제와 현재의 상황을 보다 더 잘 이해하기 위해서, 조사목적을 명확히 정의하기 위해서, 필요한 정보를 분명히 파악하기 위해서 시행하는 예비조사이다.

　㉡ 특정 문제가 잘 알려져 있지 않은 경우에 적합한 조사방법으로 **문제의 규명**이 목적이다.

　㉢ 그 자체로 끝나지 않으며 기술조사 및 인과조사를 수행하기 전 단계의 역할을 수행하는 경우가 많다.

　㉣ 탐색조사에 활용되는 것으로는 **사례조사·문헌조사·전문가 의견조사** 등이 있다.

　　• 사례조사 : 기업이 당면한 문제점 등을 파악하기 위해 기업 활동의 일부 또는 어느 특정 부서에 대한 집중적 분석 등을 통해서 문제점을 파악하고, 이에 대한 해결책을 찾는 조사이다.

　　• 문헌조사 : 기업이 당면한 문제점 등을 파악하기 위해 이전에 공개되어 있는 2차 자료를 활용하는 조사이다.

> **예**
>
> 조사자의 문제 파악을 위한 회사 내 자료, 과거의 자료, 협회지, 통계청 발표 자료 등

　　• 전문가 의견조사 : 기업이 당면한 문제나 해결책에 대한 아이디어를 찾기 위해 어떠한 산업 또는 기업에 관련한 풍부한 지식 및 경험을 갖춘 전문가를 통해 정보를 찾아 내는 조사이다.

② **기술조사** 기출

　㉠ 현재 나타나고 있는 마케팅 현상을 보다 정확하게 이해하기 위해서 수행되는 조사이다.

　㉡ 소비자들이 느끼고, 생각하고, 행동하는 것을 기술하는 조사로 확실한 목적과 조사하려는 가설을 염두에 두고 시행하는 **엄격한 조사방법**이다.

　㉢ 기술조사의 목적은 **현 상태를 있는 그대로 정확하게 묘사**하는 데 있다.

　㉣ 어떤 **집단의 특성을 기술**하려 할 때, 또는 **예측**하고자 할 때 사용한다.

　　• 횡단조사

　　　- 모집단으로부터 추출된 표본에서 단 **1회의 조사**를 통해 마케팅 정보를 수집하는 방법

　　　- 소비자로부터 구매한 상표들의 정보를 얻을 수는 있으나, 소비자들의 기억능력의 한계로 인해 최근의 구매에 대한 정보로 만족해야 한다는 문제점이 존재

　　• 종단조사

　　　- 횡단조사와는 달리 동일한 표본을 대상으로 해서 일정한 간격으로 **반복적 조사**를 통해 마케팅 변수의 변화추이를 보는 조사

- 일정기간을 두고 한 번 이상 조사를 하므로, 변화에 따른 마케팅 변수에 대한 소비자의 반응 측정이 가능
- 보통, 패널조사라고 함

③ 인과조사 `기출`

㉠ 마케팅 현상의 원인이 무엇인지 밝혀내기 위한 조사이다.

㉡ 이러한 과정은 설문조사로는 어렵고, 실험 등을 통한 조사방법에 의해서 가능하다.

㉢ 인과 관련성을 파악하는 데 그 목적이 있다.

> **예**
> "X는 Y를 초래한다."는 등의 인과관계를 밝히는 것

3 자료수집방법의 결정 `중요`

설정된 조사목적에 대해 우선적으로 필요한 정보는 무엇인지, 다시 말해 구체적인 정보의 형태가 결정되어야 한다. 이 단계에서는 조사목적이 보다 더 구체적인 조사과제로 바뀐다.

(1) 1차 자료 `기출`

① **개념** : 조사자가 현재 수행 중인 조사목적을 달성하기 위해 직접 수집한 자료

② **장점**

㉠ 조사목적에 적합한 정확도, 신뢰도, 타당성 평가가 가능

㉡ 수집된 자료를 의사결정에 필요한 시기에 적절히 활용 가능

③ **단점** : 자료수집이 2차 자료에 비해 시간, 비용, 인력이 많이 든다.

④ **유형** : 전화서베이, 리포트, 대인면접법, 우편이용법 등

(2) 2차 자료 `기출`

① **개념** : 다른 기관이나 개인이 수집하여 이미 존재하는 자료로서, 특히 현 조사목적에 도움을 줄 수 있는 자료

② **장점**

㉠ 통상적으로 자료 취득이 쉽다.

㉡ 시간, 비용, 인력에 있어 저렴하다.

③ **단점** : 자료수집 목적이 조사목적과 일치하지 않는다(자료의 신뢰도가 떨어진다).

④ **유형** : 논문, 정기간행물, 각종 통계자료 등

> **더 알아두기**
>
> **자료와 정보**
> - **자료(Data)** : 수집된 사실을 모은 것
> - **정보(Information)** : 수집한 자료들을 분석 및 해석해서 의사결정에 도움이 될 수 있도록 정리·가공의 과정을 거친 자료

(3) 1차 자료의 수집방법 `중요` `기출`

① 관찰법
  ㉠ 조사대상의 행동 및 상황 등을 직접적 또는 기계장치를 통해서 관찰해서 자료를 수집한다.
  ㉡ 제공할 수 없거나 제공하기를 꺼리는 정보 등을 취득하는 데 적합하다.
  ㉢ 피관찰자의 느낌·동기, 장기적인 행동 등에 대해서는 관찰할 수 없다.
  ㉣ 피관찰자 자신이 관찰당한다는 사실을 인지하지 못하게 하는 것이 중요하다. 만약, 알게 된다면 피관찰자는 평소와는 다른 행동을 할 수도 있다.
  ㉤ 자료를 수집하는 데 있어 피관찰자의 협조의도 및 응답능력이 문제가 되지 않는다.

② 서베이법
  ㉠ 설문지를 통해 직접 질문해서 자료를 수집한다.
  ㉡ 다량의 정보를 짧은 시간 안에 수집이 가능하다.
  ㉢ 전화, 편지, 인터뷰 등의 방식을 통해 시행한다.
  ㉣ 인구 통계적 특성, 행동의 동기, 태도 및 의견 등의 광범위한 정보의 수집이 가능하다.

③ 실험법
  ㉠ 변수들 간 인과관계에 대한 자료 수집의 방법이다.
  ㉡ 독립변수 외의 변수를 통제하는 것이 중요하다.
  ㉢ 원인으로 작용하는 독립변수를 조작해서 결과라고 인지되는 종속변수에 미치는 영향 등을 측정한다.

4 표본설계 `중요`

자료수집을 위해 조사 대상을 어떻게 선정할 것인지를 결정하는 과정이다.

(1) 표본조사 `기출`

① 조사의 대상자 중에서 일부만을 대상으로 하여 조사하는 방법이다.
② 모집단을 정의하고 표본의 수를 결정한 후에 표본을 추출하는 방식이다.
③ 모집단의 특성을 그대로 가지는 대표성이 높은 표본 선정이 관건이 된다.

(2) 전수조사 기출

① 전체 조사대상을 조사하는 방법이다.

② 이를 수행하기 위해서는 많은 **비용과 시간이 소요**된다.

③ 조사과정 중에 발생하게 되는 문제들로 인해 **정확도가 떨어진다.**

> **더 알아두기**
>
> **표본조사가 전수조사보다 많이 활용되는 이유** 중요
> • 시간 및 비용 그리고 노력을 절감할 수 있다.
> • 보다 세밀한 조사가 가능하다.
> • 모집단의 수가 너무 많거나 모집단의 정확한 파악이 어려운 경우 전수조사를 사용하기가 어렵다.

(3) 표본추출법의 종류 : 표본을 추출하는 방법은 크게 2가지가 있는데, 확률 표본추출법과 비확률 표본추출법으로 나뉜다.

① **확률 표본추출법** 중요 기출

ⓐ 모집단의 표본추출단위가 표본으로서 추출될 확률이 사전에 미리 알려져 있으며, '0'이 아니도록 표본을 추출하는 방식이다.

ⓑ 통계적인 방법을 활용함으로써 우연 또는 편의 등에 의하지 않고 객관적으로 표본을 추출한다.

> **예**
> 단순무작위 표본추출법, 층화임의 표본추출법, 군집 표본추출법, 체계적 표본추출법 등

② **비확률 표본추출법** : 표본추출단위나 표본으로서 추출될 수 있는 확률이 사전에 미리 알려지지 않은 표본추출법이다.

> **예**
> 편의 표본추출법, 판단 표본추출법, 할당 표본추출법 등

5 조사시행과 자료분석 및 활용

(1) 수집한 자료들을 정리하고 통계분석을 위한 코딩을 한다.

(2) 적절한 통계분석을 실행한다.

(3) 정보 사용자에 대한 이해 정도를 고려해서 보고서를 작성한다.

제5절 　마케팅 조사 수행에 있어서의 과학적 조사방법의 활용

마케팅 조사를 하기 위해서는 과학적이면서도 분석적인 방식으로 진행해야 한다. 이를 위해서는 과학적 지식이 뒷받침되어야 하는데, 이러한 과학적 지식은 다음의 내용들을 포괄해야 한다.

- 조사는 검정이 가능해야 한다.
- 조사 시에 나타난 각종 이론 및 가설은 통상적으로 적용이 가능해야 한다.
- 조사자는 조사 시에 현 사실에만 집중하는 것이 아닌 발생한 사실에 대한 원인을 규명하고, 새로운 사실의 발견 및 추론이 이루어져야 한다.
- 조사에 활용되는 과학적 지식에 조사자 개인의 생각, 경험, 편견 등을 기반으로 접근 및 해석을 하면 안 된다.
- 명확한 조사 및 연구를 하기 위해서는 각 단계를 밟아 체계적으로 조사해야 한다.
- 조사자는 마케팅 문제의 요소를 구분해서 이에 대한 상관관계를 분석하며, 이로 인한 마케팅 문제의 발견 및 추론이 가능해야 한다.
- 조사에 있어 규명하고자 하는 문제의 성격을 인지 및 파악하고 원인 간의 상호작용의 유형에 대한 설명이 가능해야 한다.

제6절 　마케팅 조사의 주요 조사대상

- 조사의 대상은 해당 조사의 대상이 되는 모집단이 누구인가를 정확하게 명시하면 된다.
- 동일한 유형의 조사라 하더라도 목표로 하는 고객의 특성에 의해 조사대상의 정의는 완전히 달라질 수도 있다.
- 동일한 산업 또는 동일한 제품군이라도 해당 기업의 특성 및 전략에 의해 조사의 대상은 여러가지로 정의될 수 있다.
- 표본설계 시에 무엇보다도 먼저 목표로 하는 고객이 누구인지를 명확하게 한 후 그에 따른 조사대상을 규정해야 한다.
- 조사의 대상으로 선정된 표본은 반드시 전체 조사대상을 대표할 수 있도록 구성해야 한다.
- 표본설계는 조사에 있어 규격표의 역할을 수행하며 통상적으로 조사지역, 조사대상, 표본크기, 자료수집방법, 표본추출법 등의 5가지로 구성되며, 모두 동시에 고려해서 표본을 설계해야 한다.
  　조사대상 : 누구를 대상으로 하는지를 구체적으로 밝혀야 한다.
  - 조사지역 : 조사대상이 소재하고 있는 지역을 의미한다.
  - 표본크기 : 표본의 크기, 표본크기의 산정, 응답자의 수는 조사의 목적과 조사의 대상에 의해 달라질 수 있다.
  - 자료수집방법 : 응답자에게 응답을 받는 방법을 말하며 대면, 전화, 온라인, 우편 등이 있다.
  - 표본추출법 : 응답자를 선정하는 방법을 말한다(확률 표본추출법, 비확률 표본추출법).

용어 설명

표본

전체 모집단의 축도 또는 단면이 된다는 가정 하에 모집단으로부터 선택된 모집단 구성단위의 일부를 말한다.

제7절 마케팅 조사의 수행주체

1 마케팅 리서치 전문기관

현대에는 전국적인 네트워크를 통해 많은 소비자들의 의식 및 소비패턴의 변화 등을 주기적으로 조사해서 이를 공급하거나 처해진 문제의 해결을 위한 조사를 수행하는 전문업체가 많이 있다.

2 학교(대학 등의) 연구소

학교 및 연구소 등은 변화하는 이론 및 지식 등의 정보를 전문적이면서도 객관적으로 제공할 수 있다.

3 조직 내 마케팅 부서

통상적으로 국내의 많은 기업은 자체적으로 마케팅과 관련된 부서를 두고 운영하고 있지만, 현실적으로 기업 조직 내의 인력만으로는 많이 부족하고, 결과를 기대하기 어려우므로 외부에서 전문적으로 조사를 시행하는 기관에 위탁하는 경우가 늘어나고 있다.

4 그 외 비영리기관

통상적으로 비영리기관들도 마케팅 리서치를 행하고 있으며, 실제로 비영리기관은 국민들의 복리증진의 향상 및 각종 국가정책결정에 대한 주요 자료 및 내용을 제공한다.

제8절 │ 마케팅 조사의 이용주체 기출

1 유통기관

많은 대형점의 경우 소비자들의 니즈에 맞게 유행별, 계절별에 따른 계획이 필요하다. 그러므로 각 점포에서는 소비자들에 대한 상품의 마케팅 조사를 시행해야 한다.

2 소비재의 제조업체

소비재의 경우에는 소비자들이 폭 넓게 분포되어 있고 구매빈도가 높기에 각 점포에서는 많은 점포와의 경쟁을 통해 점포의 매출을 올려야 하는 상황에 직면해 있다. 그러므로 제품 및 디자인, 포장 등의 결정을 하기 위해서는 소비자들에 대한 마케팅 조사가 이루어져야 한다.

3 산업용품의 제조업체

산업용품은 소비용품에 비해서 유통경로가 단순하면서도 짧은 특징이 있다. 그렇기 때문에 마케팅 리서치는 제품별·각 지역별·주 고객층별로 판매예측 및 매출의 잠재력에 활용되고 있다.

제9절 │ 마케팅 조사의 윤리

1 인터뷰를 행하는 사람이 지켜야 할 사항

(1) 응답자와의 면담에 있어 정해진 지시사항 및 세칙 등을 반드시 지켜야 한다.

(2) 인터뷰를 진행함에 있어 응답지를 찾기 힘들다는 이유로 인터뷰를 행하는 사람이 마음대로 기록을 해서는 안 된다.

(3) 인터뷰를 행하는 사람은 취합된 정보를 잘 보관해야 하고 해당 기관에 보고해야 하며, 얻은 자료를 개인의 이익을 위해 사용해서는 안 된다.

2 인터뷰 조사결과 사용자들이 지켜야 할 사항

인터뷰 조사결과 사용자는 취합된 자료와 일관성이 없는 결과에 대해 함부로 누설해서는 안 되며, 개인 및 기업 조직에 행해진 업무 및 의사결정 등을 정당화시키기 위한 수단으로도 사용하면 안 된다.

3 조사연구자가 지켜야 할 사항 기출

(1) 조사연구자는 어떠한 목적을 이루어야 하는지를 인지하고 리서치 활동을 행해야 한다.

(2) 조사연구자는 응답자 개인의 사적인 권리 등을 이해해야 하고 리서치를 통해 개인에게 피해를 주어서는 안 된다.

(3) 조사연구자는 리서치 응답자 및 해당 기관의 자료원을 보전해 주어야 한다.

(4) 리서치 결과는 조사방법을 본래의 의도에 맞지 않는 부분으로 활용하면 안 되고, 과학적인 분석과 객관적인 자료를 토대로 나온 결과를 있는 그대로 보고해야 한다.

(5) 리서치 결과에 대해 일부만을 발표하거나 내용을 바꿔서 옳지 못한 판단을 하게 될 수 있는 경우에는 이러한 부분을 반드시 명시해야 한다.

4 조사응답자의 권리에 대한 보호

(1) 면접법의 경우에 리서치 응답자들의 심리적인 불안감 및 압박감 등을 없앨 수 있도록 해야 한다.

(2) 응답자는 조사에 대한 무조건적인 참여 의무가 없으므로 이에 대해 조사자는 응답자에게 조사를 거부할 수 있는 권리가 있음을 인지시켜야 한다.

(3) 응답자에게 조사 중에 발생할 수 있는 상황을 직접적으로 인지하지 못하는 과정에 대해 기만당하지 않도록 해야 한다.

제10절 마케팅 조사의 최근 경향

빅데이터(big data), 마케팅 애널리틱스(marketing analytics), 인공지능(Artificial Intelligence)의 등장으로 마케팅 의사결정 시스템도 크게 변하고 있다.

(1) 마케팅 애널리틱스(marketing analytics)

IT 기술로 구축되고 축적된 데이터를 통계학적 혹은 컴퓨터 공학적 분석방법(데이터마이닝, 기계학습, 딥러닝 등)을 이용하여 분석하는 마케팅 의사결정 시스템이다.

① 데이터마이닝(data mining)

대규모로 저장된 데이터 안에서 체계적이고 자동적으로 통계적 규칙이나 짜임을 분석하여, 가치 있는 정보를 빼내는 과정이다.

② 기계학습(machine learning)

㉠ 기계에게 알고리즘을 학습시키고 데이터에서 지식과 전략적 시사점을 도출하는 작업이다.

㉡ 회귀분석 계열의 수치예측과 판별분석·군집분석 등의 분류예측 등 다양한 방법이 발달해 왔다.

③ 딥러닝(deep learning)

㉠ 기계학습 중 인공신경망(neural network)에 기초한 심층학습 기법이다.

㉡ 최근 비정형 자료의 분석에 탁월한 성능을 보이고 있다.

(2) 마케팅 인텔리전스(marketing intelligence)

데이터로부터 기업에 적합한 정보를 선별하여, 기업의 비전과 목표에 맞게 전략적 시사점을 도출하는 지식정보 변환시스템이다.

(3) 빅데이터(big data)

① 전통적인 기법으로 분석하기 어려운 매우 큰 데이터를 의미한다.

② 양(volume), 속도(velocity), 다양성(variety)의 3가지 요소(element)로 정의된다.

③ 구조화된 정형데이터(전자상거래 데이터)와 비구조화된 비정형데이터(텍스트, 이미지 및 영상, 음성 등)로 구성된다.

※ 다음 지문의 내용이 맞으면 ○, 틀리면 ✕를 체크하시오. [1~7]

01 마케팅 조사는 의사결정이다. ( )

02 마케팅 조사의 목적은 소비자들에 대한 명확한 이해를 기반으로, 소비자들을 만족시켜 주는 제품 및 서비스를 제공하는 것이다. ( )

03 마케팅 프로그램의 개발은 마케팅 믹스 4P's(Product, Price, Place, People)에 대한 계획이다.
( )

04 탐색조사는 기업의 마케팅 문제와 현재의 상황을 보다 잘 이해하기 위해서 시행하는 조사이다.
( )

05 기술조사는 현재 나타나고 있는 마케팅 현상을 보다 정확하게 이해하기 위해서 시행하는 조사이다.
( )

06 1차 자료는 현 조사목적에 도움을 줄 수 있는 기존의 모든 자료이다. ( )

07 비확률 표본추출법에는 단순무작위 표본추출법, 층화임의 표본추출법, 군집 표본추출법, 체계적 표본추출법 등이 있다. ( )

정답과 해설 01 ✕ 02 ○ 03 ✕ 04 ○ 05 ○ 06 ✕ 07 ✕

01 마케팅 조사는 최선의 의사결정을 하기 위한 확률을 높이는 것이다.
03 마케팅 프로그램의 개발은 마케팅 믹스 4P's(Product, Price, Place, Promotion)에 대한 계획이다.
06 1차 자료는 조사자가 현재 수행 중인 조사목적을 달성하기 위해 직접 수집한 자료이다.
07 비확률 표본추출법에는 편의 표본추출법, 판단 표본추출법, 할당 표본추출법 등이 있다.

01 다음 중 마케팅 조사의 단계로 옳은 것은?

① 문제정의 → 자료수집방법의 결정 → 조사설계 → 표본설계
  → 시행 → 분석 및 활용

② 문제정의 → 자료수집방법의 결정 → 표본설계 → 조사설계
  → 시행 → 분석 및 활용

③ 문제정의 → 조사설계 → 자료수집방법의 결정 → 표본설계
  → 시행 → 분석 및 활용

④ 문제정의 → 표본설계 → 조사설계 → 자료수집방법의 결정
  → 시행 → 분석 및 활용

01 마케팅 조사의 단계
문제정의 → 조사설계 → 자료수집
방법의 결정 → 표본설계 → 시행 →
분석 및 활용

**02 마케팅 조사 단계 중 조사 방법과 자료수집방법 등이 결정되면
조사 대상을 어떻게 선정할 것인가를 결정하는 단계는 무엇인가?**

① 표본설계
② 시험
③ 피드백
④ 내용설계

02 표본설계는 조사 대상 선정 방법을
결정한다.

**03 특정 문제가 잘 알려져 있지 않은 경우에 적합한 조사방법은
무엇인가?**

① 기술조사
② 인과조사
③ 마케팅 조사
④ 탐색조사

03 탐색조사는 특정한 문제가 잘 알려
져 있지 않은 경우에 적합한 조사방
법으로서 문제의 규명이 목적인 조
사방법이다.

정답 01 ③ 02 ① 03 ④

04 탐색조사에 활용되는 조사방법으로는 문헌조사, 사례조사, 전문가 의견조사 등이 있으며, ②의 횡단조사는 기술조사에 해당하는 내용이다.

05 기술조사는 현재 나타나고 있는 마케팅 현상을 보다 정확하게 이해하기 위해서 수행되는 조사로써, 어떤 집단의 특성(문제에서는 종로구 거주자들의 소비특성)을 기술하려 할 때 사용하는 조사방법이다.

06 1차 자료는 조사자가 목적에 맞는 자료를 스스로 수집하는 것이다. ④의 경우에는 이미 기존에 수집된 모든 자료를 의미하는 2차 자료의 대표적인 사례라 할 수 있다.

정답 04 ② 05 ① 06 ④

04 다음 중 탐색조사에 활용되는 조사방법으로 거리가 <u>먼</u> 것은?

① 문헌조사
② 횡단조사
③ 전문가 의견조사
④ 사례조사

05 정원이는 서울 종로구 일대 상권에 거주하는 사람들의 소비특성을 조사하고자 한다. 이때 정원이가 활용하기에 적절한 조사방법은 무엇인가?

① 기술조사
② 탐색조사
③ 인과조사
④ 종단조사

06 다음 중 1차 자료에 대한 설명으로 거리가 <u>먼</u> 것은?

① 조사자인 나 자신이 주체가 되어 직접 자료를 수집하는 것이라 할 수 있다.
② 조사자의 목적에 부합하는 가장 합당한 자료를 찾을 수 있다는 것이 특징이다.
③ 금전적인 부분과 인력소모가 많다는 것이 문제점으로 지적되고 있다.
④ 정부간행물이나 각종 통계 등이 대표적 자료이다.

07 다음 중 피관찰자가 제공할 수 없거나 제공하기를 꺼리는 정보 등을 취득하는 데 적합한 자료수집 방법은?

① 질문지법
② 기술조사
③ 실험법
④ 관찰법

08 다음 중 확률 표본추출법에 속하지 <u>않는</u> 것은?

① 할당 표본추출법
② 군집 표본추출법
③ 층화임의 표본추출법
④ 단순무작위 표본추출법

09 다음 중 비확률 표본추출법에 속하지 <u>않는</u> 것은?

① 할당 표본추출법
② 층화임의 표본추출법
③ 편의 표본추출법
④ 판단 표본추출법

10 독립변수 외의 변수를 통제하는 것이 중요한 자료수집 방법은?

① 실험법
② 전화면접법
③ 서베이법
④ 관찰법

07 관찰법은 조사대상인 피관찰자의 행동 및 상황 등을 직접적 또는 기계장치를 통해 관찰해서 자료를 수집하는 방법이다. 조사대상이 제공할 수 없거나 제공하기를 꺼리는 정보 등을 취득하는 데 적합하다.

08 ②·③·④는 확률 표본추출법에 속하며, ①은 비확률 표본추출법에 속한다.

09 ①·③·④는 비확률 표본추출법에 속하며, ②는 확률 표본추출법에 속한다.

10 실험법은 변수들 간 인과관계에 대한 자료수집의 방법으로, 원인으로 작용하는 독립변수를 조작해서 결과라고 인지되는 종속변수에 미치는 영향 등을 측정하는 방법이다.

정답 07 ④ 08 ① 09 ② 10 ①

11 마케팅 조사 절차
　문제정의 → 조사설계 → 자료수집
　방법의 결정 → 표본설계 → 시행 →
　분석 및 활용

11 다음 중 마케팅 조사 절차의 첫 단계는?

① 자료수집

② 표본설계

③ 문제정의

④ 조사설계

12 마케팅 믹스 4P's
　• Place
　• Price
　• Product
　• Promotion

12 마케팅 프로그램의 개발은 마케팅 믹스 4P's에 대한 계획이다. 이 중 4P's에 해당하지 <u>않는</u> 것은?

① Place

② Price

③ Product

④ Public

13 신디케이트 조사는 전문 리서치 기관에서 주기적으로 제품, 시장점유율 등에 대한 조사를 시행하고 이를 필요로 하는 기업에 해당 내용을 판매하는 조사 자료이다.

13 다음 내용이 설명하는 것으로 옳은 것은?

> 주기적으로 마케팅 조사를 시행함으로써, 이들 조사 자료를 필요로 하는 기업에 판매하기 위한 조사 자료이다.

① 신디케이트 조사

② 옴니버스 조사

③ 애드혹 조사

④ 표본조사

정답 11 ③　12 ④　13 ①

14 애드혹 조사에 대한 설명으로 옳은 것은?

① 주기적으로 제품 및 시장에 대한 자료를 조사하는 것

② 한 가지 조사에 대해 여러 기업이 참여해서 수행하는 조사

③ 기업이 필요로 하는 시기에 시행하는 조사

④ 기존에 조사된 모든 자료

14 애드혹 조사는 산발적으로 발생하는 의사결정을 수행하기 위한 조사이다.

15 마케팅 조사 절차 중 조사설계 단계에서 활용하지 <u>않는</u> 것은?

① 인과조사

② 우편조사

③ 기술조사

④ 탐색조사

15 조사의 성격에 따라 탐색조사, 기술조사, 인과조사 등이 활용된다.

16 다음 중 탐색조사에 대한 설명으로 옳지 <u>않은</u> 것은?

① 특정 문제가 잘 알려져 있지 않은 경우에 적합한 조사방법이다.

② 필요로 하는 정보를 명확하게 파악하기 위해 시행하는 예비조사이다.

③ 기술 및 인과조사를 수행하기 전 단계의 역할을 수행한다.

④ 현 상태를 있는 그대로 명확하게 묘사한다.

16 ④는 기술조사에 대한 내용이다.

정답 14 ③ 15 ② 16 ④

17 탐색조사에 활용되는 조사방법
- 사례조사
- 문헌조사
- 전문가 의견조사

17 다음 중 탐색조사에 활용되는 조사방법으로 옳지 <u>않은</u> 것은?

① 표본조사

② 전문가 의견조사

③ 사례조사

④ 문헌조사

18 기술조사는 현재 나타나고 있는 마케팅 현상을 정확하게 이해하기 위해서 수행되는 조사를 말한다.

18 다음 내용이 설명하는 것으로 적절한 것은?

> 소비자가 느끼고 생각하는 것들을 조사하는 것으로 보다 정확한 목적과 조사하려는 가설을 염두에 두고 실행하는 엄격한 조사방법

① 문헌조사

② 사례조사

③ 기술조사

④ 횡단조사

19 횡단조사는 추출된 표본으로부터 단 1회의 조사를 통해 마케팅 정보를 수집하는 조사방법이다.

19 다음 중 단 1회의 조사를 통해 마케팅 정보를 수집하는 조사방법은?

① 횡단조사

② 종단조사

③ 인과조사

④ 문헌조사

정답 (17 ① 18 ③ 19 ①)

20 다음 중 일정기간을 두고 한 번 이상 조사를 하는 기법은?

① 인과조사
② 연합조사
③ 종단조사
④ 횡단조사

21 다음 예문과 가장 가까운 것은?

> X는 Y를 초래한다.

① 인과조사
② 기술조사
③ 탐색조사
④ 전문가 의견조사

22 다음 중 1차 자료에 대한 설명으로 거리가 먼 것은?

① 조사자가 필요에 의해 직접 수집한 자료이다.
② 2차 자료에 비해 시간과 비용 등이 많이 든다.
③ 2차 자료에 비해 자료에 대한 신뢰성이 높다고 할 수 있다.
④ 논문, 통계 등이 대표적 자료이다.

20 종단조사는 동일 표본을 대상으로 일정한 간격으로 반복적 조사를 통해 변화추이를 보는 조사기법이다.

21 인과조사는 문제에 대한 인과적 관련성을 파악하는 데 그 목적을 둔다.

22 1차 자료는 조사자가 당면한 문제에 대해 직접 수집한 자료로서 전화조사, 면접에 의한 조사, 우편조사자료 등이 있다.

정답 20 ③ 21 ① 22 ④

23 2차 자료는 1차 자료에 비해 자료취득이 쉽다.

23 다음 설명 중 옳지 <u>않은</u> 것은?

① 2차 자료는 조사 목적에 도움이 되는 기존의 모든 자료이다.

② 2차 자료는 1차 자료에 비해 자료취득이 어렵다.

③ 2차 자료는 자료수집에 따른 비용 및 인력에 있어 저렴하다.

④ 2차 자료의 대표적인 유형으로는 정기간행물, 통계자료 등이 있다.

24 피관찰자의 생각, 동기 등에 대해서는 관찰이 불가능하다.

24 다음 중 관찰법에 대한 설명으로 옳지 <u>않은</u> 것은?

① 피관찰자가 제공하기를 꺼려하는 정보 등의 취합에 있어 적합하다.

② 피관찰자가 관찰당한다는 사실을 알지 못하게 해야 한다.

③ 피관찰자의 느낌, 동기 등의 관찰이 용이하다.

④ 자료수집에 따른 피관찰자의 협조의도 및 응답능력이 문제가 되지 않는다.

25 표본추출방법은 크게 확률 표본추출법과 비확률 표본추출법으로 나뉜다.

25 다음 중 표본추출법으로 올바르게 짝지어진 것은?

① 확률 표본추출법, 비확률 표본추출법

② 확률 표본추출법, 전수조사

③ 표본조사, 비확률 표본추출법

④ 전수조사, 표본조사

정답 23 ② 24 ③ 25 ①

26 다음 중 성격이 <u>다른</u> 하나는?

① 단순무작위 표본추출법
② 층화임의 표본추출법
③ 군집 표본추출법
④ 할당 표본추출법

26 ①·②·③은 확률 표본추출법에 속하며, ④는 비확률 표본추출법에 속한다.

27 다음 중 성격이 <u>다른</u> 하나는?

① 할당 표본추출법
② 편의 표본추출법
③ 군집 표본추출법
④ 판단 표본추출법

27 ①·②·④는 비확률 표본추출법에 속하며, ③은 확률 표본추출법에 속한다.

28 개념의 상호관계에 따른 가정은?

① 수준
② 문제
③ 가설
④ 인지

28 탐색조사로 문제를 밝히고, 그로 인한 아이디어를 정리해서 적절한 가설을 설정한다.

정답 26 ④ 27 ③ 28 ③

Self Check로 다지기 | 제1장

→ **마케팅 조사** : 마케팅 의사결정에 수반되는 불확실성의 감소

→ **마케팅 조사의 유형** : 신디케이트 조사, 애드혹 조사, 옴니버스 조사

→ **마케팅 조사의 단계**

문제정의 → 조사 설계 → 자료수집방법 결정 → 표본설계 → 시행 → 분석 및 활용

→ 조사의 성격에 따라 탐색조사(Exploratory Research), 기술조사(Descriptive Research), 인과조사 (Casual Research) 등이 활용된다.

→ **표본조사가 전수조사보다 많이 활용되는 이유**
- 시간과 비용, 노력을 절감
- 보다 세밀한 조사가 가능
- 모집단의 수가 너무 많거나 모집단의 정확한 파악이 어려운 경우 전수조사를 사용하기가 어려움

→ **자료(Data)** : 수집된 사실을 모은 것

→ **정보(Information)** : 수집한 자료들을 분석 및 해석해서 의사결정에 도움이 될 수 있도록 정리·가 공의 과정을 거친 자료

→ **표본조사** : 조사의 대상자 중에서 일부만을 대상으로 하여 조사하는 방법

→ **전수조사** : 전체 조사대상을 조사하는 방법

→ **표본추출방법** : 확률 표본추출법, 비확률 표본추출법

→ **표본** : 전체 모집단의 축도 또는 단면이 된다는 가정 하에 모집단으로부터 선택된 모집단 구성단위 의 일부

제 2 장

마케팅 조사의 예비적 관계

제1절	의사결정단계와 마케팅 조사와의 상호관계
제2절	마케팅 문제의 인식
제3절	마케팅 문제의 정의
제4절	마케팅 문제의 유형
제5절	조사요구서의 작성
제6절	마케팅 조사제안서 작성과 평가

실전예상문제

교육이란 사람이 학교에서 배운 것을 잊어버린 후에 남은 것을 말한다.

- 알버트 아인슈타인 -

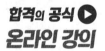

제 2 장 | 마케팅 조사의 예비적 관계

제1절 의사결정단계와 마케팅 조사와의 상호관계

1 포괄적 조사(Conclusive Research)

(1) 포괄적 조사는 의사결정을 하기 위한 대안의 선택, 평가 및 확정 등에 대한 문제 해결을 하기 위한 조사이다.

(2) **포괄적 조사의 목적**
① 관련 변수 사이의 상호관계 정도의 파악
② 특정한 상황 발생빈도의 조사 및 상황에 따른 특성 조사
③ 관련된 상황에 대한 예측

2 탐색조사(Exploration Research)

(1) 탐색조사는 기업의 마케팅 문제와 현재의 상황을 보다 더 잘 이해하기 위해서, 조사목적을 명확히 정의하기 위해서, 필요한 정보를 분명히 파악하기 위해서 시행하는 예비조사이다.

(2) 특정 문제가 잘 알려져 있지 않은 경우에 적합한 조사방법으로 문제의 규명이 목적이다.

3 성과측정조사(Performance Monitoring Research)

성과측정조사는 의사결정의 목적을 이루기 위해 시행하는 조사이다.

더 알아두기

성과측정조사를 위해서는 다양한 마케팅성과 지표들이 활용된다.

(1) 구매자/고객 수준에서의 정성적 성과지표(서베이로 주로 측정)
 ① 고객만족도 : 조직, 제품 또는 서비스가 얼마나 고객의 마음에 들었고 목표와 기대에 부합했는지 나타내는 척도
 ② 구매의도 : 소비자/고객의 신념과 태도가 실제 구매행동으로 이어질 주관적 가능성
 ③ 브랜드인지도
  ㉠ 소비자가 어떤 제품군에 속한 특정 브랜드를 재인식 또는 상기할 수 있는 능력
  ㉡ 최초 상기도(top of mind awareness)/비보조 인지도(unaided awareness)/보조 인지도(aided awareness) 등으로 나뉘어서 측정
 ④ 순추천지수(Net Promoter Score)
  ㉠ '우리 제품이나 서비스를 친구나 동료에게 추천할 의향이 얼마나 있습니까?'에 대한 질문에 대해 11점 척도로 답변을 받아 이를 추천고객(Promoters)과 중립고객(Passives), 그리고 비추천고객(Detractors)으로 구분하고 추천고객 비율에서 비추천고객 비율을 뺀 점수
  ㉡ 주로 브랜드에 대한 고객의 충성도와 추천 의향을 표현한 지표

(2) 제품/기업 수준에서의 정량적 성과지표(2차 자료로 측정)
 ① 매출액 : 영업활동을 통해 얻은 총 수익

매출액 = 판매가격 × 판매량

 ② 영업이익 : 영업활동을 통해 순수하게 남은 이익

영업이익 = 매출액 − 매출원가 − 판매관리비

 ③ 시장점유율 : 특정 제품의 매출(판매량 혹은 판매금액)이 시장 전체의 매출에서 차지하는 비율
 ④ 광고수익률(ROAS ; Return On Ad Spend) : 광고 캠페인 비용 대비 광고 캠페인 수익률

ROAS = (해당 광고로부터의 매출 / 광고 비용) x 100

제2절　마케팅 문제의 인식 `기출`

- 통상적으로 현 상태와 이상적인 상태와의 괴리가 일정 정도를 초과해서 그에 따른 해결을 의사결정자가 찾을 때 마케팅 문제는 인지된다.
- 마케팅 문제는 각 부분을 통해 인지되는 문제 및 의사결정자의 방향에 대한 생각을 할 수 있다.
- 마케팅 문제는 어떠한 현상보다도 그 이전의 원인에 초점을 맞추고 분석을 해야 하기 때문에 각종 환경요인과 상호작용하여 정의되어야 한다.
- 마케팅 문제의 인식과 동시에 상황분석이 필요하다.

> **더 알아두기**
>
> **상황분석(Situational analysis)**
>
> **(1) 개념**
>
> 경영자들이 조직의 능력을 이해할 목적으로 조직의 내부 및 외부 환경을 분석하기 위해 사용하는 방식들을 모아둔 것이다.
>
> **(2) 목적**
> ① 외부환경과 시장을 이해하는 것을 목적으로 한다.
> ② 기업내부의 기회와 위협을 인식한다(SWOT 분석)
> ③ 경쟁자를 분석하고 시장 내 자사 제품/서비스의 경쟁적 위치를 인지한다.
>
> **(3) 분석대상**
> ① 시장환경
> ② 시장과 산업의 특성
> ③ 소비자 행동패턴
>
> **(4) 조사방법**
> ① 2차 자료(기존 보고서 및 논문)를 통해 적합한 자료를 조사하는 정량적 접근법
> ② 전문가 의견조사 혹은 표적집단면접법과 같은 정성적 접근법

제3절　마케팅 문제의 정의

- 마케팅 문제의 경우 사람이 어떻게 인지하는지에 따라 문제해결에 대한 방안이 상이하고, 더불어 그에 따른 결과치도 달라지게 된다.
- 마케팅 조사는 의사결정자가 발생한 문제를 해결하고 또 다른 마케팅의 기회로 활용할 수 있도록 문제에 대한 정보 및 통찰력 등을 의사결정자에게 제공해 주어야 한다.

제4절　마케팅 문제의 유형

마케팅 문제의 성격에 따라 그 해결방법도 달라진다. 이러한 경우에 통상적으로 마케팅 문제의 원천 및 문제의 발생성격으로 구분된다.

1 문제의 원천에 대한 유형

조직의 마케팅 문제를 발생시키는 요소로 조직 외적 요소와 조직 내적 요소가 있다.

(1) **조직 외적 요소** : 경제적 상황, 정부정책상의 변화, 기술적 변화, 공급 및 수요 상황

(2) **조직 내적 요소** : 조직 내 마케팅 담당부서의 위치, 마케팅 담당 인적자원의 구성, 마케팅 믹스 요소

2 문제 발생성격에 대한 유형 기출

(1) **현 상황에 관한 문제** : 개인, 조직, 기관 등이 당면한 상태에서 해결해야 하는 문제

(2) **재인지된 문제** : 발생된 문제가 있지만, 상황에 따라 미처리되어 그냥 넘기는 경우 해당 문제가 다시 인지되는 경우의 문제

(3) **반복되는 문제** : 지속적으로 반복되는 문제로서 의사결정자는 반복되어 나타나는 문제에 대한 원인을 찾아내서 사전에 막아야 함

(4) **미인지 문제** : 의사결정자가 느끼지 못하고, 파악하지 못한 문제

(5) **재정립 문제** : 시대의 흐름에 의해 같은 문제지만 그에 따른 해결방안이 각기 다른 방식으로 문제가 재정립되는 경우

제5절   조사요구서의 작성

- 마케팅 담당자는 조사가 필요하다고 생각되면 경영자에게 조사에 대한 실시를 건의해야 한다.
- 경영자가 조사 필요의 당위성을 느낄 수 있도록 조사의 필요성, 절차 및 비용 등을 작성한 조사요구서를 제출해야 한다.
- 조사요구서에는 조사 제목, 목적, 배경, 범위, 수집할 자료 및 조사의 형태, 자료의 수집 및 분석 방법, 조사의 가치 및 비용 등이 포함되어야 한다.

1 조사요구서 작성 시의 기본사항

(1) 진행할 프로젝트의 이름

(2) 조사 의뢰부서

(3) 조사 허가일자 및 허가부서

(4) 날짜

(5) 진행할 프로젝트의 번호 및 시작일

(6) 필요로 하는 예산(비용)

(7) 보고서의 제출날짜

(8) 조사 실시기관

2 조사요구서에 관련한 각종 개념 기출

(1) **조사의 배경** : 마케팅 전략의 변화 및 환경의 변화로 인해 마케팅 의사결정이 필요한 문제가 있음을 설명한다.

(2) **조사의 목적** : 조사의 문제 및 목적, 의사결정 문제 등을 서술하여 의사결정자에게 조사의 필요성을 정확하게 전달한다.

(3) **조사의 범위, 조사의 유형 및 수집 자료** : 조사에 삽입해야 하는 내용을 나열하고 서베이, 관찰, 실험 중 어떠한 방식의 조사를 할 것인지를 설명하며, 수집할 자료를 제시한다.

(4) **자료분석방법** : 수집된 각종 자료들을 분석할 기법 및 과정을 나타낸다.

(5) **자료수집방법** : 어느 누구를 조사의 대상으로 삼아 자료를 수집할지를 나타낸다.

(6) **조사의 가치** : 시행한 조사의 결과로 인해 취득할 정보의 가치 및 의사결정문제의 해결에 어떠한 방식으로 활용될 것인가를 제시한다.

(7) **조사의 일정 및 팀의 구성** : 조사 일정을 제시하며, 조사에 참여할 사람들의 프로파일을 제시한다.

(8) **조사비용**(예산) : 조사에 소요되는 비용을 산정하고 제시한다.

제6절 마케팅 조사제안서 작성과 평가

마케팅 조사요구서의 결재가 이루어지면 마케팅 담당자는 조사를 직접 시행하거나, 조사회사들에게 조사제안
서(research proposal)를 요청할 수 있다.

1 의사결정자(조사의뢰회사)가 체크해야 할 사항

(1) 경제적인 효율성 부분

(2) 조사 설계 및 계획 부분

(3) 진행 프로젝트의 중요성 부분

(4) 조사 참여자와 설비 부분

2 조사제안서에 포함되는 요소

(1) 진행할 프로젝트에 대한 주제, 조사자의 지위, 주소, 전화번호 등

(2) 프로젝트 목차

(3) 조사자의 경력

(4) 조사에 활용될 설비 및 자재

(5) 소요비용(예산) 및 일정

(6) 조사하고자 하는 내용에 대한 요약

※ 다음 지문의 내용이 맞으면 ○, 틀리면 ×를 체크하시오. [1~6]

01 포괄적 조사는 의사결정을 하기 위한 자료수집 및 방법 등에 대한 조사이다. ( )

02 조직의 마케팅 문제를 발생시키는 요소로 조직 외적 요소와 조직 내적 요소가 있다. ( )

03 조직의 마케팅 문제를 발생시키는 조직 외적 요소에는 조직 내 마케팅 담당부서의 위치, 마케팅 담당 인적자원의 구성, 마케팅 믹스 요소 등이 있다. ( )

04 조직의 마케팅 문제를 발생시키는 조직 내적 요소에는 경제적 상황, 정부정책상의 변화, 기술적 변화, 공급 및 수요상황 등이 있다. ( )

05 마케팅 조사요구서의 결재가 이루어지면 마케팅 담당자는 조사를 직접 시행하거나, 조사회사들에게 조사제안서(research proposal)를 요청할 수 있다. ( )

06 마케팅 문제의 성격에 상관없이 해결방법은 단 1가지이다. ( )

정답과 해설 01 × 02 ○ 03 × 04 × 05 ○ 06 ×

01 포괄적 조사는 의사결정을 하기 위한 대안의 선택, 평가 및 확정 등에 대한 문제 해결을 하기 위한 조사이다.
03 조직의 마케팅 문제를 발생시키는 조직 외적 요소에는 경제적 상황, 정부정책상의 변화, 기술적 변화, 공급 및 수요상황 등이 있다.
04 조직의 마케팅 문제를 발생시키는 조직 내적 요소에는 조직 내 마케팅 담당부서의 위치, 마케팅 담당 인적자원의 구성, 마케팅 믹스 요소 등이 있다.
06 마케팅 문제의 성격에 따라 그 해결방법도 달라진다.

01 ③은 성과측정조사에 대한 목적이다.

01 다음 중 포괄적 조사의 목적으로 거리가 먼 것은?

① 관련된 상황에 대한 예측
② 연관된 변수 사이의 상호관계 정도의 파악
③ 의사결정의 목적을 이루기 위해서
④ 특정 상황의 발생빈도의 조사 및 상황에 따른 특성 조사

02 조사요구서 작성 시 기본사항으로는 조사 의뢰부서, 조사 실시기관, 진행 프로젝트 이름, 조사 허가일자 및 허가부서, 날짜, 필요로 하는 예산 등이 있다.

02 다음 중 조사요구서 작성 시 기본사항으로 옳지 않은 것은?

① 의사결정자의 의견
② 조사 의뢰부서
③ 조사 실시기관
④ 보고서 제출날짜

03 의사결정자가 체크해야 할 사항으로는 조사설계 및 계획 부분, 경제적 효율성 부분, 조사 참여자와 설비 부분, 진행 프로젝트의 중요성 부분 등이 있다.

03 다음 중 마케팅 조사제안서 작성 및 평가에서 의사결정자가 체크해야 할 사항으로 거리가 먼 것은?

① 조사설계 및 계획 부분
② 조사자의 출신학교
③ 경제적 효율성 부분
④ 조사 참여자와 설비 부분

정답 (01 ③ 02 ① 03 ②)

04 다음 중 성격이 <u>다른</u> 하나는?

① 정부정책상의 변화
② 기술적 변화
③ 마케팅 담당 인적자원의 구성
④ 공급 및 수요상황

04 ③은 조직의 마케팅 문제를 발생시키는 요소 중 조직의 내적 요소에 해당하는 내용이다.

05 조직의 마케팅 문제를 발생시키는 요소 중 조직 외적 요소로 옳은 것은?

① 마케팅 담당 인적자원의 구성
② 마케팅 믹스 요소
③ 조직 내 마케팅 담당부서의 위치
④ 정부정책상의 변화

05 ①·②·③은 조직의 마케팅 문제를 발생시키는 요소 중 조직의 내적 요소에 해당하는 내용이다.

06 조직의 마케팅 문제를 발생시키는 요소 중 조직 내적 요소로 바르게 짝지어진 것은?

① 경제적 상황, 기술적 변화
② 마케팅 믹스 요소, 마케팅 담당 인적자원의 구성
③ 정부정책상의 변화, 마케팅 믹스 요소
④ 공급 및 수요상황, 기술적 변화

06 조직 내적 요소
• 조직 내 마케팅 담당부서의 위치
• 마케팅 담당 인적자원의 구성
• 마케팅 믹스 요소

정답 04 ③ 05 ④ 06 ②

Self Check로 다지기 | 제2장

⊡ **포괄적 조사(Conclusive Research)**

의사결정을 하기 위한 대안의 선택, 평가 및 확정 등에 대한 문제 해결을 하기 위한 조사

⊡ **조직의 마케팅 문제를 발생시키는 조직 내적 요소**
- 조직 내 마케팅 담당부서의 위치
- 마케팅 담당 인적자원의 구성
- 마케팅 믹스요소

⊡ **조직의 마케팅 문제를 발생시키는 조직 외적 요소**
- 경제적 상황
- 정부정책상의 변화
- 기술적 변화
- 공급 및 수요상황

⊡ **조사제안서에 포함되는 요소**
- 진행할 프로젝트에 대한 주제, 조사자의 지위, 주소, 전화번호 등
- 프로젝트 목차
- 조사자의 경력
- 조사에 활용될 설비 및 자재
- 소요비용(예산) 및 일정
- 조사하고자 하는 내용에 대한 요약

⊡ **문제 발생성격에 대한 유형**

현 상황에 관한 문제, 재인지된 문제, 반복되는 문제, 미인지 문제, 재정립 문제

⊡ **포괄적 조사가 지니는 목적**
- 관련 변수 사이의 상호관계 정도의 파악
- 특정한 상황 발생빈도의 조사 및 상황에 따른 특성 조사
- 관련된 상황에 대한 예측

마케팅 조사모델과 조사정보의 구조

제1절	마케팅 조사정보의 기능
제2절	마케팅 조사모델
제3절	조사정보의 구조와 개발과정
제4절	조사정보 구조의 사례
실전예상문제	

우리 인생의 가장 큰 영광은 결코 넘어지지 않는 데 있는 것이 아니라

넘어질 때마다 일어서는 데 있다.

- 넬슨 만델라 -

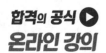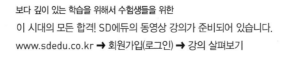

제 3 장 | 마케팅 조사모델과 조사정보의 구조

제1절 마케팅 조사정보의 기능

통상적으로 마케팅 조사정보의 기능에는 조사연구 대상에 따른 내용설명, 예측 및 제어(통제) 등이 있다.

1 조사정보의 기능

(1) 조사연구 대상에 따른 설명

① **설명의 정확성**: 해당 마케팅 문제 설명에 대해 활용된 개념이 해당 문제에 적절한지를 말한다.

② **설명의 범위**: 해당 마케팅 문제에 대해서 활용되는 이론 및 가설 등의 적용가능성을 말한다.

③ **제어(통제)능력**: 해당 마케팅 문제에 활용된 변수 등이 마케팅 문제에 대해 얼마만큼이나 제어를 할 수 있는지의 여부를 말한다.

④ **신뢰도**: 해당 마케팅 문제에 대한 설명에서 활용하지 않았던 요소 및 개념들의 발생횟수가 많아질수록 신뢰도는 낮다.

(2) 연구대상에 대한 예측

① 연구대상에 대한 예측의 근거는 반드시 일반화된 사실, 통상적인 이론 등에 의해 나타난 것이어야 한다.

② **연구대상의 예측에 대한 전제조건**

㉠ 기본적인 전제로서의 진실성

㉡ 미래지향적인 사실(Fact)에 따른 자료

- 조사에 있어 미래의 예측을 하기 위한 변수들이 고려되었는지 또는 누락되었는지의 여부
- 조사연구에 있어 사용된 변수들의 상호관계가 세부적으로 잘 정의되었는지의 여부
- 연구대상의 예측에 활용되지 않은 변수들이 차후에 어떠한 영향을 미칠 확률은 없는지에 대한 여부

(3) 연구대상에 대한 제어(통제)

제어는 해당 시스템 안에 존재하는 종속변수를 변하시키기 위해 해당 변수와 관련이 있는 독립변수를 구체적으로 조작하는 것을 말한다.

2 조사정보를 얻기 위한 방식

마케팅 조사정보를 얻기 위해 사용되는 방식은 크게 **탐색조사, 기술조사, 인과조사**의 3가지로 구분된다.

제2절 **마케팅 조사모델**

1 **탐색조사**(Exploratory Research) 종요 기출

(1) 탐색조사는 무엇이 문제인가를 알기 위해서 시행하는 조사이다.

(2) 탐색조사는 기업의 마케팅 문제와 현재의 상황을 보다 더 잘 이해하기 위해서, 조사목적을 명확히 정의하기 위해서, 필요한 정보를 분명히 파악하기 위해서 시행하는 예비조사이다.

(3) 특정 문제가 잘 알려져 있지 않은 경우에 적합한 조사방법으로 문제의 **규명**이 목적이다.

(4) 그 자체로 끝이 나지 않으며 기술조사 및 인과조사를 수행하기 전 단계의 역할을 수행하는 경우가 많으며, 유연성이 특징이다.

(5) 계량적인 방법보다는 전문가 의견조사, 문헌조사, 표적집단면접법, 심층면접법 등의 **질적인 방법**을 주로 활용한다.

(6) 탐색조사는 자료가 구조화되어 있지 않으며, 엄밀하게 통계분석을 시행하지 않는 경우에는 추출된 연구결과물을 일반적인 상황으로 확장시키기 어렵다.

(7) 탐색조사에 활용되는 것으로는 사례조사·문헌조사·전문가 의견조사 등이 있다.

2 기술조사(Descriptive Research) 종요 기출

(1) 현재 나타나고 있는 마케팅 현상을 보다 정확하게 이해하기 위해서 수행되는 조사이다.

(2) 소비자들이 느끼고, 생각하고, 행동하는 것을 기술하는 조사로 확실한 목적과 조사하려는 가설을 염두에 두고 시행하는 **엄격한 조사방법**이다.

(3) 기술조사의 목적은 현 상태를 있는 그대로 정확하게 묘사하는 데 있다.

(4) 어떤 집단의 특성을 기술하려 할 때, 또는 **예측**하고자 할 때 사용한다.

(5) 종류

① **횡단조사(Cross-sectional research)**
  ㉠ 모집단으로부터 추출된 표본에서 단 1회의 조사로 마케팅 정보를 수집하는 방법이다.
  ㉡ 소비자로부터 구매한 상표들의 정보를 얻을 수는 있으나, 소비자들의 기억능력의 한계로 인해 최근의 구매에 대한 정보로 만족해야 한다는 문제점이 존재한다.
  ㉢ 횡단조사는 조사대상의 시간의 흐름에 따른 변화를 고려하지 않고, 변수 간 상관관계나 인과관계 조사가 중점적으로 시행된다.

② **종단조사(longitudinal research)**
  ㉠ 횡단조사와는 달리 동일한 표본을 대상으로 해서 일정한 간격으로 **반복적 조사**를 통해 마케팅 변수의 변화추이를 보는 조사로 **패널조사**라고도 한다.
  ㉡ 일정기간을 두고 한 번 이상 조사를 하므로, 변화에 따른 마케팅 변수에 대한 소비자의 반응측정이 가능하다.

3 인과조사(Casual Research) 종요 기출

(1) 마케팅 현상의 원인이 무엇인지 밝혀내기 위한 조사이다.

(2) 설문조사로는 어렵고, 실험 등을 통한 조사방법에 의해서 가능하다.

(3) 인과관계를 파악하는 데 그 목적이 있다.

> **예**
> "X는 Y를 초래한다."는 등의 인과관계를 밝히는 것

제3절   조사정보의 구조와 개발과정

1 탐색조사(Exploratory Research) 기출

탐색조사는 무엇이 문제인가를 알기 위해서 시행하는 조사이다.

(1) 문헌조사(Literature Research) 중요

① 문헌조사는 조사를 하기 위해 가장 먼저 실행되어야 하는 조사이다.

② 기업이 당면한 문제점 등을 파악하기 위해 이전에 공개되어 있는 2차 자료를 활용하는 것을 말한다.

③ 문헌조사로 조사가 끝나는 경우도 있다.

> **예**
>
> 업계 문헌, 학술 문헌, 정부기관에서 발표한 각종 통계자료, 기업의 매출 및 회계자료

(2) 전문가 의견조사(Key Informant Survey) 중요

① 기업이 당면한 문제 또는 해결책에 대한 아이디어를 찾기 위해 어떠한 산업 또는 기업에 관련한 풍부한 지식 및 경험을 갖춘 전문가를 통해 정보를 찾아내는 조사이다.

② 일반 사람들이 잘 알지 못하는 분야 등에 대해서 해당 분야의 전문가들을 대상으로 하는 조사이다.

③ 전문가들의 수가 큰 문제가 되지 않는다.

④ 엄격한 대표성을 요구하기가 어렵다.

⑤ 비구조적인 질문으로 이루어진다.

⑥ 전문가 의견조사 방법에는 특히 델파이 조사기법이 빈번하게 사용된다.

> **더 알아두기**
>
> **델파이 기법**
>
> (1) 의의
>
> 어떤 문제의 해결과 관계된 미래 추이의 예측을 위해 전문가 패널을 구성하여 수회 이상 설문하는 정성적 분석 기법으로 전문가 합의법이라고도 한다.
>
> (2) 델파이 기법 절차
>
>
>
> **수차례 반복**
> (분석결과 및 전 회차 응답지 제시)
>
> ① 패널 구성 : 복수의 전문가들로 패널(panel)을 구성, 패널 간 익명을 유지하는 것이 중요하다.
>
> ② 질문지 송부 : 우편 및 이메일로 이루어지며, 모든 패널들에게 전문가적 견해를 묻는다.

③ 응답 및 결과분석 후 재질문 : 패널들로부터 다양한 답변들이 오면, 연구자는 이 답변들을 취합한 후 익명으로 다시 패널들에게 제공하는 피드백을 시행한다. 재질문 과정에서 전문가들은 의견을 수정하며, 연구자는 각 패널의 수정된 의견을 다시 취합한다.

④ 의견 수렴 및 최종 정리 : 위의 과정을 반복하면, 각 전문가의 의견 차이가 점차 감소하여 일정 결론으로 수렴한다.

(3) 한계점

① 합의에 이르는 과정이 생각보다 느릴 수 있다.

② 실용성 없는 결론 대신 원론적 결론이 나올 수도 있다.

(3) 심층면접법(Depth Interviews) 중요 기출

① 조사대상자들 중의 한 명을 선택해서 깊이 있는 질문을 통해 조사하는 방법이다.

② 조사대상자에게 사적인 얘기가 가능한 분위기를 만들어야 하지만 심리적으로는 이들과 일정 정도의 거리를 두어야 한다.

③ 조사대상자의 부담을 없애고 깊이 있는 내용을 이야기할 수 있도록 해야 한다.

④ 취득한 자료를 해석하기가 용이하지 않다.

⑤ 면접진행자의 경우 많은 숙련을 필요로 한다.

⑥ 면접진행자의 영향이 조사대상자의 응답에 영향을 끼칠 수 있기 때문에 해당 연구결과에 대한 신뢰성에 문제가 될 수 있다.

(4) 표적집단면접법(FGI) 중요 기출

① 응답자를 8~12명 정도의 집단으로 해서 비구조적인 인터뷰를 시행하는 방식이다.

② 연령 및 사회·경제적인 지위 등이 서로 비슷한 인원으로 구성되는 것이 좋다.

③ 해당 주제에 대해 높은 커뮤니케이션 능력과 지식이 풍부한 면접자를 필요로 한다.

④ 많은 사람들 간의 상호작용으로 인해 개인 면접에서는 얻기가 힘든 특별한 아이디어 등이 나타나는 경우가 많다.

⑤ 표적집단면접법의 경우 취득한 결과에 대해 일반화하기가 어렵다는 문제점이 있다.

⑥ 진행자의 편견 등으로 인해 해석상의 에러발생의 가능성이 있다.

더 알아두기

표적집단면접법(FGI)의 특징 중요 기출

- 장점
  - 많은 주제의 자료수집이 가능
  - 획기적인 아이디어 개발이 가능
  - 행위에 대한 내면의 이유 파악이 가능
  - 전문적인 정보의 획득이 가능
- 단점
  - 주관적인 해석의 우려
  - 고비용
  - 도출된 결과의 일반화가 어려움

---

2 기술조사(Descriptive Research) 기출

현재 나타나고 있는 마케팅 현상을 보다 정확하게 이해하기 위해서 수행되는 조사이다.

(1) 패널조사(Panel Research)

① 패널은 일종의 고정적인 표본으로 일정 기간 동안 인원들이 일정하게 유지되는 형태를 취한다.
② 패널은 같은 대상으로 고정되어 시간이 흐름에 따라 그 변화하는 것을 용이하게 관찰이 가능하므로 조사 횟수가 잦은 종단조사에 적용하기 용이한 방법이다.

(2) 혼합패널(Omnibus Panel)

특정 변수에 대해서는 기존 패널표본이 유지되고, 다른 변수에 대해서는 다른 집단을 패널표본으로 구성한다.

(3) 순수패널(True Panel)

같은 변수에 대해서 이를 반복적으로 답하는 집단이다.

> **더 알아두기**
>
> **기술조사**
> • 횡단조사 : 조사의 대상을 단 1회만 조사하는 방법이다.
> • 종단조사 : 조사의 대상을 반복적으로 조사하는 방법이다.
> – 패널을 활용하는 경우가 많다.
> – 종단조사의 시행을 위해 조사대상을 고정해야 한다.

3 인과조사(Causal Research)

마케팅 현상의 원인이 무엇인지 밝혀내기 위한 조사이다.

(1) 가설 기출

① 가설은 조사자가 자료나 판단에 근거하여 옳다고 믿는 변수들 간의 인과관계 혹은 조사대상의 특성을 나타내는 진술이다.
② 가설은 조사하고자 하는 연구자의 생각일 뿐, 검증을 거치고 난 후에 해당 결과를 나타낼 수 있다.
③ 비방향적 가설은 독립변수와 종속변수 간의 관계에 대해 방향을 제시하지 않는 것을 말한다.

> **예**
> 종업원들의 친절도는 매출에 영향을 미친다.

④ 방향적 가설은 독립변수와 종속변수 간의 관계에 대한 방향을 제시하는 것을 말한다.

> **예**
>
> 제품가격이 저렴할수록 매출이 좋다.

(2) 인과관계의 조건 기출

① **동반발생** : 인과관계로 설정된 변수들이 가설이 예측하는 방향으로 함께 흘러가는 것을 말한다.

② **발생의 시간적 순서** : 원인변수로 설정한 변수의 변화가 결과변수로 설정한 변수의 변화보다 선행해야 한다는 것을 말한다.

> **예**
>
> 흡연을 많이 하게 되면 폐암에 걸릴 확률이 높아진다.

③ **외생변수의 통제** : 결과변수에 영향을 미칠 수는 있지만, 연구자가 원인변수로 설정하지 않는 변수를 외생변수라고 한다. 그러므로 인과관계 조사에서 외생변수를 통제하는 것은 상당히 중요하다.

④ **외생변수의 통제방법** 기출

　㉠ 균형화 : 예상되는 외생변수의 영향을 동일하게 받을 수 있도록 실험집단 및 통제집단을 선정하는 방법

　㉡ 제거 : 외생변수로 작용할 수 있는 요인이 실험상황 등에 개입되지 않도록 하는 방법

　㉢ 상쇄 : 외생변수가 작용하는 강도가 다른 상황에 대해 타 실험을 실행함으로써 외생변수의 영향을 제거

　㉣ 무작위화 : 어떤 외생변수가 작용할지 모르는 상황에서 실험집단 및 통제집단을 무작위로 추출

(3) 인과관계의 성격

① "X가 Y의 원인이다."라는 것은 X만이 Y를 발생시키는 무조건적인 원인이 아닌 X가 Y를 발생시키는 여러 가지 원인들 중의 하나라는 것을 의미한다.

② 두 변수들 간 관계는 완전한 결정적인 관계가 아닌 확률적인 관계를 말한다.

③ 변수들 간 인과관계를 검증하는 경우에 얻어진 결론은 엄격히 말해서 인과관계를 입증하는 것이 아니라 단지 추론하는 것이다.

(4) 인과관계의 종류

① **단순한 인과관계** : 어느 하나의 변수가 타 변수에 영향을 미치는 것을 말한다.

> **예**
>
> A → B

② **연속적 인과관계** : 어느 한 변수가 타 변수에, 그리고 그 변수가 다시 또 다른 변수에 영향을 미치는 것을 말한다.

> **예**
>
> A → B → C

③ **구조적 인과관계** : 어느 한 변수가 제3변수의 매개에 의해서 다른 변수에 영향을 미칠 뿐만 아니라 직접적으로도 그 변수에 영향을 미치는 것을 말한다.

> **예**
>
> A → B, A → C, B → C

제4절 조사정보 구조의 사례

Campbell사는 세계 각국마다 소비자들의 고유한 가치관 및 문화에 대한 인식이 중요하다는 것을 인지하고 기존의 표준화 전략을 수정한 유연화 세계화 전략을 구상하였다.

우선 Campbell은 유럽인들의 입맛에 맞춰 수프의 맛을 바꾸고, 유럽인이 좋아하는 수프 종류를 추가하였다. 더불어 현지 생산을 통해 가격을 낮추고 유럽인의 라이프스타일에 파고드는 광고를 만들었다. 상당한 문화적인 차이 때문에, 유럽에서 캠벨이 생각만큼 크게 히트를 치진 못했지만 현지적응의 노력으로 최소한의 이윤을 내는 데 있어서는 성공했다.

그리고 Campbell은 최근에 유연한 세계화 전략을 통해 요즘 들어 부쩍 건강에 대해서 많은 관심을 보이고 있는 중국의 주된 수프 시장에 저지방과 MSG를 첨가하지 않은 Swanson Clear Chicken and Classic Superior Broths를 출시하여 중국 엄마들의 이목을 끌고 있다. 실제로 이 제품은 중국의 광동에서 상당한 규모의 판매 실적을 올렸다고 한다. 그리고 Campbell은 중국의 가장 큰 제조업체인 Swire Pacific라는 기업과 파트너십을 맺어 중국의 시장에 좀 더 적합한 제품을 생산하기 위해 노력하고 있다.

또한, Campbell은 하루하루 집에서 만들어 먹는 홈 메이드 스프에 대해 상당한 관심을 보이고 있는 러시아 주부들을 위해서 Campbell's Domashnaya Klassika Garnished Broth를 출시하여 러시아 수프 시장에 진입하였으며 나아가 혁신적이고 다양한 수프와 좀 더 큰 사이즈의 패키지를 추가함으로써 러시아의 각 지역뿐만 아니라 모스크바까지 Campbell의 브랜드를 확장하려고 계획 중에 있다.

이러한 Campbell 수프의 선전은 철저한 시장조사를 바탕으로 진출하고자 하는 지역 및 나라의 고객들의 성향 및 가치관을 파악한 마케팅 전략의 하나로 볼 수 있다.

○X 로 점검하자 | 제3장

※ 다음 지문의 내용이 맞으면 ○, 틀리면 ×를 체크하시오. [1~7]

01 일반적으로 마케팅 조사정보가 지니는 기능에는 조사연구 대상에 따른 내용설명, 예측 및 제어(통제) 등이 있다. (   )

02 마케팅 조사정보를 얻기 위해 사용되는 방식으로는 크게 1차 조사와 2차 조사 2가지로 구분된다. (   )

03 탐색조사는 현재 나타나고 있는 마케팅 현상을 보다 정확하게 이해하기 위해서 수행되는 조사이다. (   )

04 기술조사는 소비자들이 느끼고, 생각하고, 행동하는 것을 기술하는 조사로 확실한 목적과 조사하려는 가설을 염두에 두고 시행하는 엄격한 조사방법이라고 할 수 있다. (   )

05 인과조사는 인과 관련성을 파악하는 데 그 목적이 있는 조사방법이다. (   )

06 표적집단면접법은 연령 및 사회·경제적인 지위 등이 서로 비슷한 인원으로 구성되는 것이 좋다. (   )

07 횡단조사는 조사의 대상을 반복적으로 조사하는 방법이다. (   )

정답과 해설 01 ○ 02 × 03 × 04 ○ 05 ○ 06 ○ 07 ×

02 마케팅 조사정보를 얻기 위해 사용되는 방식으로는 크게 탐색조사, 기술조사, 인과조사의 3가지로 구분된다.
03 탐색조사는 특정 문제가 잘 알려져 있지 않은 경우에 적합한 조사방법이다.
07 횡단조사는 조사의 대상을 단 1회만 조사하는 방법이다.

제 3 장 | 실전예상문제

01 탐색조사는 계량적인 방법보다는 전
문가 의견조사, 문헌조사, 표적집단
면접법, 심층면접법 등의 질적인 방
법을 주로 활용한다.

01 탐색조사에 대한 설명으로 옳지 <u>않은</u> 것은?

① 탐색조사에 활용되는 것으로는 사례조사·문헌조사·전문가
의견조사 등이 있다.
② 질적인 방법보다는 계량적인 방법을 주로 활용한다.
③ 특정 문제가 잘 알려져 있지 않은 경우에 적합한 조사방법이다.
④ 현 상태를 잘 이해하기 위해서 시행한다.

02 종단조사는 보통 패널조사라고도 한다.

02 다음 내용 중 옳지 <u>않은</u> 것은?

① 횡단조사는 단 1회의 조사를 통해 마케팅 정보를 수집하는 조
사방법이다.
② 횡단조사는 보통 패널조사라고도 한다.
③ 종단조사는 동일한 표본을 대상으로 해서 일정한 간격으로 반
복적 조사를 통해서 마케팅변수의 변화추이를 지켜보는 조사
방법이다.
④ 기술조사는 어떤 집단의 특성을 기술하려 할 때 쓰이는 조사
방법이다.

정답 01② 02②

03 전문가 의견조사에 대한 설명으로 옳지 <u>않은</u> 것은?

① 기업의 경우 당면한 문제 또는 해결책 등에 대한 아이디어를 찾기 위해서 관련 분야 및 산업에 다량의 경험을 갖춘 전문가를 통해 정보를 찾아내는 조사방법이다.

② 엄격한 대표성을 요구하기가 어렵다는 문제가 존재한다.

③ 해당 분야 전문가들의 수는 별다른 문제가 되지 않는다.

④ 구조적인 질문방식으로 이루어진다.

04 심층면접법에 대한 내용으로 옳지 <u>않은</u> 것은?

① 면접진행자가 미치는 영향이 조사대상자의 응답에는 전혀 영향을 미치지 않으므로 해당 연구결과에 대한 신뢰성에는 문제가 없다.

② 조사대상자들 중의 한 명을 선택해서 일반적인 면접의 내용보다도 심화된 깊이 있는 질문을 통해 조사하는 방법이다.

③ 심층적인 면접의 진행이므로 면접진행자의 경우에는 심화된 숙련을 필요로 한다.

④ 조사하고자 하는 내용이 깊이가 있는 관계로 조사대상자의 부담을 없애며, 그들의 깊이 있는 내용을 말할 수 있도록 분위기를 조성해야 한다.

05 다음 중 표적집단면접법에 대한 설명으로 옳지 <u>않은</u> 것은?

① 진행자의 편견 등으로 인해 해석상 에러발생의 가능성이 있다.

② 연령이나 사회·경제적인 지위 등에 있어 서로 비슷한 인원으로 구성되는 것이 좋다.

③ 응답자를 8~12명 정도의 집단으로 해서 구조적인 인터뷰를 시행하는 방식이다.

④ 표적집단면접법의 경우 취득한 결과에 대해서 일반화하기가 어렵다는 문제점이 있다.

03 전문가 의견조사(Key Informant Survey)는 비구조적인 질문으로 이루어진다.

04 심층면접법은 면접진행자의 영향이 조사대상자의 응답에 영향을 끼칠 수 있기 때문에 해당 연구 결과에 대한 신뢰성에 문제가 될 수 있다.

05 표적집단면접법은 응답자를 8~12명 정도의 집단으로 해서 비구조적인 인터뷰를 시행하는 방식이다.

정답 03 ④ 04 ① 05 ③

06 순수패널은 같은 변수에 대해 반복적으로 응답하는 집단이다.

06 다음 설명 중 옳지 않은 것은?

① 패널조사는 조사의 횟수가 잦은 종단조사에서의 경우에 활용하기 용이한 조사방법이다.

② 순수패널은 서로 다른 변수에 대해 단 1회만 답하는 집단이다.

③ 혼합패널은 표본으로서의 구성원들은 그대로 유지가 되는 반면에 타 변수에 답하는 집단이다.

④ 기술조사는 현재 기업이나 조직 등에 나타나 있는 마케팅 현상을 보다 더 정확하게 이해하기 위해서 수행되는 조사방법이다.

07 방향적 가설은 독립변수(원인)와 종속변수(결과) 간의 관계에 대한 방향을 제시하는 것을 말한다.

07 다음 내용과 관련이 있는 것은?

> 제품가격이 저렴할수록 매출이 좋다.

① 신뢰성의 정의이다.

② 비방향적 가설이다.

③ 타당성의 정의이다.

④ 방향적 가설이다.

08 연속적 인과관계란 어느 하나의 변수(A)가 다른 변수(B)에, 그리고 그 다른 변수(B)가 다시 또 다른 변수(C)에 영향을 미치는 것을 말한다.

08 다음이 의미하는 것과 합치되는 것은?

> A → B → C (A, B, C는 각각의 변수를 뜻함)

① 연속적 인과관계

② 구조적 인과관계

③ 단순한 인과관계

④ 복합적 인과관계

정답 06 ② 07 ④ 08 ①

09 다음 중 탐색조사에 활용되는 조사방법으로 거리가 <u>먼</u> 것은?

① 전문가 의견조사

② 문헌조사

③ 기술조사

④ 사례조사

09 탐색조사에 활용되는 조사
- 사례조사
- 문헌조사
- 전문가 의견조사

10 인과조사의 시행목적은 무엇인가?

① 집단의 특성을 기술하려고 하기 위해서

② 인과관계를 파악하기 위해서

③ 무엇이 문제인가를 알기 위해서

④ 다량의 자료를 얻기 위해서

10 인과조사는 인과관계를 파악하는 것을 목적으로 한다.

11 다음 중 인과관계를 추론하는 조건에서 "원인변수 및 결과변수의 변화는 같이 나타나야 한다."는 조건과 가장 합치되는 것은?

① 내생변수의 통제

② 외생변수의 통제

③ 발생의 시간적 순서

④ 동반발생

11 동반발생은 인과관계로 설정된 변수들이 가설이 예측하는 방향으로 함께 흘러가는 것을 말한다.

정답 09 ③ 10 ② 11 ④

⇥ 탐색조사(Exploratory Research)
- 무엇이 문제인가를 알기 위해서 시행하는 조사
- 특정 문제가 잘 알려져 있지 않은 경우에 적합한 조사방법으로 문제의 규명이 목적

⇥ 기술조사(Descriptive Research)
- 현재 나타나 있는 마케팅 현상을 보다 정확하게 이해하기 위해서 수행되는 조사
- 기술조사의 목적은 현 상태를 있는 그대로 정확하게 묘사하는 것

⇥ 인과조사(Casual Research)
- 마케팅 현상의 원인이 무엇인지 밝혀내기 위한 조사
- 인과 관련성의 파악에 목적을 둠

⇥ 문헌조사(Literature Research) : 기업이 당면한 문제점 등을 파악하기 위해 이전에 공개되어 있는 2차 자료를 활용하는 것

⇥ 전문가 의견조사(Key Informant Survey) : 기업이 당면한 문제 또는 해결책에 대한 아이디어를 찾기 위해 어떠한 산업 또는 기업에 관련한 풍부한 지식 및 경험을 갖춘 전문가를 통해 정보를 찾아내는 조사

⇥ 표적집단면접법(FGI) : 응답자를 8~12명 정도의 집단으로 해서 비구조적인 인터뷰를 시행하는 방식

⇥ 인과관계의 조건
동반발생, 발생의 시간적 순서, 외생변수의 통제

⇥ 인과관계의 종류
단순한 인과관계, 연속적 인과관계, 구조적 인과관계

제 4 장

자료의 측정

제1절	1차 자료와 2차 자료
제2절	측정의 의미와 과정
제3절	척도의 종류
제4절	측정의 타당성 및 신뢰성
실전예상문제	

얼마나 많은 사람들이 책 한 권을 읽음으로써 인생에 새로운 전기를 맞이했던가.

– 헨리 데이비드 소로 –

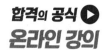
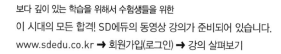

제 4 장 | 자료의 측정

제1절 1차 자료와 2차 자료 [기출]

1 1차 자료 [중요] [기출]

(1) 개념

조사자가 현재 수행 중인 조사목적을 달성하기 위해 **직접 수집한 자료**이다.

(2) 장점

① 조사목적에 적합한 정확도, 신뢰도, 타당성 평가가 가능하다.
② 수집된 자료를 의사결정이 필요한 시기에 적절히 활용 가능하다.

(3) 단점

2차 자료에 비해 자료수집에 시간, 비용, 인력이 많이 든다.

(4) 유형

전화 서베이, 리포트, 대인면접법, 우편이용법 등

더 알아두기

1차 자료
현재 당면하고 있는 조사를 위해 수집한 자료
- **탐색조사의 경우** : 심층면접법, 표적집단면접법, 전문가 의견조사
- **기술조사의 경우** : 서베이법, 관찰법
- **인과조사의 경우** : 실험법

---

2 **2차 자료** 중요 기출

(1) 개념

다른 기관이나 개인이 수집하여 이미 존재하는 자료를 의미하며, 특히 현 조사목적에 도움을 줄 수 있는 자료이다.

(2) 장점

① 통상적으로 자료 취득이 쉽다.
② 시간, 비용, 인력이 적게 든다.

(3) 단점

자료수집목적이 조사목적과 일치하지 않는다(자료의 신뢰도가 떨어진다).

(4) 유형

논문, 정기간행물, 각종 통계자료 등

(5) 2차 자료의 구분

① **기업내부자료** : 기업 조직이 이전에 시행함으로써 축적된 자료를 말한다.

> **예**
> 조직의 현황, 회계자료, 영업 관련 자료, 기존의 시장조사 자료 등

② **기업외부자료** : 당면한 문제와 연관되는 정보를 외부의 기관으로부터 얻을 수 있는 자료를 말한다.

> **예**
> 경제신문사, 통계청 자료, 상공회의소, 민간경제연구소 등

> **더 알아두기**
>
> **자료의 구분**
> • 2차 자료 : 다른 기관이나 개인이 수집하여 이미 존재하는 자료 중 현재 조사목적에 도움을 줄 수 있는 자료
> • 2차 자료원
>   – 공공단체 또는 조사 회사의 정기 발행물 : 무역협회, 통계청, 산업별 협의기구, 상공회의소, 조사 회사의 발표 자료
>   – 기업 내부자료 : 판매원 자료, 소비자 자료, 회계자료, 재무자료
>   – 신디케이트 조사 자료 : 점포조사 자료, 소비자 패널조사 자료
>   – 인터넷 자료 : 검색 엔진 등을 통해 수집된 자료

3 관찰법 (종요) (기출)

(1) 개요
① 조사대상의 행동 및 상황 등을 직접적 또는 기계장치를 통해서 관찰하여 자료를 수집한다.
② 관련이 있는 사람들의 행동 또는 상황 등을 직접 관찰하여 자료를 수집하는 방법으로 사람들이 제공할 수 없거나 제공하기를 꺼리는 정보를 얻는 데 적합한 방법이다.
③ 관찰자가 비공개적 관찰을 통해 피관찰자에 대한 정보를 수집할 때 유의해야 할 점은 피관찰자가 눈치채지 못하도록 자연스럽게 관찰해야 한다는 것이다.

(2) 장점 (기출)
① 자료를 수집하는 데 있어 피관찰자의 협조의도 및 응답능력 등이 문제가 되지 않는다.
② 관찰자에게서 발생되는 오류의 제거가 가능하다.
③ 통상적으로 객관성 및 정확성이 높다.

(3) 단점
① 관찰자는 피관찰자의 느낌이나 태도, 동기 등과 같은 심리적 현상은 관찰할 수 없다.
② '장기간에 걸쳐 발생하는 사건'과 '사적인 활동'은 관찰하기 어렵다.
③ 설문지에 비해 비용이 많이 든다.
④ 비공개적 관찰에서 피관찰자 자신이 관찰되고 있다는 사실을 알게 되면 평상시와는 다른 행동을 보일 수도 있다.

더 알아두기

관찰법
• 조사대상의 행동패턴을 관찰하고 기록함으로써 자료를 수집하는 방법이다.
• 정확한 행동측정이 매우 중요한 경우에는 관찰법이 바람직하다.
• 보통 피관찰자가 자신의 행동이 관찰된다는 사실을 아는 상태에서 관찰이 이루어질 수도 있다(공개적 관찰). 이 경우 피관찰자의 행동이 달라지기 쉽다. 따라서, 관찰의 대상이 되는 피관찰자 자신이 관찰되는 사실을 모르게 하는 것이 중요하다(비공개적 관찰).

관찰법의 종류
• 자연상태 관찰과 인위적 환경 관찰
  – 자연상태 관찰 : 자연스러운 환경에서 관찰하는 방법
  – 인위적 환경 관찰 : 인위적으로 만들어진 환경 하에서 관찰하는 방법
• 인적 관찰과 기계적 관찰
  – 인적 관찰 : 사람이 직접적으로 관찰하는 방법
  – 기계적 관찰 : 기계를 활용해서 관찰하는 방법
• 공개적 관찰과 비공개적 관찰
  – 공개적 관찰 : 피관찰자가 자신이 관찰된다는 사실을 인지하고 있는 관찰
  – 비공개적 관찰 : 피관찰자 자신이 관찰되는 사실을 모르게 하는 관찰

- **구조화된 관찰과 비구조화된 관찰**
  - 구조화된 관찰 : 미리 관찰할 내용을 정확하게 결정해서 정해진 양식(표준화된 양식)에 의해 관찰한 사실을 기록하는 방법
  - 비구조화된 관찰 : 정해지거나 표준화된 양식을 활용하지 않는 관찰 방법

관찰법의 장·단점
- **장점**
  - 설문으로 알 수가 없는 피관찰자의 행동까지도 측정이 가능하다.
  - 피관찰자가 의사표현이 불가능한 경우에도 조사가 가능하다.
- **단점**
  - 피관찰자의 행동에 대한 동기 및 개념 등은 관찰이 불가능하다.
  - 관찰자들에 따라 결과에 대한 기록 및 해석이 다를 수 있다.
  - 비용 등의 문제로 인해 적은 수의 사람을 관찰하기에 해당 결과를 일반화하기 어렵다.

4 서베이법 기출

(1) 설문지를 통해 직접 질문해서 자료를 수집한다.

(2) 다량의 정보를 짧은 시간 안에 수집할 수 있다.

(3) 전화, 편지, 인터뷰 등의 방식을 통해 시행할 수 있다.

(4) 인구통계적 특성, 행동의 동기, 태도 및 의견 등의 광범위한 정보의 수집이 가능하다.

> **더 알아두기**
>
> **서베이법**
> - 많은 응답자로부터 질문을 통해 자료를 수집하는 방법
> - **장점**
>   - 대규모의 조사가 가능하다.
>   - 직접적으로 관찰이 불가능한 동기 및 개념의 측정 등이 가능하다.
>   - 대규모의 표본으로 조사 결과에 대한 일반화가 가능하다.
>   - 수치적(계량적) 방법으로 분석해서 객관적인 해석이 가능하다.
>   - 자료의 코딩 및 분석이 용이하다.
> - **단점** 기출
>   - 설문지에 대한 개발이 쉽지 않다.
>   - 조사를 진행함에 있어 많은 시간이 소요된다.
>   - 부정확하면서도 성의 없는 응답 가능성이 있다.
>   - 응답률이 저조하다.
>   - 깊이가 있으면서 복잡한 질문 등을 하기가 어렵다.

(5) 전화 인터뷰법 [기출]

① **개념** : 면접진행자가 응답자들에게 전화를 걸어 설문지의 질문을 하고 기록하는 방식이다.

② **장점**

　　　㉠ 접촉의 범위가 넓다.

　　　㉡ 비용이 저렴한 편이다.

　　　㉢ 면접진행자의 통제가 용이한 편이다.

　　　㉣ 조사가 신속하게 이루어진다.

③ **단점**

　　　㉠ 복잡하거나 긴 질문의 사용이 불가능하다.

　　　㉡ 면접진행자에 의한 오류의 발생이 있을 수 있다.

　　　㉢ 시각적인 자료의 활용이 어렵다.

(6) 대인 인터뷰법 [중요] [기출]

① **개념** : 면접진행자가 응답자를 직접적으로 만나서 인터뷰하는 방법이다.

② **종류** : 몰 인터셉트 인터뷰, 방문 인터뷰, CAPI

③ **장점**

　　　㉠ 응답자들에 대한 응답률을 높일 수 있다.

　　　㉡ 복잡하거나 긴 질문의 사용이 가능하다.

　　　㉢ 시각적인 자료의 활용이 가능하다.

　　　㉣ 응답자가 질문을 이해하지 못했을 경우에 설명이 가능하다.

④ **단점**

　　　㉠ 면접진행자에 의한 오류 발생의 가능성이 있다.

　　　㉡ 비용이 많이 들어간다.

　　　㉢ 접촉범위의 한계가 있다.

(7) 전자 인터뷰법

① **개념** : 컴퓨터 통신을 활용한 방법이다.

② **장점**

　　　㉠ 응답자에 대한 익명성이 보장된다.

　　　㉡ 면접진행자에 의한 오류가 없다.

　　　㉢ 조사가 신속하게 이루어진다.

　　　㉣ 접촉의 범위가 넓다.

　　　㉤ 자료에 대한 분석 및 수집이 자동으로 이루어진다.

③ **단점**

　　　㉠ 응답자들에 대한 응답률이 낮다.

　　　㉡ 인터넷을 사용할 수 있는 응답자들만 응답할 가능성이 높다.

(8) 우편 조사법 [기출]

① **개념** : 우편을 통해서 조사하는 방법이다.

② **장점**

ㄱ 비용이 저렴하다.

ㄴ 면접진행자에 의한 오류가 없다.

ㄷ 응답자에 대한 익명성이 보장된다.

ㄹ 접촉의 범위가 넓다.

③ **단점**

ㄱ 응답자들에 대한 응답률이 낮다.

ㄴ 응답자들이 질문에 대한 순서를 무시할 가능성이 높다.

ㄷ 응답자들이 질문의 의도를 잘못 이해할 경우에 설명이 불가능하다.

제2절 측정의 의미와 과정

1 측정의 의미 [종요] [기출]

(1) 측정은 조사자가 연구하는 것에 대한 조사대상의 성질 및 특성 등에 대해서 이를 잘 표현해둘 수 있도록 정해진 원칙에 따라 기호를 할당해주는 것을 말한다.

(2) 측정은 조사대상의 속성에 대해 **숫자를 부여하는** 일종의 체계적인 과정이라 할 수 있다.

(3) 측정규칙의 경우에는 1 : 1 대응관계를 지녀야 하며, 연구대상에 있어서도 일관성 있게 활용되어야 한다.

(4) 시간의 흐름에 따라 변화하거나 측정대상에 의해 변하게 되면 엄격한 측정이 이루어질 수가 없다.

2 측정 과정 [기출]

(1) **개념에 대한 조작적 정의** : 추상적인 구성의 개념을 측정 가능하면서 구체적으로 정의하는 것으로서, 이는 조사대상의 특징을 측정이 가능한 것으로 재정의하는 작업이라 할 수 있다. 더불어, 조사연구에 걸맞은 개념을 정의해서 연구를 해야 결과에 대한 타당성을 더 높일 수 있다. [기출]

(2) 측정의 대상 및 측정척도의 대응 : 측정하고자 하는 대상의 성질 및 특징 등을 숫자로 대응시키는 것이다.

(3) 척도 선택 : 조사연구 대상의 성질을 적절하게 표현할 수 있는 척도를 선택하는데, 통상적으로 개념을 측정하는 방법에는 서열척도·명목척도·비율척도·등간척도 등이 있다. 기출

(4) 측정항목 구성 : 조작적 정의로 인해 측정에 필요로 하는 항목 등을 결정한다.

더 알아두기

변수 및 관련 구성개념
- **변수**
  - 통상적으로 구체적 변수 및 구성개념들을 모두 지칭한다.
  - 협의의 변수 : 구체적인 성격이 강한 변수
- **구성개념**
  - 추상적인 성격이 강한 변수
  - 구성개념의 측정 : 구성개념의 측정을 위해 측정이 가능하도록 재정의할 필요가 있다.
- **개념적 정의(Conceptual Definition)** : 측정의 대상이 되는 어떠한 개념(Concept, Construct)의 의미를 사전적으로 정의를 내린 것이다.
- **조작적 정의(Operational Definition)** : 어떠한 개념에 대해 응답자가 구체적인 수치(Number)를 부여할 수 있는 형태로 상세하게 정의를 내린 것이다. 다시 말해, 추상적인 개념을 측정 가능한 구체적인 현상과 연결시키는 과정(Operationalization)이다.

제3절 척도의 종류 중요 기출

1 척도의 개념

(1) 척도는 어떠한 가설에 의거해서 본래의 질적인 내용을 지닌 여러 가지 속성을 수량적인 변수로 바꾸어 놓은 것을 말한다.

(2) 수치 및 기호의 연속적 체계, 즉 측정하는 도구이다.

(3) 척도는 신뢰도 및 타당성을 동시에 필요로 한다.

(4) 신뢰도는 안정도(반복측정결과의 안정성)와 등가성(척도를 구성하는 여러 항목 속에 이질적인 것이 포함되어 있지 않음)을 그 조건으로 하고 있다.

(5) 척도에 있어서의 타당성이란 해당 척도가 과연 목적으로 하는 것을 측정하고 있는지 여부를 정하는 기준이지만, 이를 표현하는 직접적인 지표는 없다.

(6) 척도화의 방법은 갖가지 수학적인 가설에 입각해서 여러 가지 방법이 고안되었는데, 이들은 모두 '간격 척도 단계에서의 정밀화'라는 데 그 공통점이 있다고 할 수 있다.

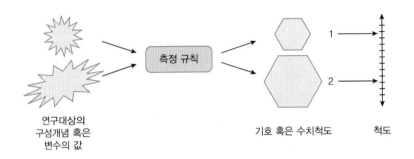

측정 규칙

연구대상의
구성개념 혹은
변수의 값

기호 혹은 수치척도

척도

더 알아두기

측정의 표준

측정수준(Level of Measurement)이란 어떤 변수에 대한 속성들에 할당된 변수값들의 관계를 의미한다. 그러면 변수값들의 관계란 무엇을 의미하는 것인가? 예를 들어, "건강상태"라는 변수를 생각해 보자. 응답자들이 응답할 수 있는 건강상태는 여러 가지 척도로 응답할 수 있으나 여기에서는 "나쁘다", "보통이다", "좋다" 등으로 응답할 수 있다고 가정하면, 각각의 3가지 종류의 건강상태는 속성들이라고 할 수 있으며, 이러한 속성들에 숫자를 부여하는 과정을 수치화라고 한다. 이렇게 수치화 과정을 통하여 부여된 각 숫자를 변수값이라고 한다. 이러한 변수값들이 가지는 상호관계를 측정수준이라고 하며, 이 측정수준에 따라서, 즉 수치화된 변수값들 간의 관계에 따라 명목척도(Nominal Scale), 서열척도(Ordinal Scale), 등간척도(Interval Scale), 비율척도(Ratio Scale) 등으로 나누어진다.

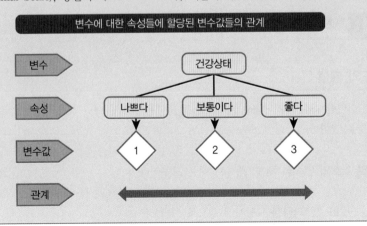

변수에 대한 속성들에 할당된 변수값들의 관계

변수	건강상태		
속성	나쁘다	보통이다	좋다
변수값	1	2	3
관계			

2 척도의 종류 종요

(1) 명목척도(Nominal Scale) 기출

① 개념 및 내용

㉠ 명목척도는 서로 대립되는 범주, 예를 들어 농촌형과 도시형이라는 식의 일종의 분류표지로서, 표지 상호 간에는 수학적인 연관관계가 없다.

㉡ 연구하고자 하는 대상을 분류시킬 목적으로 임의로 숫자를 부여하는 척도이다.

㉢ 상하 관계는 없고 일종의 구분만 존재하는 척도이다.

㉣ 단순하게 이름만 가지고 구별이 가능한 척도이다.

㉤ 명목척도에 있어서 수는 부류(Class) 또는 범주(Category)의 역할을 수행한다.

㉥ 명목척도는 상호배반적이어야 한다.

> **예**
> • 귀하가 좋아하는 색은?
>   ① 노랑 ② 파랑 ③ 검정 ④ 보라 ⑤ 빨강
> • 귀하의 성별은?
>   ① 남자 ② 여자
> • 귀하의 직업은?
>   ① 교수 ② 회사원 ③ 프리랜서 ④ 작가
> • 귀하의 거주지는?
>   ① 서울 ② 강릉 ③ 광주 ④ 부산 ⑤ 울산

② 특징

㉠ 수치 간의 거리는 무의미하다.

㉡ 서열상의 의미가 없다.

㉢ 평균 및 표준편차의 의미는 없다.

㉣ 원점의 개념이 없다.

㉤ 빈도수를 활용한 계산의 경우에는 의미가 있다.

㉥ 가능한 통계 분석방법으로는 사인 테스트 및 카이스퀘어 검정 등이 있다.

(2) 서열척도(Ordinal Scale) 기출

① 개념 및 내용

㉠ 대상을 어떤 변수에 대해 서열적으로 배열할 경우에 쓰이는 척도이다.

㉡ 서열척도는 연구 대상의 특성 등에 대해 상대적인 정도를 표현하기 위해 수치를 부여하는 척도이다.

㉢ 순서(크기)는 의미가 있는 반면에, 수치 간격이 얼마나 큰지(차이)에 대한 의미는 없다.

㉣ 간격척도 및 비율척도처럼 연산수행이 이루어지지 않는다.

㉤ 서열척도는 측정 대상들의 특성을 서열로 나타낸 것이다. 이것은 측정 대상이나 분류에 관한 정보를 주는 명목척도의 특성을 가지면서 동시에 측정 대상의 상대적 서열을 표시해 준다.

> **예**
>
> 학생들의 성적 등위, 인기 순서, 키 순서

> **예**
>
> 다음 중 여러분이 좋아하는 순서대로 번호를 매기시오(가장 좋아하는 경우 1, 그 다음은 2의 순입니다).
> 1. 꼬꼬면   2. 해물탕면   3. 스낵면   4. 너구리   5. 신라면

② 특징
　⊙ 순위만 유지되는 경우라면, 수치의 변화가 있더라도 큰 문제가 되지 않는다.
　ⓛ 빈도의 의미는 있다.
　ⓒ 평균 및 표준편차에 대한 의미는 없다. 다시 말해, 상호배반적이지 않다.
　ⓔ 같은 수를 부여받을 수 있다.
　ⓜ 사용 가능한 통계량으로는 중앙값, 최빈값, 스피어먼 상관계수, 백분위 수 등이 있다.

(3) 등간척도(Interval Scale) 기출
① 개념 및 내용
　⊙ 등간척도는 간격이 일정한 척도를 말한다.
　ⓛ 크기 등의 차이를 수량적으로 비교할 수 있도록 표지가 수량화된 경우의 척도이다.
　ⓒ 간격이 일정해서 덧셈 및 뺄셈은 가능하지만 '0'이 아무것도 없는 것을 뜻하지 않으므로 몇 배라고 단정할 수 없는 척도이다.

② 특징
　⊙ '+', '−'는 가능하지만, '×', '÷'는 불가능하다.
　ⓛ 서열, 범주, 거리에 대한 정보를 지니고 있다.
　ⓒ 측정된 값들은 동일한 간격을 가지고 있다.
　ⓔ 절대 '0'의 개념을 가지지 않으며, 측정 간격이 절대적으로 정해져 있지 않고, 자의적으로 설정된다.
　ⓜ 자료의 중심경향치를 나타내기 위해서는 평균(mean)이 적절하며, 중앙값과 최빈값도 사용이 가능하다.
　ⓗ 등간척도로 측정한 자료는 분산분석, 회귀분석, 상관분석 등의 통계분석을 이용할 수 있으며, 또한 고급통계기법인 요인분석, 판별분석, 군집분석, 다차원척도법도 이용할 수 있다. 다만, 조화평균·기하평균 및 변동계수와 같은 통계량은 계산이 불가능하다.
　ⓢ 등간척도는 수치 간의 차이가 동일한 척도로 질적인 속성을 계량화할 때 많이 사용한다.

> **예**
>
> 새벽 1시에서 1시간이 지나면 새벽 2시가 되지만, 새벽 2시가 새벽 1시의 2배가 되는 것은 아니다.

(4) 비율척도(Ratio Scale) 기출

① 개념 및 내용

ㄱ 비율척도는 절대 '0'이 존재하는 척도이다.

ㄴ 등간척도에 절대영점(기준점)을 고정시켜서 비율을 알 수 있게 만든 척도이다.

ㄷ 법칙을 수식화하고 완벽한 수학적인 조작을 위해서 비율척도가 바람직하다.

ㄹ 0을 기준으로 하기 때문에 비율이 가능한 척도이다.

ㅁ '×', '÷'가 가능한 척도이다.

② 특징

ㄱ 서열, 비율, 범주, 거리 등에 관한 정보를 가지고 있다.

ㄴ 척도상 위치를 모든 사람이 동일하게 인지하고 해석한다.

ㄷ 모든 통계분석 기법의 활용이 가능하다는 특징이 있다.

> **예**
>
> 무게, 키, 가격, 나이, 시장점유율

더 알아두기

절대척도(Absolute Scale)

- 분류, 서열, 동간성의 속성을 지닌 등간척도의 특성을 지니면서 동시에 절대영점 및 절대단위를 갖는 척도이다.
- 교육이나 심리 측정에서는 서열척도와 등간척도를 흔히 사용한다.

  예 사람 수, 책상 수, 자동차 수

척도의 종류

척도	기본특성	일상적인 활용사례	허용되는 통계량	
			기술통계	추론통계
명목척도	숫자를 확인하고 대상을 분류	주민등록번호, 선수의 등 번호, 성별, 주거지	퍼센트(%), 빈도	카이스퀘어, 이변량검정
서열척도	대상의 상대적 위치를 지정 (단, 대상들 간의 크기나 차이는 없음)	품질 순위, 석차, 선호도	퍼센트(%), 중앙값	순위상관, ANOVA
등간척도	비교된 대상물의 차이, 영점(Zero)은 임의적으로 정해짐	온도	범위, 평균, 표준편차	가설검정
비율척도	절대영점이 존재하고, 척도값 비율을 계산하여 이용	길이, 무게	기하학적 평균, 조화평균	분산의 개수

3 척도의 개발과 평가

(1) 척도의 개발 시에 고려해야 할 사항

① 척도점의 수

ㄱ 척도점의 수가 많아질수록 정교한 답을 할 가능성이 높아지지만, 답하기가 어렵다.

ㄴ 5점 또는 7점 척도가 많이 활용된다.

ㄷ 척도점에 영향을 끼치는 요소 : 자료수집의 방법, 응답자, 통계분석의 종류

② 홀수 척도점과 짝수 척도점

ㄱ 홀수 척도점 : 태도를 명확하게 밝히지 않고 중립으로 답하게 되는 '중간화 현상'이 나타난다.

ㄴ 짝수 척도점 : 중간화 현상은 사라지지만, 실제적으로 중립적인 의견을 가진 사람이 답할 수는 없다.

③ 균형 척도 및 불균형 척도

ㄱ 균형 척도 : 긍정적인 의미와 부정적인 의미가 동일한 척도를 말한다.

ㄴ 불균형 척도 : 긍정적인 의미와 부정적인 의미가 다른 척도를 말한다.

④ 응답의 강요성 여부

⑤ 척도를 설명하는 형태

⑥ 척도의 표현 형태

(2) 비교 척도법

① 쌍대비교 척도법

ㄱ 특정한 기준에 의거해서 두 연구대상 중에서 하나를 선택하게 하는 측정법이다.

ㄴ 두 개의 자극을 한 쌍으로 만들어 그 두 개 자극 중에서 어느 한쪽이 다른 것보다 더 좋다든가 혹은 어떤 특성을 더 많이 가지고 있는지를 비교해서 판단한다.

ㄷ 대부분 평가해야 할 자극의 대상이 제품인 경우에 많이 활용되며, 더불어 시장에서의 지위가 비교적 경쟁적인 지위를 가지고 있을 때 활용되는 경향이 많다.

ㄹ 브랜드 수가 제한적일 때 활용하는 것이 유용하다.

ㅁ 다차원 척도법을 위해서 활용되는 척도법이다.

ㅂ 선택 대안의 수가 많아질수록 비교되는 짝의 수가 늘어나서 응답하기 매우 어렵게 된다.

ㅅ 이러한 방식으로 밝혀진 선호는 상대적인 선호일 뿐, 실제적으로는 그 의미가 없을 수 있다.

② 고정총합 척도법

ㄱ 고정된 수치를 제시하고 조사 연구대상을 기준에 의해 전체 합이 고정된 수치가 되도록 할당하는 척도이다.

ㄴ 상대적인 비교를 통해 수치가 부여되기 때문에 서열척도의 성격이 상당히 강하다.

ㄷ 통상적으로 절대 '0'의 개념이 존재함으로 인해 비율척도로 간주한다.

ㄹ 조사 연구대상의 수가 많게 되면, 응답하기가 상당히 어려워진다.

ㅁ 조사 연구대상의 수가 적게 되면, 조사 연구결과가 상당히 부정확해질 수 있다.

ㅂ 어떠한 속성 등을 비교하는지에 따라 그 결과가 달라질 수 있다.

③ **순서서열 척도법**
  ㉠ 조사 연구대상을 동시에 고려해서 어떠한 기준에 의해 순위를 매기게 하는 척도이다.
  ㉡ 비교적 현실에 가까운 선택 방법이다.
  ㉢ 선택 대안의 수가 늘어나면 비교하기가 상당히 어려워진다.
  ㉣ 시간 및 노력이 절감되며, 이해하기가 쉽다.
  ㉤ 선호에 있어서 상대적 의미만 존재한다.

(3) 메트릭 척도법 중요

① **연속형 평가척도**
  ㉠ 대가 되는 개념 사이에 응답자가 느끼는 위치를 표시하게 해서 측정하는 척도이다.
  ㉡ 구성하기가 용이하다.
  ㉢ 표시한 위치의 파악이 어렵다는 문제점이 있다.

> **예**
>
> 사과주스를 어떻게 생각하시나요? 사과주스에 대한 여러분의 평가를 다음 선상에 표기해 주시기 바랍니다.
>
> 매우 나쁘다 ——————————— V ——————————— 매우 좋다

② **리커트 척도(Lickertis Scale)** 기출
  ㉠ 응답자들이 주어진 문장을 보고 동의하는 정도를 답하게 하는 척도이다.
  ㉡ 응답자들이 쉽게 이해하고, 척도 설계가 쉬우며 관리하기가 용이하다.
  ㉢ 측정값은 등간척도로 간주된다.
  ㉣ 응답자들이 스스로가 이해하며 답하는 경우에 널리 활용되는 방식이다.
  ㉤ 반응자들이 주어진 문장에 얼마나 동의하는지를 척도에 표시하도록 하여 특정 주제에 대한 반응자의 태도를 알아보는 평정 척도이다.

> **예**
>
> F라면의 맛은 상당히 좋다.
> 〈전혀 그렇지 않다〉   1   2   3   4   5 〈매우 그렇다〉

> **예**
>
> C회사의 자동차는 승차감이 아주 좋다.
> 〈전혀 그렇지 않다〉   1   2   3   4   5 〈매우 그렇다〉

③ **의미차별화 척도** 기출
  ㉠ 서로가 상반되는 형용사적 표현을 양 끝에 표시하고 적절한 위치에 응답자가 응답하게 하는 척도이다.
  ㉡ 응답자들이 이해하기가 쉽다.
  ㉢ 대가 되는 형용사적 표현을 설계하기가 상당히 어렵다는 문제점이 있다.

ㄹ 서열척도적인 성격이 강하지만, 간격 등이 같다고 가정하며 등간척도로 간주한다.

> **예**
>
> 대한민국 경제의 앞날에 대해서 여러분의 솔직한 느낌을 표시해 주세요.
>
> 밝다   : —— : —— : —— : —— : —— : —— : —— :   어둡다

④ **스타펠 척도**

ㄱ 0점 없는 −5에서 +5 사이의 10점 척도로 측정하는 척도이다.

ㄴ 양수값과 음수값의 응답으로 이루어져 있으며, 긍정적인 태도는 양수로, 부정적인 태도는 음수로 응답할 수 있다.

ㄷ 의미차별화 척도와 상당히 비슷하지만, 양 끝 쪽의 대가 되는 형용사적 표현을 설계할 필요가 없다.

ㄹ 응답자들의 혼란을 일으키기 쉽다는 문제점이 있다.

> **예**
>
> D백화점에 대한 평가를 다음의 각 속성별로 표기해 주세요(동의할수록 높은 점수를 부여하시오).
>
> | −5 −4 −3 −2 −1 | 직원이 친절하다 | +1 +2 +3 +4 +5 |
> | −5 −4 −3 −2 −1 | 제품의 품질이 높다 | +1 +2 +3 +4 +5 |
> | −5 −4 −3 −2 −1 | A/S가 뛰어나다 | +1 +2 +3 +4 +5 |
> | −5 −4 −3 −2 −1 | 첨단제품을 개발한다 | +1 +2 +3 +4 +5 |

제4절   측정의 타당성 및 신뢰성 `중요`

1 오차(Error) `기출`

오차는 이론적으로 구하고자 하는 참값과 실제 계산이나 측량 등으로 구한 값의 차이를 말한다.

(1) 체계적 오차(Systematic Error)

측정의 과정에 있어서 일정한 패턴을 지니는 오차를 말한다. → 이러한 경우에 체계적 오차가 발생하게 되면 타당성이 떨어지게 된다.

> **예**
>
> 사격의 경우 : 체계적인 오차만 있게 되는 경우에는 중앙에서 벗어난 곳을 매번 맞추는데, 이것은 사격의 탄착점이 가운데(중앙)에서 벗어난 일정 지점에 집중되어 있다.

(2) 비체계적 오차(Nonsystematic Error)

비체계적 오차는 일정한 패턴이 없는 오차를 말한다.

> **예**
>
> 사격의 경우 : 비체계적인 오차만 발생하게 되면 매번 다른 곳을 맞추게 되는데, 이는 사격의 탄착점이 가운데(중앙)를 중심으로 해서 흩어져 있다. 비체계적인 오차가 발생하게 되면 신뢰성이 떨어진다.

2 타당성(Validity) 기출

측정자는 측정된 값이 측정하려던 구성개념을 정확하게 측정했는지를 확인해야 한다. 즉, 측정하고자 하는 대상을 척도가 얼마나 정확하게 측정하는지에 관련한 것이다.

(1) 동시 타당성(Concurrent Validity)

조사 연구자가 관심 있는 측정 A를 현재 시점에서 관측하고 기준이 되는 측정 B는 동시에 동일한 시점에서 나타나는 경우에 해당되고, 높은 동시 타당성은 측정 A 및 측정 B가 높은 상관관계를 갖는 경우를 말한다.

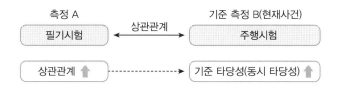

(2) 예측 타당성(Predictive Validity)

① 조사 연구자가 관심 있는 측정 A를 현재 시점에서 관측하고 기준이 되는 측정 B는 미래 시점에서 나타나는 경우에 해당되며, 이는 측정 A를 활용해서 측정 B를 예측하는 의미를 갖게 된다. 높은 예측 타당성은 측정 A 및 측정 B가 높은 상관관계를 갖는 경우를 말한다.

② 두 개념이 서로 다르지만 연계되는 경우에 두 개념에 대한 조작적 정의 사이에도 상관관계가 있어야 한다.

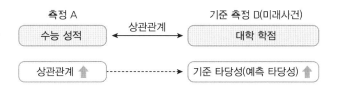

(3) 내용 타당성(Content Validity)

① 연구 설계 또는 실험 등에 있어서, 조사 연구자가 측정하고자 하는 내용이 조사대상의 주요 국면을 대표할 수 있느냐 하는 등의 판단 및 그와 관련된 타당성을 의미한다.

② 내용 타당성은 시험 등을 통해서 측정하는 행동 또는 질문 주제의 내용이 직무 수행에 있어 중요한 상황을 대표할 수 있느냐 하는 판단과 관련된다.

③ 타당성의 정도를 주관적으로 판단할 수밖에 없다.

④ 구성개념을 명확하게 이해해야 하며, 이를 잘 정리해야 한다.

(4) 구성 타당성(Construct Validity)

① 조사 항목 등이 관련된 이론의 구성 또는 가설과 얼마나 부합하는지의 문제를 말한다.

② 조사의 설계에서 처리, 결과, 모집단 및 상황들에 대한 이론적인 구성 요소들이 성공적으로 조작화된 정도를 의미한다.

③ 특정 조사 또는 시험 등이 무엇을 측정하는지를 설명하기 위해 심리학자들이 도입한 개념이다.

④ 측정도구가 측정하고자 하는 본질을 얼마나 명확하게 측정하고 있는지를 파악하는 방법이다.

⑤ 추상화의 정도가 높은 개념을 구성개념이라 하는데, 연구자가 측정하고자 하는 추상적 개념이 실제로 측정도구에 의하여 제대로 측정되었는지의 정도를 말한다.

⑥ 타 타당성과는 다르게 이론과 구성개념 및 가설적인 관계를 검증한다는 점에서 타당성의 핵심적인 요소가 된다.

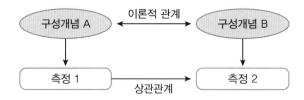

(5) 수렴 타당성(Convergent Validity) [기출]

① 동일한 개념에 대해 복수의 조작적 정의(설문항목) 간 상관관계로 타당성을 추정하는 것을 말한다.

② 동일한 구성개념을 측정한 두 측정치는 상관관계가 높아야 한다.

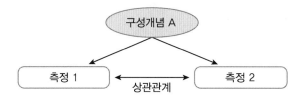

(6) 판별 타당성(Discriminant Validity) 기출

① 서로 다른 개념을 측정했을 때 얻어진 측정값들 간에는 상관관계가 낮아야 한다는 것을 말한다.

② 서로 다른 두 개념을 측정한 측정값들의 상관계수가 낮게 나왔다면 그 측정방법은 판별 타당성이 높다고 할 수 있다.

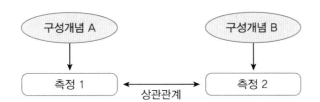

(7) 이해 타당성(Nomological Validity)

① 이론에 근거하여 구성(개념)들 간 관계가 예상한대로 나타나고 있는지의 여부를 평가하여 구성개념 타당성을 평가하는 방법이다.

② 이론적인 관계가 측정 간의 관계에서 확인되면 높은 이해 타당성이라 할 수 있다.

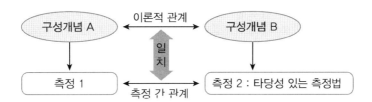

(8) 집중 타당성(Convergent Validity) 기출

동일한 개념을 측정하기 위해 최대한도로 상이한 두 가지의 측정방식을 개발하며, 이로 인해 얻어진 측정값들 간에 높은 상관관계가 존재해야 한다는 것을 말한다.

> **예**
>
> '사랑'의 척도로 '비용 투자' 및 '연락 횟수'라는 두 척도를 제안했을 시, 연락 횟수와 비용 투자의 두 척도의 상관관계가 높을수록, '사랑'이라는 추상적 개념의 타당성은 높은 척도일 가능성이 있다는 것이다.

(9) 내적 타당성(Internal Validity) 기출

① 실험 또는 연구조사를 통해 찾아낸 효과가 다른 경쟁적 원인들에 의해서라기보다는 조작화된 처리에 기인된 것이라고 할 수 있는 정도를 말한다.

② 측정된 결과가 **실험처리(독립변수)의 진정한 변화** 때문에 일어난 것인가에 관한 문제이다.

더 알아두기

타당성의 향상 방안
• 갖가지 측정방법을 활용해서 수렴 타당성을 검토
• 구성개념에 대한 명확한 이해
• 타 연구에 활용되어 타당성을 검증받은 측정방법을 활용하는 것이 안전
• 관련된 용어를 명확하게 정의해서 관련자가 똑같이 이해해야 함

내적 타당성 및 외적 타당성
① 내적 타당성(Internal Validity)
   ⊙ 일반적인 의미의 타당성으로서, 내적 타당성은 인과적 결론의 적합성 정도를 말한다. 다시 말해, 드러난 결과가 추정된 원인에 기인한 것인가를 명확하게 판단해 낸다면 내적 타당성이 높다고 할 수 있다.
   ⓛ 진정한 정책효과가 있을 시에 이러한 효과가 있다고 판단하거나 사실상의 정책효과가 없을 시에 이러한 효과가 없다고 정확히 밝혀내면 내적 타당성이 높다고 한다.
   ⓒ 정책평가를 위해 고찰된 모든 통계적 · 실험적인 방법들은 내적 타당성을 제고하는 것을 1차적 목표로 두고 있다.
   ⓔ 내적 타당성을 위태롭게 하는 요소에는 외재적 요소와 내재적 요소가 있다. 외재적 요소는 처치집단과 비교집단을 구성할 시에 두 집단에 특성이 서로 다른 표본들을 선발 · 할당함으로써 발생하게 될지도 모르는 편견을 말하고, 내재적 요소는 평가연구를 수행하는 과정에서 스며들어 가는 교란요인을 말한다.
   ⓜ 인과적 추론의 타당성을 낮게 하는 내재적 요소
     • 역사적 요소(History)
     • 성숙효과(Maturation)
     • 상실요소(Experimental Mortality)
     • 측정요소(Testing)
     • 회귀인공요소(Regression Artifact)
     • 측정도구의 변화(Instrumentation)
     • 선발과 성숙의 상호작용(Selection Maturation Interaction)
     • 처리와 상실의 상호작용(Treatment Mortality Interaction)
② 외적 타당성(External Validity)
   ⊙ 어떤 특정한 상황에서 얻은 인과적 결론의 적합성을 타 상황에 일반화시킬 수 있는 것을 말한다. 다시 말해, 특정한 상황 하에서 타당한 평가가 다른 상황에서도 타당하면 외적 타당성이 높다고 할 수 있다.
   ⓛ 연구로 나타난 결과를 일반화할 수 있는 정도, 실험설계와 같은 실험이 계속해서 반복되어 실험이 효과가 있다는 것이 반복적으로 증명될 시에 외적 타당도가 높은 설계라고 할 수 있다.
   ⓒ 외적 타당도 저해요인 3가지
     • 표본의 대표성
     • 조사에 대한 대상자의 민감성 또는 반응성
     • 환경과 상황
   ⓔ 외적 타당도 저해요인 통제방법 : 확률적 또는 무작위 표본추출법 적용

더 알아두기

타당성의 향상 방법 기출
- 검사–재검사법
- 반분법
- 동형검사법
- 내적 일관성

타당도 저해 요인

내적 타당도 저해 요인	역사적 요인(사건 효과)	실험기간 동안에 일어난 사건이 실험에 영향을 미치는 것
	선정효과	실험집단에 선정되었다는 이유만으로 측정이 부정확해지는 것
	성숙효과(성장효과)	실험기간 중 자연적 성장이나 발전에 의한 효과
	상실요소(이탈효과)	연구기간 중 집단으로부터의 이탈, 구성상 변화에 의한 효과
	회귀 – 인공요소	원래 자신의 성향으로 돌아갈 경우 나타나는 오차(시험 직전의 반응 효과)
	측정요소	실험 전에 측정한 사실 그 자체가 현상에 영향
	오염 또는 모방효과	통제집단이 실험집단의 행동을 모방하는 것
	측정도구의 변화	측정도구와 측정절차의 변로로 인한 오류(평가의 신뢰도와 관련)
	선발과 성숙의 상호작용(선발효과)	두 집단의 선발에서부터 차이가 있고, 성숙속도가 다름으로 인한 저해현상
	누출(이전)효과	정책의 누출
외적 타당도 저해 요인	호오돈 효과	실험집단의 구성원이 실험의 대상이라는 사실로 인하여 평소와는 다른 특별한 심리적 행동을 보이는 현상
	다수적 처리에 의한 간섭	여러 번 실험적 처리를 실시하는 경우 실험 조작에 익숙해짐으로 인한 영향
	표본의 대표성 부족	동질성이 있더라도 사회적 대표성이 없으면 일반화 곤란
	크리밍 효과	효과가 크게 나타날 사람만 실험 집단에 배정하는 현상

3 신뢰성(Reliability) 중요

(1) 개념 기출

① 반복적으로 측정했을 시에 **일관성 있는 결과**를 보여주는 정도를 말한다.
② 비체계적 오차의 통제 및 관리가 상당히 중요하다.

(2) 신뢰성 측정 방법

① **내적 일관성을 활용하는 방법**

　㉠ 내적 일관성은 하나의 컨스트럭처를 여러 항목으로 측정했을 때 항목들이 동질성 또는 일관성을 갖는지에 대한 것이다.

　㉡ 반분법 : 측정항목을 양분해서 서로 상이한 집단에서 측정하고, 측정항목의 구분에 의해서 상관관계가 달라질 수 있다. [기출]

　㉢ 크론바흐의 알파 : 2개의 항목 간 상관관계를 적절하게 변형한 값이다. 통상적으로 값이 0.8 이상이면 바람직하며, 0.6 이상이면 받아들일 수 있는 정도이고, 0.6 이상이 되지 못할 경우에는 내적 일관성이 결여된 것으로 받아들인다.

$$\text{크론바흐의 알파} = \frac{\text{문항의 수} \times \text{상관계수들의 평균 값}}{1 + (\text{문항의 수} - 1) \times \text{상관계수들의 평균 값}}$$

② **반복측정방법** [기출]

　㉠ 일정한 시간 간격을 두고 2번 측정해서 두 측정값의 상관관계의 값으로 평가한 것을 말한다.

　㉡ 처음의 응답이 2번째 응답에 영향을 끼칠 수 있다.

　㉢ 2번째 측정 시에 첫 번째 응답을 기억해서 그대로 할 수 있다.

　㉣ 시간의 흐름 및 변화에 의해 실제 값이 변화할 수 있다.

　㉤ 시간 및 비용이 많이 들어간다.

(3) 신뢰성 향상방안 [중요] [기출]

신뢰성은 비체계적 오차와 관련된 것으로서 비체계적 오차는 측정대상, 측정도구, 측정상황 등의 3가지 측면에서 오차를 줄여야 신뢰성을 높일 수 있다.

① 구성개념을 정확히 이해해야 한다.

② 신뢰성이 높다고 인정받고 있는 측정법을 사용해야 한다.

③ 시간과 경제적 여유가 있으면 반복측정법을 사용해야 한다.

④ 측정항목의 수, 척도점의 수를 늘이게 되면 크론바흐의 알파 값은 커지게 된다.

⑤ 타 항목과의 상관관계가 적은 항목을 제거해서 크론바흐의 알파 값을 높인다.

○X로 점검하자 | 제4장

※ 다음 지문의 내용이 맞으면 ○, 틀리면 ×를 체크하시오. [1~8]

01 1차 자료는 조사목적에 적합한 정확도, 신뢰도, 타당성 평가가 가능하다. (　　)

02 2차 자료의 대표적인 유형으로는 전화 서베이, 대인면접법, 우편이용법 등이 있다. (　　)

03 전화 인터뷰법은 접촉의 범위가 넓다. (　　)

04 대인 인터뷰법은 면접진행자에 의한 오류 발생의 가능성이 없다. (　　)

05 개념적 정의는 어떠한 개념에 대해 응답자가 구체적인 수치를 부여할 수 있는 형태로 상세하게 정의를 내린 것이다. (　　)

06 조작적 정의는 측정의 대상이 되는 어떠한 개념의 의미를 사전적으로 정의를 내린 것이다.
(　　)

07 명목척도는 상하 관계가 있고 구분도 존재하는 척도라 할 수 있다. (　　)

08 비율척도는 절대 '0'이 존재하는 척도이다. (　　)

정답과 해설　01 ○　02 ×　03 ○　04 ×　05 ×　06 ×　07 ×　08 ○

02 2차 자료의 대표적인 유형으로는 논문, 정기간행물, 각종 통계자료 등이 있다.
04 대인 인터뷰법은 면접진행자에 의한 오류 발생의 가능성이 있다.
05 개념적 정의는 측정의 대상이 되는 어떠한 개념의 의미를 사전적으로 정의를 내린 것이다.
06 조작적 정의는 어떠한 개념에 대해 응답자가 구체적인 수치를 부여할 수 있는 형태로 상세하게 정의를 내린 것이다.
07 명목척도는 상하 관계는 없고 일종의 구분만 존재하는 척도이다.

01 수집한 자료에 대해서 정확도, 신뢰도, 타당성 등의 평가가 가능하다.

01 1차 자료에 대한 설명으로 거리가 <u>먼</u> 것은?

① 수집한 자료를 의사결정에 필요한 시기에 적절하게 활용이 가능하다.

② 자료의 신뢰성은 2차 자료에 비해 떨어진다.

③ 자료를 수집함에 있어 2차 자료에 비해 시간 및 비용 등이 많이 소요된다.

④ 정원이는 논문주제에 맞는 질문지 문항을 개발해서 더 많은 표본을 확보하기 위한 일환으로 우편을 이용한 질문지법으로서 원하는 자료를 수집하고자 하였다.

02 2차 자료는 자료수집목적이 조사목적과 일치하지 않는다.

02 다음 중 2차 자료에 대한 내용으로 옳지 <u>않은</u> 것은?

① 당면한 문제에 대해서 도움을 줄 수 있는 기존의 모든 자료를 말한다.

② 1차 자료에 비해 자료의 취득이 용이하다.

③ 자료수집의 목적이 조사목적과 일치하는 특징을 지닌다.

④ A전자의 김과장은 전자사업부장의 지시로 올해 선풍기 판매량을 예측하기 위해 제일 먼저 작년과 비슷한 기간 동안 자사의 선풍기 제품에 대한 매출기록자료를 참고하여 보고서를 작성하였다.

정답 01 ② 02 ③

03 다음 중 성격이 <u>다른</u> 하나는?

① 문헌조사
② 실험법
③ 서베이법
④ 관찰법

03 ②·③·④는 1차 자료이고, ①은 2차 자료에 해당한다.

04 관찰법에 대한 설명으로 옳지 <u>않은</u> 것은?

① 관찰자에게서 나타나는 오류에 대한 제거가 가능하다.
② 관찰자는 피관찰자의 태도, 동기 등과 같은 심리적 현상의 관찰이 가능하다.
③ 관찰법은 객관성 및 정확성이 높다.
④ 관찰법은 설문지에 비해 많은 비용이 들어간다.

04 관찰자는 피관찰자의 느낌이나 태도, 동기 등과 같은 심리적 현상은 관찰할 수 없다.

05 비구조화된 관찰에 대한 설명으로 옳은 것은?

① 미리 관찰할 내용을 정확하게 결정해서 정해진 양식에 의해 관찰한 내용을 기록하는 방법을 말한다.
② 피관찰자가 자신이 관찰된다는 사실을 인지하고 있는 관찰방법이다.
③ 피관찰자 자신이 관찰되는 사실을 모르게 하는 관찰방법이다.
④ 정해지거나 표준화된 양식을 활용하지 않는 관찰방법이다.

05 비구조화된 관찰은 미리 정해지거나 표준화된 양식 등을 사용하지 않는 관찰방법을 말한다.

정답 03 ① 04 ② 05 ④

06 서베이법은 직접적으로 관찰이 불가능한 동기 및 개념의 측정 등이 가능하다.

06 다음 중 서베이법에 대한 내용으로 거리가 먼 것은?

① 자료에 대한 코딩 및 분석 등이 용이하다.

② 직접적으로 관찰이 불가능한 동기 및 개념의 측정 등은 불가능하다.

③ 대규모의 조사가 가능하다.

④ 응답률이 저조하다.

07 전화 인터뷰법은 면접진행자에 의한 오류가 발생할 수 있다.

07 전화 인터뷰법에 대한 설명으로 옳지 않은 것은?

① 전화를 활용하기 때문에 접촉의 범위가 넓다.

② 전화를 활용하므로 시각적인 자료의 활용은 어렵다고 할 수 있다.

③ 면접진행자에 의한 오류의 발생은 없다.

④ 면접진행자의 통제가 용이한 편이다.

08 전자 인터뷰법은 면접진행자에 의한 오류가 없다.

08 전자 인터뷰법에 대한 설명으로 거리가 먼 것은?

① 면접진행자에 의한 오류가 있다.

② 조사가 신속하게 이루어진다.

③ 컴퓨터 통신을 활용하므로 접촉의 범위가 넓다.

④ 응답자들에 대한 익명성이 보장된다.

정답 (06 ② 07 ③ 08 ①)

09 우편 조사법에 대한 설명으로 적절하지 <u>않은</u> 것은?

① 응답자에 대한 익명성이 보장된다.
② 응답자들이 질문의 의도를 잘못 이해할 경우에는 그에 따른 설명이 불가능하다.
③ 면접진행자에 의한 오류가 없다.
④ 응답자들이 질문에 대한 순서를 무시할 가능성이 낮다.

09 우편 조사법은 응답자들이 질문에 대한 순서를 무시할 가능성이 높다.

10 다음 중 척도에 대한 내용으로 옳지 <u>않은</u> 것은?

① 신뢰도 및 타당성을 동시에 필요로 한다.
② 가설을 기반으로 본래의 양적인 내용을 지닌 여러 가지 속성을 질적인 변수로 바꾸어 놓은 것이다.
③ 측정하는 도구이다.
④ 척도화의 방법은 여러 가지 수학적 가설에 입각해 여러 가지 방법이 고안되었다.

10 척도는 어떠한 가설에 의거해서 본래의 질적인 내용을 지닌 여러 가지 속성을 수량적인 변수로 바꾸어 놓은 것을 의미한다.

11 다음 내용에 대한 설명으로 거리가 <u>먼</u> 것은?

• 귀하의 직업은? ① 교수 ② 회사원 ③ 프리랜서 ④ 작가
• 귀하의 성별은? ① 남자 ② 여자

① 위 내용을 토대로 보면, 상하 관계는 없고 일종의 구분만 존재하는 척도라고 유추할 수 있다.
② 위 내용을 보면, 단순하게 이름만 가지고 구별이 가능한 척도라는 결론을 얻을 수 있다.
③ 위 사례는 서열척도이다.
④ 위 사례에서 말하는 척도는 상호배반적이어야 한다는 것을 알 수 있다.

11 제시된 내용은 명목척도에 관한 사례이다.

정답 09 ④ 10 ② 11 ③

12 문제에서 말하는 것은 명목척도에 대한 내용이다. 명목척도는 연구하고자 하는 대상을 구분할 목적으로 임의로 숫자를 부여하는 척도이다.

12 지금은 은퇴한 LG트윈스의 투수 이상훈의 등번호는 47번이다. 다음 중 등번호 47번과 관련된 내용으로 옳은 것은?

① 일종의 구분만 존재하는 척도라는 것을 알 수 있다.

② 서열척도의 전형적인 예라고 추론할 수 있다.

③ 등번호 30번보다 공의 스피드가 훨씬 빠르다고 유추할 수 있다.

④ 등번호가 작을수록 야구를 못한다고 추론할 수 있다.

13 제시된 내용은 서열척도의 사례이다. 서열척도에서 사용 가능한 통계량으로는 중앙값, 최빈값, 스피어먼 상관계수, 백분위 수 등이 있다.

13 다음 내용과 관련성이 적은 것은?

- 학생들의 성적 등위
- 키 순서

① 연구 대상의 특성 등에 대해서 상대적인 정도를 표현하기 위해 수치를 부여하는 척도라는 것을 알 수 있다.

② 위 내용에 사용 가능한 통계량으로는 모집단, 모분산, 모평균 등이 있다.

③ 간격척도 및 비율척도처럼 연산수행이 이루어지지 않는다.

④ 서열척도로서 측정 대상들의 특성을 서열로 나타낸 것이라고 유추할 수 있다.

14 등간척도는 '+', '−'는 가능하지만, '×', '÷'는 불가능하다.

14 다음 중 등간척도에 대한 설명으로 옳지 않은 것은?

① 간격이 일정한 척도이다.

② 서열, 범주, 거리 등에 대한 정보를 지니고 있다.

③ 측정된 값들은 동일한 간격을 가지고 있다.

④ '+', '−'는 불가능하지만, '×', '÷'는 가능하다.

정답 (12 ① 13 ② 14 ④)

15 비율척도에 대한 내용으로 거리가 <u>먼</u> 것은?

① '×', '÷'가 가능한 척도이다.

② 척도상 위치를 모든 사람이 동일하게 인지하고 해석한다.

③ 절대 '0'이 존재하지 않는 척도이다.

④ 모든 통계분석 기법의 활용이 가능하다는 특징이 있다.

16 다음 중 순서서열 척도법에 대한 설명으로 옳지 <u>않은</u> 것은?

① 비교적 현실에 가까운 선택 방법이라고 할 수 있다.

② 현실적인 방법인 만큼 시간 및 노력이 많이 들어간다는 문제점이 있다.

③ 선택 대안의 수가 늘어나게 되면 비교하기가 상당히 어려워진다.

④ 선호에 있어서 상대적인 의미만 존재한다.

17 다음 중 리커트 척도법에 대한 설명으로 옳지 <u>않은</u> 것은?

① 응답자들이 제시된 문장을 보고 이에 동의하는 정도를 답하게 하는 유형의 척도이다.

② 응답자들이 스스로가 이해하며 답하는 경우에 널리 활용되는 방식이다.

③ 응답자들이 쉽게 이해하고, 척도 설계가 쉬우며 관리하기가 용이하다는 특징이 있다.

④ 측정값은 명목척도로 간주된다.

15 비율척도는 절대 '0'이 존재하는 척도이다.

16 시간 및 노력이 절감된다.

17 측정값은 등간척도로 간주된다.

정답 15 ③ 16 ② 17 ④

18 내용 타당성은 타당성의 정도를 주관적으로 판단할 수밖에 없다.

18 다음 중 내용 타당성에 대한 설명으로 옳지 않은 것은?

① 타당성의 정도를 객관적으로 판단할 수밖에 없다.

② 시험 등을 통해 측정하는 행동이나 질문 주제의 내용이 직무의 수행에 있어 중요한 상황을 대표할 수 있느냐 하는 판단과 연관된다.

③ 연구 설계 또는 실험 등에 있어, 조사 연구자가 측정하고자 하는 내용이 조사대상의 주요 국면을 대표할 수 있느냐 하는 등의 판단 및 그와 관련된 타당성을 의미한다.

④ 구성개념을 정확하게 이해해야 하며, 동시에 이를 잘 정리해야 한다.

19 추상화의 정도가 높은 개념을 구성개념이라 하며, 연구자가 측정하고자 하는 추상적 개념이 실제로 측정도구에 의해 제대로 측정되었는지의 정도를 말한다.

19 구성 타당성에 대한 내용으로 옳지 않은 것은?

① 타 타당성과는 달리 이론과 구성개념 및 가설적인 관계를 검증한다는 점에서 타당성의 핵심적인 요소가 된다.

② 조사의 설계에서 처리, 결과, 모집단 및 상황들에 대한 이론적인 구성 요소들이 성공적으로 조작화된 정도를 말한다.

③ 추상화의 정도가 높은 개념을 수렴개념이라 한다.

④ 특정 조사 또는 시험 등이 무엇을 측정하는지를 설명하기 위해 심리학자들이 도입한 개념이다.

20 등간척도는 간격이 같다는 의미에서 나왔으며, 측정된 값들은 동일한 간격을 지니며, 측정값들의 차이는 거리의 개념으로 표현이 가능하다.

20 다음 중 순위 사이의 간격이 동일하지만 절대 0점이 존재하지 않는 척도는 무엇인가?

① 비율척도

② 서열척도

③ 명목척도

④ 등간척도

정답 18 ① 19 ③ 20 ④

Self Check로 다지기 | 제4장

➡ **1차 자료** : 조사자가 현재 수행 중인 조사목적을 달성하기 위해 직접 수집한 자료

➡ **2차 자료** : 현 조사목적에 도움을 줄 수 있는 기존의 모든 자료

➡ **관찰법** : 조사대상의 행동 및 상황 등을 직접적 또는 기계장치를 통해서 관찰해서 자료를 수집

➡ **측정** : 조사자가 연구하는 것에 대한 조사대상의 성질 및 특성 등에 대해서 이를 잘 표현할 수 있도록 정해진 원칙에 따라 기호를 할당해주는 것

➡ **개념적 정의** : 측정의 대상이 되는 어떠한 개념의 의미를 사전적으로 정의를 내린 것

➡ **조작적 정의** : 어떤 개념에 대해 응답자가 구체적인 수치를 부여할 수 있도록 상세하게 정의내린 것

➡ **명목척도(Nominal Scale)** : 연구 대상을 분류시킬 목적으로 임의로 숫자를 부여하는 척도

➡ **등간척도(Interval Scale)** : 간격이 일정한 척도

➡ **리커트 척도(Lickertis Scale)** : 응답자들이 주어진 문장을 보고 동의 정도를 답하게 하는 척도

➡ **의미차별화 척도** : 서로 상반되는 형용사적 표현을 양 끝에 표시하고 적절한 위치에 응답하게 하는 척도

➡ **체계적 오차** : 측정의 과정에 있어서 일정한 패턴을 지니는 오차 ↔ 비체계적 오차

➡ **수렴 타당성** : 동일한 개념에 대해 복수의 조작적 정의 간 상관관계로 타당성을 추정

➡ **판별 타당성** : 서로 다른 개념을 측정했을 때 얻어진 측정값들 간에는 상관관계가 낮아야 한다는 것

➡ **내적 타당성** : 실험 또는 연구조사를 통해 찾아낸 효과가 다른 경쟁적 원인들에 의해서라기보다는 조작화된 처리에 기인된 것이라고 할 수 있는 정도

SD에듀와 함께, 합격을 향해 떠나는 여행

제 5 장

질문서의 작성

제1절	질문서 작성의 중요성
제2절	질문서 작성의 기본지침
제3절	질문서 작성의 예비조사
제4절	질문서의 구조와 질문내용의 파악
제5절	질문-응답형태의 선택
제6절	질문의 순서
제7절	질문용어의 선택
제8절	예비조사와 질문서의 보완

실전예상문제

지식에 대한 투자가 가장 이윤이 많이 남는 법이다.

– 벤자민 프랭클린 –

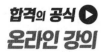

제 5 장 | 질문서의 작성

제1절 질문서 작성의 중요성

1 개념

(1) 질문서(Questionnaire)는 조사자가 조사문제에 대한 해답을 구할 수 있도록 형성된 하나의 **조사도구**이다.

(2) 질문서는 응답자가 **스스로** 응답할 수 있도록 고안된 일정수의 질문항목이다.

(3) 연구자가 조사하고자 하는 일련의 질문을 체계적으로 담은 작은 책자이다.

(4) 질문서의 활용 목적은 시행하는 조사를 표준화함으로써 **측정의 오류를 최소화**하려는 것이다.

2 중요성

질문서를 작성할 때는 필요로 하는 정보에 대한 종류 및 측정방법, 분석할 내용 및 분석방법까지 반영해야 한다. 그러므로 질문서가 완성될 시점에서는 분석방법 및 조사 설계가 결정되어야 함과 동시에 결과에 대한 방향성도 제시되어야 한다.

질문조사에서 각 질문 문항은 실제로 응답자에게 질문할 말을 그대로 기술해야 되고, 질문할 순서대로 배열해야 한다. 또한, 많은 형태의 1차 자료는 단순한 관찰을 통해 얻어지는 경우가 흔치 않기 때문에 조사자는 실제 설문조사를 해야만 한다. 종업원이나 공급자 또는 소비자의 태도나 의견을 알고 싶을 때는 설문조사법을 사용해야 한다. 질문서 작성의 경우, 한 번 만들어진 내용으로 모든 조사자가 의도한 자료를 얻을 수는 없다. 질문서 작성을 위한 순서를 만들고, 순서별 문제점을 파악해서 보완해 나가야 한다.

> **더 알아두기**
>
> **질문서법의 특징**
> - 일련의 상호 연관된 질문들로 구성되어 있으며, 해당 질문들은 논리적으로 연결되어 있다.
> - 응답자의 기록 등에 의한 외연적 표현에 의존한다.
> - 질문문항에는 조직적·폐쇄적인 것과 비조직적·개방적인 것이 있다.
> - 질문서를 작성할 때에는 조사결과 얻어진 자료를 분석할 수 있는 기법, 필요한 정보의 종류와 측정 방법, 분석내용 및 분석방법까지 모두 고려해야 한다.
> - 사회·과학 영역에서 서베이 조사 등에 많이 사용된다.
> - 특히 질문서를 통한 응답자들의 응답에 대한 신뢰성의 문제(예를 들어 교육수준이나 월수입 등)가 부단히 제기되고 있다.

제2절 질문서 작성의 기본지침 [기출]

질문서를 잘못 작성하게 되면 조사하고자 하는 내용 전체가 무효가 될 수 있다. 그러므로 질문서 작성에 있어서는 다음과 같은 기본지침을 따라야 한다.

- 질문이 길지 않아야 한다.
- **조사의 목적에 맞게** 작성한다.
- 질문의 배열에 **일관성**이 있어야 한다.
- **타당성** 및 **신뢰성**이 있어야 한다.
- 응답할 응답자들이 해당 질문들을 정확하게 이해할 수 있어야 한다.
- 처음부분과 끝부분의 질문은 응답자가 답하기 쉬운 질문으로 배합한다.
- 질문 내용은 **쉽게 표현**하도록 한다.
- 응답자로 하여금 **유도성 있는 질문**은 하지 않도록 한다.
- 응답자가 민감하게 반응할 수 있는 질문 또는 중요한 질문 등은 질문서 중간에 배치한다.
- **한 번에 두 가지 이상의 질문**은 하지 말아야 한다.
- **애매모호한 표현**에는 상당한 주의를 해야 한다.
- 모든 응답에 표시가 가능하게 해야 하며, 이러한 응답은 중복되지 않도록 해야 한다.

더 알아두기

질문서 작성 시 주의사항

• 알기 쉽게 표현해야 한다(응답자의 입장에서 생각하고 평가할 수 있도록 해야 한다).
• 애매모호한 표현을 피해야 한다.
 예) 당신은 커피를 얼마나 많이 마십니까?
   _____ 전혀 마시지 않는다.
   _____ 가끔 마신다.
   _____ 때때로 마신다.
   _____ 자주 마신다.
   _____ 거의 매일 마신다.
• 유도성의 질문은 하지 않는다(응답자가 특정 대안을 택하도록 하는 표현을 담고 있는 질문).
 예) 당신은 광우병 사태를 보고 미국으로부터 쇠고기 수입의 금지를 연장하는 것이 바람직하다고 생각하십니까?
   예 _____   아니오 _____
 예) 당신은 한국에서 고교 교육을 의무 교육으로 하는 것에 대해서 어떻게 생각하십니까?
   찬성 _____   반대 _____
• 응답할 수 없는 질문은 하지 않는다.
 예) 당신이 라면을 처음 먹어본 것은 언제인가요?
• 설문 하나에 두 개 이상의 질문을 하면 안 된다.
 예) 이 회사에서 출시한 장갑과 모자가 어느 정도 마음에 드시나요?
• 가능한 한 모든 응답을 표시해야 하며, 그 응답이 중복되어서는 안 된다.
 예) 당신의 나이는 몇 세인가요?
   1. 0~10세   2. 10~20세   3. 20~30세   4. 30~40세   5. 40세 이상
 예) 당신이 거주하는 지역은 어디인가요?
   1. 특별시 _____   2. 광역시 _____   3. 읍 혹은 면 _____
• 응답자가 민감하게 반응할 수 있는 질문은 되도록 우회적으로 질문해야 한다.
 예) 당신 주변에 배우자를 구타하는 사람이 있나요?
   예 _____   아니오 _____
 예) 당신은 배우자를 구타한 적이 있나요?
   예 _____   아니오 _____

제3절 질문서 작성의 예비조사 [기출]

통상적으로 조사 연구자는 질문서의 작성 전 마케팅 조사에서의 예비과정 및 조사정보의 구조 및 기능을 확인해야 한다. 또한, 질문서 작성 전에 조사연구에 참여하는 사람들은 다음과 같은 내용을 확인해야 한다.

- 어떠한 정보들이 필요한가?
- 얻고자 하는 정보의 원천은 무엇인가?
- 얻고자 하는 정보는 어떠한 방식으로 측정되어야 하는가?
- 얻고자 하는 정보는 어떠한 분석기법을 사용하는가?
- 얻고자 하는 정보는 어떠한 결과를 얻기 위해 활용되는 것인가?

또한, 질문서의 구성 및 내용은 "정보에 대한 필요성 → 측정 자료에 대한 종류별 측정방법 → 모집단의 성격에 대한 파악 → 해당 자료의 수집 → 해당 자료에 대한 분석기법 → 분석된 결과물의 형태 → 수집된 자료의 용도 및 효과"를 일련의 연결고리로 견주어서 질문서를 만들어야만 취득한 정보가 효과적으로 활용이 가능하다. 이러한 예비조사는 전문가 의견조사, 문헌조사, 사전조사 등으로 구분된다.

> **더 알아두기**
>
> **예비조사와 사전조사** [기출]
> - 예비조사
>   - 실제 조사하고자 하는 연구문제에 대한 정보나 지식이 없을 경우에 활용한다.
>   - 질문서 및 면접조사 등 실태조사의 도구를 초안하기 위해 실시하는 조사이다.
>   - 예비조사에서는 공식적인 표본설계 및 표본추출 과정은 크게 중요하지 않다.
>   - 예비조사가 충분히 시행되면 본 조사의 문제점의 해결과 조사기간의 단축 및 오차의 통제 등을 가능하게 한다.
> - 사전조사
>   - 예비조사 등의 결과를 기반으로 질문서 또는 조사표를 작성한 후 해당 조사도구가 타당성이 있으며, 신뢰성이 있는 자료를 수집할 수 있는지를 확인하기 위해 실시한다.
>   - 예비조사가 조사표 및 설문지의 초안 전에 실시하는 비조직적이고 기초적인 조사임에 비해 사전조사는 이들의 작성이 이루어진 후에 실시되는 조사로서 이는 매우 조직적이면서 공식적으로 실시하는 본 조사의 연습, 다시 말해, 본 조사의 축소판이라 할 수 있다.
>   - 사전조사를 통해 질문에 대한 형식, 내용, 순서 등을 확인 및 수정하는 부분은 상당히 중요하다.
>   - 사전조사 대상자의 경우 본 조사의 표본과 비슷하지만 모집단에는 포함되지 않는 사람을 대상으로 하는 것이 좋다.

제4절 질문서의 구조와 질문내용의 파악

1 질문서의 구조

(1) 응답자에 대한 파악자료(Identification Data)

응답자에 대한 성명, 주소, 전화번호 등에 관련한 자료를 의미한다. 이들 자료들은 질문서의 초반에 자리 잡는 경우가 많은데, 한 가지 주의할 것은 응답자들에 대한 개인적인 사생활 측면을 강요하지 않으면서 응답자들이 편하게 말할 수 있는 사항들이 되어야 한다는 점이다.

(2) 응답자에 대한 협조의 요구(Request for Cooperation)

조사자, 조사기관의 소개 및 취지의 설명으로 응답자들에 대해 더 높은 신뢰를 공고히 할 수 있도록 하는 것이다.

(3) 필요한 정보의 유형(Information Structure)

질문서의 작성에 있어 가장 중요한 부분으로 조사 연구의 목적에 필요로 하는 상당수의 자료들이 수집되는 부분이다.

(4) 지시사항(Instruction)

① 조사에 대한 목적, 조사자료에 대한 활용정도 및 방법, 응답자 또는 진행자들이 따라야 할 내용 등이 포함되는 단계이다.
② **전반적인 지시문** : 설문에 따른 응답에 관련한 전반적인 것으로, 설문에 있어 지켜야 하는 사항이다. 주로 설문에 있어 맨 처음에 기술한다.
③ **세부적 지시문** : 각 문항별로 응답자들에 대한 응답요령 등을 제시한 부분이다.
④ **면접자 지시사항** : 면접의 방식을 활용하는 경우 면접자들 간의 행위 및 태도에 대한 표준화를 위해 각 설문문항에 대해 세부적인 행동지시사항 등을 설명한다.

(5) 응답자의 분류에 대한 자료(Classification Data)

통상적으로 분류자료는 질문서에서 마지막 부분에 기재된다. 하지만 표본추출 및 응답자에 대한 선택에 의해 분류자료를 질문서의 가장 앞부분에 놓기도 한다.

2 질문내용에 대한 파악

무엇보다도 연구 조사자가 선행해야 하는 것은 조사의 목적에 따라 어떠한 정보가 필요하며, 이를 위해 어떠한 질문을 할지를 인지하는 것이라 할 수 있다. 취득한 자료에 대한 활용 등을 연구하면 발생하는 문제점과 해결 방안을 발견할 수 있게 된다. 하지만 상황에 따라 조사에 의해 취득한 응답 및 자료를 명확하게 활용할 수 없거나 불분명한 내용이 발생할 가능성이 있을 경우에는 제외시켜야 한다.

3 응답자에 대한 분석

(1) 응답자에 대한 조사자의 가정

통상적으로 조사 연구자는 질문의 작성 시에 스스로가 필요로 하는 정보를 얻도록 설계하는데, 조사자들은 응답자들이 설문에 대해 정확히 이해하고 파악하며, 자신의 지식과 생각 및 의견 등을 진솔하게 답할 것이라고 생각한다. 이러한 근거는 조사자들이 다음과 같은 가정을 하기 때문이다.

① 응답자들은 조사 연구자가 필요로 하는 정보들을 인지하고 있으며, 이는 언어 또는 문자로써 표현할 수 있다.
② 응답자들이 지니고 있는 평소 그대로의 생각을 말해줄 것이다.

(2) 응답자들의 특성에 따른 체크사항

① 응답자들이 다 잊어버린 사항을 질문하고 있지는 않는가?
② 응답자들이 과연 정확하게 대답할 것인가?
③ 응답자들이 명확한 응답을 제공할 동기가 부여되어 있는가?
④ 응답자들이 질문할 항목들에 대해 바른 지식을 가지고 있는가? 아니면 전혀 모르면서 응답하지는 않는가?

제5절   질문-응답형태의 선택

1 개방형 질문(Open-Ended Questions) 중요 기출

(1) 개념 : 응답에 대한 선택지를 제시하지 않고 응답자들이 자유롭게 응답할 수 있도록 하는 것이다.

(2) 특징

① 주관식 질문이다.

② 다양하고 **창의적인** 응답을 얻어낼 수 있다.

③ 개방형 질문은 주로 **심층적 분석**을 수행하기 위한 연구에 적합한 방식이다.

④ 연구조사의 초기 단계 또는 **탐색적인 연구**에서 많이 활용된다.

⑤ 표본의 크기가 큰 서베이를 위해 폐쇄형 문항을 결정하기 위한 예비조사에서도 활용된다.

⑥ 응답자들에 대한 구체적이면서 세세한 정보의 수집이 가능하므로 질적 연구 수행에도 적합하다.

⑦ 서베이법에서는 부분적으로 활용된다.

(3) 장점

① 보고서 작성 시에 직접적인 인용이 가능하다.

② 응답자들에게 충분한 자기표현의 기회를 제공해서 사실적이면서 생생한 현장감 있는 응답의 취득이 가능하다.

③ 가능한 응답범주를 모두 알 수가 없거나, 상당히 많은 응답범주를 필요로 하는 경우에 유용하게 활용된다(특히, 사전조사에서 유용하다).

(4) 단점

① 무응답 또는 응답에 대한 거절의 빈도수가 많다.

② 코딩이 어려우며, 분석이 어렵다.

③ 응답자들의 응답에 있어 일정 수준의 사고가 요구되는 만큼 응답자들이 어느 정도의 교육 수준을 갖추고 있어야 한다.

④ 고정형 질문에 비해 응답 시간이 많이 든다.

> **예**
> • 해당 점포에서의 서비스에 대한 당신의 생각은 어떤가요?
> • 어젯밤 뉴스가 당신에게는 어떤 의미가 있었나요?
> • 한 조직의 리더로서 갖추어야 할 자질은 무엇이라고 생각하시나요?

2 고정형 질문(Fixed-Alternative Questions) 중요

(1) 개념 : 고정형 질문은 응답의 대안을 제시하고, 그중 하나를 선택하게 하는 질문방식이다.

(2) 특징

① 응답이 용이하고 분석이 쉽다.

② 이분형의 질문과 선다형의 질문이 있다.

③ 응답자들의 생각을 모두 반영한다고 할 수 없다.

④ 개방형 질문에 비해 도표화와 분석이 쉽다.

⑤ 조사대상의 응답으로부터 응답자들을 직접적으로 비교할 수 있다.

⑥ 선다형 질문의 경우에는 의미차별화 척도, 리커트 척도, 스타펠 척도 등이 널리 활용된다.

⑦ **이분형 질문의 예**

> **예**
> 당신은 학위취득 후에 타 학교로 편입하실 계획이 있으신가요?
> 예 _____   아니오 _____

⑧ **선다형 질문의 예**

> **예**
> 당신은 자사의 홈페이지에 일주일에 평균 몇 번이나 방문하시나요?
> 거의 방문하지 않는다. _____   1~2회 정도 _____
> 3~5회 정도 _____   6회 이상 _____

> **예**
> 다음의 라면 브랜드 중에서 구매한 경험이 있는 브랜드를 모두 체크해 주세요.
> 꼬꼬면 _____   신라면 _____   안성탕면 _____   바다가 육지라면 _____

더 알아두기

척도점을 활용한 질문

어떠한 특성을 표현하는 여러 개의 척도점으로 구성되는 것으로써, 선다형 질문의 변형이라고 할 수 있다. 데이터를 활용해서 자료를 수집·분석해서 유용한 정보를 제공하기 위해서는 다음의 4가지 척도를 적절하게 사용해서 질문서를 작성해야 한다.

척도구분	정보의 양/ 통계적 분석력	척도의 특징	적용 데이터
비율척도	높다	절대적 원점	연속형 데이터
등간척도	↑	동일한 간격[절대원점 무(無)]	
순서척도	↓	속성들 간의 순서관계	범주형 데이터
명목척도	낮다	속성들의 이름	

• 등급척도를 활용한 질문의 작성
  - 숫자를 활용한 등급척도
    예 현재 시청하고 계신 벽걸이형 TV에 대한 당신의 만족도는 어떤가요?
       ① - ② - ③ - ④ - ⑤
       매우 불만족 약간 불만족 보통 약간 만족 매우 만족
  - 글을 활용한 등급척도
    예 현재 사용하고 계신 에어컨에 대한 당신의 만족도는 어느 정도인가요?
       1. 매우 불만족   2. 약간 불만족   3. 보통   4. 약간 만족   5. 매우 만족

– 그림을 활용한 등급척도

㉠ 현재 사용하고 계신 휴대폰에 대한 당신의 만족도는 어느 정도인가요?

〈매우 불만족〉　〈약간 불만족〉　〈보통〉　〈약간 만족〉　〈매우 만족〉

- **어의차이 척도**

컬러 또는 이미지 등의 감성적인 내용에 대해 질문할 때 자주 활용하는 방식이다. 이를 척도화하는 방법으로는 척도의 양쪽 끝에 서로 상반되는 형용사적 단어를 삽입하고 응답자의 느낌 또는 생각 등을 척도상에 표시하게 하는 방법이다. 또한 패션 및 자동차 등의 디자인 및 느낌 등을 알고자 할 때 주로 사용한다.

㉠ 이번에 출시된 스포츠카에 대한 당신의 느낌은 어떤가요?

참신한	1	2	3	4	5	진부한
개방적인	1	2	3	4	5	폐쇄적인
재미있는	1	2	3	4	5	재미없는

- **리커트 척도**

서술형의 질문에 대해 찬·반의 정도를 표시하게 하는 방법을 말한다. 통상적으로 20~30개의 서술형 문항을 활용하고, 긍정적 문항 및 부정적 문항을 포함하고 있다. 또한, 3점, 5점, 7점, 11점, 13점 척도 등을 활용하며, 이 중에서 5점 척도가 가장 많이 활용되고 있다.

– 5점 척도의 예문

㉠ 이번에 나온 만화책의 내용에 대해 어떻게 생각하시나요?

서술형 질문내용	전혀 아니다	아니다	보통	그렇다	매우 그렇다
재미있다	1	2	3	4	5
참신하다	1	2	3	4	5
깔끔하다	1	2	3	4	5

– 7점 척도의 예문

㉠ 담당 교수님(마케팅 조사)의 수업에 대해 어떻게 생각하시나요?

1. 매우 만족하지 않는다	2. 만족하지 않는다	3. 약간 만족하지 않는다	4. 보통이다
5. 약간 만족한다	6. 만족한다	7. 매우 만족한다	

- **체크리스트** : 응답자들이 생각하기에 해당되는 항목을 무제한적으로 체크하도록 질문을 만든 것을 말한다.

㉠ 미혼자들에게 결혼에 있어 가장 문제가 되는 것은 무엇인가요? 괄호에 체크해 주세요.
- 경제문제 (　　)
- 출산문제 (　　)
- 교육문제 (　　)
- 양육문제 (　　)
- 성격문제 (　　)

- **스타펠 척도**: 어의차이 척도의 변형된 형태로서, 스타펠 척도는 양수값과 음수값의 응답형태로 하나의 수식어를 제시해서 응답자들의 평가 정도를 측정하는 방식이다.

  ㉮ D백화점에 대한 평가를 아래의 각 속성별로 표기해주세요(동의할수록 높은 점수를 부여)

-5 -4 -3 -2 -1	직원이 친절하다	+1 +2 +3 +4 +5
-5 -4 -3 -2 -1	제품의 품질이 높다	+1 +2 +3 +4 +5
-5 -4 -3 -2 -1	A/S가 뛰어나다	+1 +2 +3 +4 +5
-5 -4 -3 -2 -1	첨단제품을 개발한다	+1 +2 +3 +4 +5

- **등위식**: 질문의 내용을 일정한 기준에 의해서 순위를 매기는 방식이다.

  ㉮ 미혼 남·녀들이 결혼할 때 가장 중요시하는 것부터 괄호 안에 번호로 기입하세요.

  경제문제 (   )   교육문제 (   )   성격문제 (   )

  출산문제 (   )   양육문제 (   )   고부갈등 (   )

제6절 │ 질문의 순서 기출

응답자들에게 질문을 함에 있어 배열이 잘못된 질문의 경우 오차의 원인이 되기도 한다. 그렇기에, 조사자는 응답자들을 중심으로 해서 목표로 한 응답자들이 해당 주제에 대한 표현을 명확하게 할 수 있도록 각 부문의 순서, 몇 개의 부문으로 분할할지, 각각의 부문에 따른 질문의 순서를 어떻게 할지를 미리 정해두어야 한다. 또한, 응답자들이 느끼기에 질문이 이해하기가 힘들어 대답을 제대로 못하거나 흥미를 유발시키지 못하거나, 제품판매 및 여론 유도성의 질문으로 인지하게 되면 응답자들은 오히려 질문에 대해 비협조적이거나 응답자 체를 거부할 수도 있게 된다. 질문의 순서에 대한 내용을 요약하면 다음과 같이 정리될 수 있다.

- 응답자가 단순하고 흥미를 느낄 수 있는 질문으로 시작해야 한다.
- 보편적인 질문은 앞부분에 두고, 세부적이면서 어려운 질문항목은 뒷부분에 위치시킨다.
- 비슷한 내용을 연속해서 질문할 경우 포괄적인 질문을 먼저 하며, 세부적인 질문항목으로 넘어 가야 한다.
- 응답자들이 느끼기에 난처한 질문이나 위신에 관련되는 질문은 뒷부분에 해야 한다.
- 설문지가 긴 경우에는 중요한 질문들을 앞부분에 위치시켜야 한다.
- 응답자들에 대한 사회경제적 및 인구 통계적 정보 등은 사적이면서 민감한 부분들이므로 가장 뒷부분에 위치시키는 것이 좋다.

제7절   질문용어의 선택

조사자가 응답자들에 대한 설문조사를 위해 단어 및 문구를 선택한다는 것은 조사자들이 하는 업무 중 가장 어려운 일이다. 다시 말해, 필요한 정보와 표본에 따라 사용할 단어 및 문구가 다르고 조사방법, 응답률, 시간 및 비용 등의 고려해야 할 부분이 많고 다양하며 복잡하고 어려운 것이다. 통상적으로 응답자들에 대한 질문은 **간단하면서도 직선적인 것이 좋다.** 하나의 단어나 문구를 조사자와 응답자가 같은 뜻으로 생각해야 하고, 해당 질문의 내용을 정확하고 이를 적절하게 표현하고 있는지를 확인해야 한다.

응답자들의 **교육 정도 및 지적 수준을 감안**해서 의미를 정확하게 표현해야 하고, 응답자들이 이해하기 쉬워야 하지만 그렇다고 어조를 낮추거나 지나치게 간단한 표현도 좋지는 않다. 단어 및 문구 자체에 여러 가지 의미가 있거나 또는 질문이 애매해서 무엇을 묻는 것인지 명확하지 않을 때, 응답자들에게 2~3가지를 동시에 질문해서 상황에 따라 여러 가지 대답이 나올 수 있거나 보기를 하나 선택하였을 경우에 해당 응답이 어느 질문에 대한 결과인지를 모르게 되어 정확한 자료를 집계하기 어렵다고 할 수 있다.

대다수의 응답자들은 설문지에 대해 성의를 가지고 답변하지 않는다. 그래서 가볍게 부담 없이 읽어 내려가면서 쉽게 답변할 수 있도록 한 질문에 한 가지만 물어보면서 의미를 명확히 해야 할 것이다. 그와 동시에 응답자들에게 유도적인 질문과 용어는 삼가야 한다. 위신에 관한 것이나 난처한 질문 용어에 대해서 응답자들은 응답을 거부하거나 거짓 답변을 할 수도 있다. 조사의 목적상 반드시 필요한 경우에는 질문의 순서를 문제의 중간 이후 부분에 위치하게 해서 가능한 한 응답자의 기분을 상하지 않게 해야 한다.

> • 내용이 간단하게 표현되었는가?
> • 용어가 질문이 뜻하는 의미를 포함하고 있는가?
> • 또 다른 의미로 해석되지는 않는가?
> • 활용한 단어 및 용어 그리고 어휘 등이 응답자들의 수준에 맞는가?
> • 구체적으로 조목조목 세분화되어 있는가?
> • 용어 및 질문 자체가 강압적이거나 유도적인 면은 없는가?

제8절   예비조사와 질문서의 보완

예비조사는 일종의 연극에서의 리허설과 비슷하나, 잘못 작성된 질문서로 인해 발생하는 시간, 비용, 노력 등의 낭비를 방지할 수 있는 것이다. 질문이 작성되면 다시 재검토한다. 조사의 목적에 맞는 질문인가, 필요로 하는 정보를 얻을 수 있도록 관련된 변수를 충분히 다루었는가 등 질문의 형태, 순서 및 용어의 선택 등을 다시 한 번 확인한다.

조사대상인 모집단에서 일부를 추출해서 응답자의 표본을 선정하고 이들을 대상으로 해서 예비조사를 실시하는 것이 가장 바람직하다. '해당 조사목적에 맞는 자료를 구할 수 있는가, 질문은 적절하게 배치되었는가, 질문은 쉽게 이해되었는가, 질문이 조사 목적에 따른 전반적인 내용을 모두 포함하고 있는가, 응답할 충분한 동기를 주었는가 등을 확인할 수 있다. 마지막으로 예비조사의 실시 후에, 조사자는 예비조사 응답자를 만나서 왜 이 같이 응답하게 되었는지를 알아보고 설문에 대한 문제점을 찾아 이를 수정·보완해야 한다.

1 예비조사의 개념 및 내용 기출

(1) 개념 : 특정한 조사 설계를 확정하기 전에 미리 시행하는 성격을 띠고 있으므로 이를 탄력성 있게 운영해야 하며, 필요시에는 해당 절차에 대한 변경 및 수정이 가능하다.

(2) 목적 : 조사자가 연구주제에 대한 자료 등을 취득하기 위함이다.

(3) 조사의 시기 : 질문서 작성 전에 시행한다.

(4) 조사 방법

① **문헌조사** : 가장 경제적이면서도 빠른 방법으로 주로 2차 자료를 활용한다.

> **예**
> 통계자료집, 학술 연구지, 다양한 출판 자료

② **전문가 조사** : 주어진 문제에 대해 전문적인 경험 및 견해를 지니고 있는 전문가들로부터 정보를 취득하는 방법이다. 또한, 어떠한 해결책을 찾기보다는 여러 사람들의 견해를 듣고 이를 참조해서 새로운 아이디어를 찾기 위해서 실시한다. 조사대상으로는 직접적으로 조사문제와 관련이 없는 사람이라도 선정이 가능하며, 보편적으로 조사자의 판단 및 편의에 의해 선정이 된다.

2 질문서에 대한 검토 및 수정

질문서의 경우 작성자는 질문서의 초안을 그대로 활용한다는 생각을 가지면 안 된다. 작성된 내용을 토대로 포괄적인 검토 및 수정이 이루어져야 한다.

3 질문서의 표지에 대한 개발

면접원이 동행하지 않거나 우편 서베이 질문서의 경우에, 응답자들의 협조를 얻는 것이 상당히 중요하다. 특히나 우편 서베이의 경우에는 응답자들에 대한 응답률이 상당히 저조한 편인데, 이를 보완하기 위해서 응답자들의 마음을 끌 수 있는 표지를 작성하는 것이 좋다.

더 알아두기

질문서에 포함되어야 하는 내용 중요 기출

수신인	수신인의 성명과 호칭을 기술한다.
조사 회사	조사를 수행하는 회사의 이름을 인사말에 제시한다.
조사의 목적	조사의 목적을 기술한다.
조사 대상자의 선정과정	응답자들이 어떻게 선정되었는지 기술한다.
응답의 중요성	조사의 목적을 달성하기 위하여 응답자들의 협조를 구한다.
익명과 비밀보장	응답자들의 사적인 환경이 반드시 보장된다는 것을 기술한다.
소요 시간	질문서 작성에 소요되는 시간을 기술한다.
보상	응답자들이 어떻게 보상받는지 기술한다.
회송시기와 회송주소	미리 준비된 봉투를 동봉하여, 언제까지 어디로 회송해야 하는지 기술한다.
감사 인사말	질문조사에 협조해 준 응답자에게 감사의 뜻을 표현한다.

◯✕로 점검하자 | 제5장

※ 다음 지문의 내용이 맞으면 ◯, 틀리면 ✕를 체크하시오. [1~7]

01 질문서는 조사자가 조사문제에 대한 해답을 구할 수 있도록 형성된 하나의 조사도구이다.
( )

02 질문서를 잘못 작성하게 되면 조사하고자 하는 부분만 무효가 된다. ( )

03 예비조사는 실제 조사하고자 하는 연구문제에 대한 정보나 지식이 있을 경우에 활용하는 방식이다.
( )

04 개방형 질문(Open-Ended Questions)은 주관식 질문이다. ( )

05 고정형 질문(Fixed-Alternative Questions)은 응답이 용이하고 분석이 쉽다. ( )

06 체크리스트는 응답자들이 해당되는 항목을 제한적으로 체크하도록 질문을 만든 것이다.
( )

07 스타펠 척도는 양수값의 응답형태로 하나의 수식어를 제시해서 응답자들의 평가 정도를 측정하는 방식이다. ( )

정답과 해설   01 ◯ 02 ✕ 03 ✕ 04 ◯ 05 ◯ 06 ✕ 07 ✕

02 질문서를 잘못 작성하게 되면 조사하고자 하는 내용 전체가 무효가 될 수 있다.
03 예비조사는 실제 조사하고자 하는 연구문제에 대한 정보나 지식이 없을 경우에 활용하는 방식이다.
06 체크리스트는 응답자들이 해당되는 항목을 무제한적으로 체크하도록 질문을 만든 것을 말한다.
07 스타펠 척도는 양수값과 음수값의 응답형태로 하나의 수식어를 제시해서 응답자들의 평가 정도를 측정하는 방식이다.

01 다음 중 질문지에 대한 설명으로 옳지 <u>않은</u> 것은?

① 연구자가 조사하고자 하는 일련의 질문을 체계적으로 담은 작은 책자이다.

② 질문지는 조사자가 조사문제에 대한 해답을 구할 수 있도록 형성된 하나의 조사도구를 말한다.

③ 질문지의 활용 목적은 시행하는 조사를 표준화함으로써 측정의 오류를 최태화하려는 것이다.

④ 질문지는 응답자가 스스로 응답이 가능하도록 고안된 일정수의 질문항목이다.

01 질문지의 활용 목적은 시행하는 조사를 표준화함으로써 측정의 오류를 최소화하려는 것이다.

02 다음 중 질문지법의 특성에 대한 설명으로 옳지 <u>않은</u> 것은?

① 질문문항에는 조직적·폐쇄적인 것과 비조직적·개방적인 것이 있다.

② 응답자의 기록 등에 의한 내연적 표현에 의존한다.

③ 질문지를 통한 응답자들의 응답에 대한 신뢰성의 문제가 지속적으로 제기되고 있는 상태이다.

④ 사회·과학 영역에서 서베이 조사 등에 많이 활용되고 있다.

02 질문지법은 응답자의 기록 등에 의한 외연적 표현에 의존한다.

정답 01 ③ 02 ②

03 질문서의 작성에 있어 응답자가 민감하게 반응할 수 있는 질문 또는 중요한 질문 등은 질문서 중간에 배치한다.

03 질문서 작성의 기본지침으로 적절하지 않은 것은?

① 질문 내용은 되도록 쉽게 표현하도록 한다.

② 응답자로 하여금 유도성의 질문은 하지 않도록 한다.

③ 애매모호한 표현에는 상당한 주의를 해야 한다.

④ 응답자가 민감하게 반응할 수 있는 질문 또는 중요한 질문 등은 질문서의 마지막에 배치한다.

04 ①·②·③ 외에도 얻고자 하는 정보의 원천은 무엇인가, 얻고자 하는 정보는 어떠한 방식으로 측정되어야 하는가 등을 확인해야 한다.

04 질문서 작성 전에 조사연구에 참여하는 사람들이 확인해야 하는 내용으로 옳지 않은 것은?

① 어떠한 정보들이 필요한가?

② 얻고자 하는 정보는 어떠한 분석기법을 사용하는가?

③ 얻고자 하는 정보는 어떠한 결과를 얻기 위해 활용되는 것인가?

④ 누가 정보를 얻어와야 하는가?

05 예비조사에서 공식적인 표본설계 및 표본추출 과정은 크게 중요하지 않다.

05 예비조사에 대한 설명으로 옳지 않은 것은?

① 예비조사에서는 공식적인 표본설계 및 표본추출 과정이 상당히 중요하다.

② 예비조사가 충분히 시행되면 본 조사의 문제점 해결과 조사기간의 단축 및 오차의 통제 등을 가능하게 한다.

③ 실제 조사하고자 하는 연구문제에 대한 정보나 지식이 없을 경우에 활용한다.

④ 질문지 및 면접조사 등 실태조사의 도구를 초안하기 위해 실시하는 조사이다.

정답 (03 ④ 04 ④ 05 ①)

06 사전조사에 대한 설명으로 옳지 <u>않은</u> 것은?

① 사전조사는 매우 조직적이면서 공식적으로 실시하는 본 조사의 연습이라 할 수 있다.

② 사전조사를 통해 질문에 대한 형식, 내용, 순서 등을 확인 및 수정하는 부분은 크게 중요하지 않다.

③ 사전조사 대상자의 경우 본 조사의 표본과 비슷하지만 모집단에는 포함되지 않는 사람을 대상으로 하는 것이 좋다.

④ 예비조사 등의 결과를 기반으로 해서 질문지 또는 조사표 등을 작성한 후에 해당 조사도구가 타당성이 있으며, 신뢰성이 있는 자료를 수집할 수 있는지를 확인하기 위해 실시한다.

06 사전조사를 통해 질문의 형식, 내용, 순서 등을 확인하고 수정하는 부분은 상당히 중요하다.

07 다음 중 개방형 질문에 대한 설명으로 옳지 <u>않은</u> 것은?

① 응답에 대한 선택지를 제시하지 않고 응답자들이 자유롭게 응답할 수 있도록 하는 것이다.

② 연구조사의 초기 단계 또는 탐색적인 연구에서 많이 활용되고 있다.

③ 다양하고 창의적인 응답을 얻어낼 수 있다.

④ 일종의 객관식 질문이다.

07 응답자들이 자유롭게 응답하므로 주관식 질문이다.

08 다음 중 개방형 질문의 특징으로 적절하지 <u>않은</u> 것은?

① 무응답 또는 응답에 대한 서절의 빈도수가 석나.

② 보고서 작성 시 직접적인 인용이 가능하다.

③ 응답자들의 응답에 있어 일정 수준의 사고가 요구되는 만큼 응답자들이 어느 정도의 교육 수준을 갖추고 있어야 한다.

④ 코딩이 어려우며, 분석이 어렵다.

08 개방형 질문은 주관식 형태의 질문이고 응답자들이 부담을 느낄 수 있으므로 무응답 또는 응답에 대한 거절의 빈도수가 많다.

정답 06 ② 07 ④ 08 ①

09 고정형 질문의 경우 응답자들의 생각을 모두 반영한다고 할 수 없다.

09 다음 중 고정형 질문에 대한 설명으로 적절하지 <u>않은</u> 것은?

① 고정형 질문은 응답의 대안을 제시하고, 그 중 하나를 선택하는 질문방식을 말한다.

② 선다형 질문의 경우에는 의미차별화 척도, 리커트 척도 등이 널리 활용된다.

③ 응답자들의 생각을 모두 반영한다고 할 수 있다.

④ 이분형의 질문과 선다형의 질문형태가 있다.

10 명확하게 처음 우유를 먹은 때를 기억하는 사람들은 많지 않을 것이다.

10 "당신이 처음으로 우유를 먹은 해를 쓰시오"라는 질문에서 문제점으로 볼 수 있는 것은?

① 애매모호한 표현을 사용한 질문이다.

② 응답하기 상당히 어려운 질문이다.

③ 응답자들이 상당히 민감하게 반응할 가능성이 있는 질문의 형태이다.

④ 유도성의 질문이다.

정답 09 ③ 10 ②

Self Check로 다지기 | 제5장

⊒ 질문서 작성 시 주의사항
- 알기 쉽게 표현해야 한다.
- 애매모호한 표현을 피해야 한다.
- 유도성의 질문은 금지해야 한다.
- 응답할 수 없는 질문은 하면 안 된다.
- 설문 하나에 두 개 이상의 질문을 하면 안 된다.
- 가능한 한 모든 응답을 표시해야 하며, 응답이 중복되어서는 안 된다.
- 응답자가 민감하게 반응할 수 있는 질문은 되도록 우회적으로 질문해야 한다.

⊒ 개방형 질문 : 응답에 대한 선택지를 제시하지 않고 응답자들이 자유롭게 응답할 수 있도록 하는 것

⊒ 고정형 질문 : 응답의 대안을 제시하고, 그 중 하나를 선택하도록 하는 것

⊒ 스타펠 척도 : 양수값과 음수값의 응답형태로 하나의 수식어를 제시해서 응답자들의 평가 정도를 측정하는 방식

⊒ 예비조사 : 특정한 조사 설계를 확정하기 전에 미리 시행하는 성격을 띠고 있으므로 이를 탄력성 있게 운영해야 하며, 필요 시에는 해당 절차에 대한 변경 및 수정이 가능

⊒ 질문서에 포함되어야 하는 내용
- 수신인
- 조사 목적
- 응답의 중요성
- 소요 시간
- 회송시기 및 회송주소
- 조사 회사
- 조사 대상자 선정 과정
- 익명 및 비밀 보장
- 보상
- 감사 인사말

⊒ 체크리스트 : 응답자들이 해당되는 항목을 무제한적으로 체크하도록 질문을 만든 것

SD에듀와 함께, 합격을 향해 떠나는 여행

제 6 장

표본조사의 설계

제1절	표본추출의 기본 용어
제2절	표본추출의 방법 및 표본조사의 설계
제3절	단순무작위 표본추출법
제4절	계층별무작위 표본추출법
제5절	군집 표본추출법
제6절	체계적 표본추출법
제7절	표본추출의 단계

실전예상문제

행운이란 100%의 노력 뒤에 남는 것이다.

- 랭스턴 콜먼 -

제 6 장 | 표본조사의 설계

제1절　표본추출의 기본 용어

1 표본추출

(1) 표본추출(Sampling)은 조사의 대상인 모집단으로부터 표본을 추출하는 것을 의미한다.

(2) 표본추출에는 모집단 각각의 구성분자가 표본으로 선택될 가능성이 동일하게 되도록 하게 하는 확률적 표본추출, 연구자가 임의로 모집단과 비슷하다고 생각되는 성격의 표본을 추출하는 비확률적 표본추출 의 방법이 있다.

> **더 알아두기**
>
> **표본의 개념 및 표본의 크기** `중요` `기출`
> • 표본의 개념 : 모집단으로부터 선택된 모집단 구성단위의 일부
> • 표본의 크기
> 　- 표본의 크기가 클 경우에는 오차를 줄일 수 있다.
> 　- 변수의 수가 많으면 많을수록 측정에 수반되는 오차가 커지게 되므로 표본의 크기가 커야 한다.
> 　- 복잡한 통계분석을 활용할수록 표본의 크기는 커야 한다.
> 　- 조사 연구대상을 소그룹으로 세분화시키는 조사의 경우 표본의 크기는 커야 한다.
> 　- 중요한 조사일수록 더 많은 정보를 필요로 하며, 그로 인해 표본의 수가 커야 한다.

2 모집단(Population) `중요` `기출`

(1) 통계적인 관찰의 대상이 되는 집단 전체를 말한다.

(2) 어떤 집단을 통계적으로 관찰해서 평균 및 분산 등을 조사할 때, 또는 관찰의 대상이 되는 집단 전체를 조사하는 것이 갖가지 이유로 어려울 경우에, 전체 중 일부를 추출해서 이를 조사함으로써 전체의 성질 을 추정하는 방법이다. 이런 경우 본래의 집단 전체를 모집단이라 하고, 모집단에서 추출되어진 일부를 표본이라고 한다.

3 표본추출단위(Sampling Unit) 기출

(1) 정의된 모집단에 대해서 목적표식 또는 속성 등과 같은 요소로 분해된 단위를 말한다.

(2) 표본추출과정의 특정한 단계에서 실제 표본으로 선정될 수 있는 요소를 의미한다.

(3) 표본추출에 있어서 대상이 되는 연구대상의 집합이다.

> **더 알아두기**
>
> **표본추출과 관련된 오차** 기출
> - 표본오차(Sampling Error)
>   - 모집단 전체를 조사하지 않고, 일부 표본만 조사함으로써 발생되는 오차이다.
>   - 표본오차는 표본이 모집단을 확실하게 대표하지 못하기 때문에 발생한다.
> - 비표본오차(Nonsampling Error)
>   - 자료수집의 과정에서 발생되는 오차이다.
>   - 조사자의 실수 또는 태만, 잘못된 질문, 자료처리에 있어서의 오류 등으로 발생한다.

4 전수조사(Complete Enumeration) 중요 기출

(1) 전수조사란 통계조사에서 모집단 전체를 조사하는 방법을 말한다.

(2) 전수조사는 표본조사보다 반드시 정확하다고 할 수 없으며, 때로는 전수조사가 불가능한 경우가 있다.

(3) 시간 및 비용이 많이 든다.

> **예**
> - 전체 사업소를 모집단으로 하는 사업소 조사
> - 학교에서 전체 학생을 대상으로 실시하는 신체검사
> - 국민 전체를 모집단으로 해서 전체 국민을 조사하는 국세조사
> - 인구 센서스

5 구성원(Element)

표본의 추출과정에서 선택의 대상이 될 수 있는 모집단의 구성원을 말한다.

6 표본설계(Sample Design)

조사 연구의 목적을 잘 끝내기 위해서 표본을 제대로 샘플링해야 하는데, 이러한 과정을 표본설계라고 한다.

7 모수(Parameter)

모집단 내에서 특정한 변수가 지니고 있는 특성을 요약하고 묘사한 것으로서 모집단 내 어떤 변수의 값이다.
이러한 모수는 통계치에 의해 추론된다.

8 표본추출프레임(Sampling Frame)

표본추출프레임이란, 전체 표본추출단위들의 리스트를 말한다.

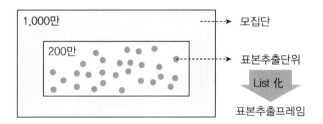

9 추정량(Estimator)

추정량은 표본으로부터 추출된 조사 단위들을 조사해서 취득한 자료에 의해 모수를 추정함에 있어 활용되는
공식이다.

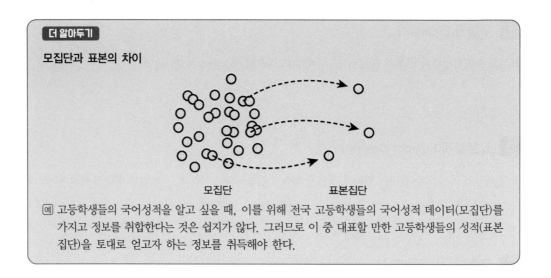

더 알아두기

모집단과 표본의 차이

모집단　　　　　　　　　　표본집단

예 고등학생들의 국어성적을 알고 싶을 때, 이를 위해 전국 고등학생들의 국어성적 데이터(모집단)를 가지고 정보를 취합한다는 것은 쉽지가 않다. 그러므로 이 중 대표할 만한 고등학생들의 성적(표본 집단)을 토대로 얻고자 하는 정보를 취득해야 한다.

제2절　표본추출의 방법 및 표본조사의 설계

통상적으로 표본추출 방법의 결정은 확률 표본추출과 비확률 표본추출로 구분된다. 종요

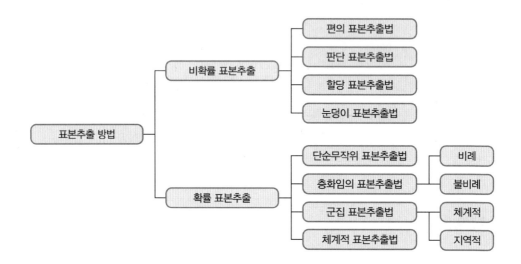

더 알아두기

확률 표본추출과 비확률 표본추출 중요 기출

확률 표본추출법	단순무작위 표본추출법[=단순임의 표본추출법(Simple Random Sampling)]
	계층별무작위 표본추출법[=층화임의 표본추출법(Stratified Random Sampling)]
	군집 표본추출법[=집락 표본추출법(Cluster Sampling)]
	체계적 표본추출법[=계통 표본추출법(Systematic Sampling)]
비확률 표본추출법	편의 표본추출법(Convenience Sampling)
	판단 표본추출법(Judgement Sampling)
	할당 표본추출법(Quota Sampling)
	눈덩이 표본추출법(Snowball Sampling)

확률 표본추출과 비확률 표본추출의 비교

비교기준	확률 표본추출	비확률 표본추출
표본의 모집단 대표성	높음	낮음
표본추출오류계산	가능	불가능
추계통계기법적용	가능	불가능
비용	높음	낮음
표본추출기법	높은 수준 요구됨	높은 수준 요구되지 않음

제3절 단순무작위 표본추출법 중요 기출

1 개념

단순임의 표본추출법(Simple Random Sampling)이라고도 하며, 이는 모집단의 구성원들이 표본으로서 선정될 확률이 미리 알려져 있고 동일하며, '0'이 아니도록 표본을 추출하는 방법을 말한다.

2 내용 및 특징

(1) 이해가 쉽다.

(2) 컴퓨터 프로그램에서 생성된 난수 또는 난수표 등을 활용한다.

(3) 모집단의 모든 구성요소들에 대한 목록의 확보가 용이하지 않다.

(4) 자료에 대한 분석결과가 미리 정해진 허용오차 안에서 모집단에 대한 대표성을 가질 수 있다.

(5) 이질적인 구성요소의 집단들이 많은 관계로 집단 간의 비교분석을 필요로 하는 경우 표본이 상당히 커야 한다.

제4절 계층별무작위 표본추출법 중요 기출

1 개념

층화임의 표본추출법(Stratified Random Sampling)이라고도 하며, 모집단을 구성하고 있는 집단에서 집단의 구성요소의 수에 비례해서 표본의 수를 할당하여 각 집단에서 단순무작위 추출법으로 추출하는 방법이다.

2 내용 및 특징

(1) 각각의 층은 서로 동질적인 구성요소를 지녀야 하며, 서로 이질적이어야 한다.

(2) 모집단에 대한 표본의 높은 대표성의 확보가 가능하다.

(3) 표본을 구성하는 각각의 층들을 서로 비교해서 모집단을 구성하는 각 층의 차이점 추정이 가능하다.

(4) 모집단의 높은 대표성을 확보하기 위해서는 기준변수를 적절히 선정해야 하므로 모집단의 특성에 대한 사전 지식이 전혀 없는 상태라면 이러한 방식의 사용이 불가능하다.

(5) 각 층으로부터 표본을 추출하는 방식

① **비례적 층화표본추출** : 각 층에서 추출하는 표본의 크기를 각 층에 상응하는 모집단의 층의 크기와 동일한 비율로 추출하는 것을 말한다.

② **불비례적 층화표본추출** : 각 층으로부터 추출되는 표본의 구성비가 모집단의 구성비와 다르게 추출하는 것을 말한다.

제5절 군집 표본추출법 중요 기출

1 개념

집락 표본추출법(Cluster Sampling)이라고도 하며, 모집단을 대표할 수 있을 만큼 다양한 특성을 지닌 집단(군집)들로 구성되어 있을 시에 군집을 무작위로 몇 개 추출해서 선택된 군집 내에서 무작위로 표본을 추출하는 방법이다.

2 내용 및 특징

(1) 층화임의 표본추출방법과는 반대가 된다. 다시 말해, 군집 내 요소들은 서로 이질적으로 다양한 특성을 가지고 있어야 하고 군집들은 서로 동질적이어야 한다.

(2) 비용 및 시간이 절약된다.

(3) 내부적으로는 이질적, 외부적으로는 동질적이라는 조건이 만족되어야 한다.

(4) 표적모집단을 구성하는 그룹이 여러 가지 유형인 경우 한 그룹만을 선택해서는 안 되고, 이때에는 각 유형에 해당하는 하위 그룹들 각각에서 표본을 추출함으로써 표본의 모집단 대표성을 확보할 수 있다.

(5) 지역 표본추출

표적모집단의 구성원들이 각 지역에 걸쳐서 분포되어 있으며, 각 지역에 속한 구성원들이 조사의 문제에 있어 지역 간에 차이가 없다고 생각되는 경우에 임의로 한 지역을 선택하는 방법이다.

(6) 1단계 군집 표본추출

하나의 점포를 선정해서 특정일의 모든 소비자들을 대상으로 조사하는 것을 말한다.

(7) 다단계 군집 표본추출

하나의 점포를 선정해서 단순무작위 또는 체계적 표본추출을 하는 것을 말한다.

제6절 체계적 표본추출법 ⟨종요⟩

1 개념

계통 표본추출법(Systematic Sampling)이라고도 하며, 모집단 구성원에게 어떠한 순서가 있는 경우에 일정한 간격을 두면서 표본을 추출하는 방법이다.

> **예**
> 투표 출구조사, 몰 인터셉트 인터뷰

2 내용 및 특징

(1) 대표성을 지니고 있는 표본을 효율적으로 추출하는 것이 가능하다.

(2) 표본추출프레임이 순서가 있거나 순서에 의해 표본의 추출이 가능한 경우에 사용이 가능하다.

(3) 주기성을 가지고 있는 경우에 문제가 발생한다.

(4) 비교적 용이하게 무작위성이 확보된 표본의 추출이 가능하다.

(5) 모집단이 어떠한 패턴을 가질 시에는 표본추출 시에 상당히 주의를 해야 하며, 모집단의 크기가 잘 알려지지 않거나 무한한 경우 표본의 추출간격을 알 수가 없다.

더 알아두기

비확률 표본추출법 중요 기출
- **편의 표본추출법(Convenience Sampling)**
  - 연구 조사자가 편리한 시간 및 장소에 접촉하기 쉬운 대상을 표본으로 선정하는 것을 말한다.
  - 조사대상을 적은 시간 및 비용으로 확보할 수 있다.
  - 표본의 모집단 대표성이 부족하다.
  - 편의 표본으로부터 엄격한 분석결과를 취득할 수 없지만, 조사 대상들의 특성에 대한 개괄적인 정보의 획득이 가능하다.
- **판단 표본추출법(Judgement Sampling)**
  - 연구 조사자가 조사의 목적에 적합하다고 판단되는 구성원들을 표본으로 추출하는 것을 말한다.
  - 해당 분야에 있어서의 전문가들의 의견 등이 표적모집단의 대표성을 지닌다고 가정한다.
  - 해당 분야의 전문가로 판단되어 선정된 표본들이 현실적으로 유용한 정보의 제공이 가능하다면 판단 표본추출법은 매우 유용한 방식이다.
  - 판단표본이 편의표본보다 더욱 대표성을 지닐 것이라는 것은 가정 또는 기대일 뿐, 현실적으로 모집단의 대표성 정도는 평가할 수 없다.
- **할당 표본추출법(Quota Sampling)**
  - 모집단을 어떠한 특성에 따라 세분집단으로 나누고, 나누어진 세분집단의 크기 등에 비례해서 추출된 표본의 수를 결정하여 각 집단의 표본을 판단 또는 편의에 의해 추출하는 방법이다.
  - 층화임의 표본추출과 비슷하지만 각각의 집단에서 무작위로 표본을 추출하지 않고, 편의에 의해 추출한다는 점에서 차이가 있다.
  - 시간 및 경제적인 면에서 이점이 있다.
  - 가장 널리 활용되는 표본추출 방식이다.
  - 높은 수준의 대표성 확보가 가능하다.
- **눈덩이 표본추출법(Snowball Sampling)**
  - 연구 조사자가 적절하다고 판단되는 조사대상자들을 선정한 후에 그들로 하여금 또 다른 조사대상자들을 추천하게 하는 방식이다.
  - 초반에는 연구 조사자의 판단에 의해 조사 대상자들이 선정되므로 판단 표본추출법의 일종이라 할 수 있다.
  - 연구 조사자가 표적모집단의 구성원들 중 극소수 이외에 어느 누가 표본으로써 적합한지를 판단할 수 없는 경우에 활용할 수 있다(주로, FGI와 같은 비계량적 조사에서 활용).
  - 연속적인 추천에 의해서 선정된 조사 대상자들에게는 동질성이 높을 수 있지만, 표적모집단과는 상당히 유리된 특성을 지닐 수 있다.

표본크기의 결정
- **확률 표본의 추출 시** : 표적모집단의 조사변수 값의 신뢰수준, 분산, 허용오차에 의해 결정된다.
  - 조사하고자 하는 변수의 분산 값이 크면 클수록 표본의 크기 또한 커야 한다.
  - 추정치에 대해 높은 신뢰 수준을 원하면 원할수록 표본의 크기 또한 커야 한다.
  - 허용오차가 작으면 작을수록 표본의 크기는 커야 한다.
- **비확률 표본의 추출 시** : 활용 가능한 시간 및 예산에 따라 연구 조사자의 판단에 의해 결정되며, 특별하게 계산하는 방법은 없다.

제7절 표본추출의 단계

1 표본추출단계의 흐름도

표본추출의 단계는 다음 그림과 같이 모집단의 결정, 자료수집방법에 대한 결정, 표본추출프레임에 대한 결정, 표본추출방법에 대한 결정, 필요로 하는 표본의 크기 및 접촉표본의 크기 결정, 표본추출 실행계획의 수립, 표본추출의 실행 등으로 이루어져 있다.

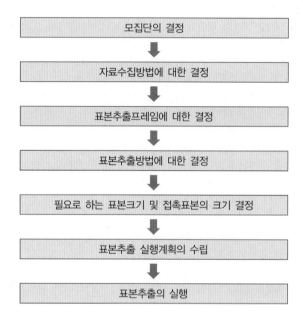

2 표본추출의 각 단계 기출

(1) 모집단의 결정

모집단은 정확하게 결정되어야 한다. 모집단의 정의가 명확하게 정의되지 않은 경우라면 정확한 표본의 추출이 이루어질 수 없다. 모집단은 연구 조사담당자의 관심 대상이 되는 사람, 기업, 제품, 지역 등의 집합체이다.

(2) 자료수집방법에 대한 결정

표본추출단계에서의 자료수집방법은 모집단, 조사연구에 대한 목적 및 당위성, 표본의 성격에 따라 질문서법·면접법·실험법·관찰법 등의 여러 가지의 방식으로 자료의 취합이 가능하다.

(3) 표본추출프레임에 대한 결정

모집단을 선정한 후에 표본프레임을 만들게 된다. 이때 표본프레임이란 모집단 안에 포함된 조사 대상들의 명단이 포함된 일종의 목록을 말한다.

> **예**
> 행정구역 편람 등에 표기된 국내의 동·읍·면의 리스트나 기업연감에 있는 상장기업들의 리스트

(4) 표본추출방법에 대한 결정

상세하게 표본의 추출방법을 결정하는 단계이다. 표본추출방법은 크게 **확률 표본추출법과 비확률 표본추출법**으로 구분된다. 확률 표본추출법은 모집단을 형성하는 대상들의 명단이 표기된 표본프레임을 활용해서 표본을 추출함으로써 모집단 안의 각각의 대상들이 선택된 확률을 미리 알 수 있는 표본추출방식이다. 그러므로 추출된 표본이 얼마만큼이나 모집단을 제대로 반영시키는지 그 파악이 가능하다. 비확률 표본추출법은 표본 프레임이 없어서 모집단 안의 대상들이 선택된 확률을 미리 모르는 상황에서 표본이 선정되는 방식이다. 이렇게 추출된 방식에서는 추출된 표본들이 얼마나 모집단을 제대로 대표하는지 또한 조사 결과에 대해 어느 정도의 오류 등이 발생할 것인지에 대한 정보들을 명확하게 제시해주지 못한다.

(5) 필요로 하는 표본크기 및 접촉표본의 크기 결정

연구 조사자가 조사에 있어 필요로 하는 만큼의 표본을 얻지 못한다면, 표본의 추출에 있어 오류가 생기게 되며, 필요 이상의 표본을 추출할 시에는 그로 인한 시간 및 비용의 낭비를 초래하게 된다.

(6) 표본추출 실행계획의 수립

표본이 추출되고 그에 따른 크기가 결정되면 연구 조사자는 어떠한 방식으로 응답자에게 다가가야 할지를 결정해야만 한다.

(7) 표본추출의 실행

표본추출에 대한 프레임이 구축된 경우에는 표본추출에 대한 계획수립자가 표본추출에 대한 진행이 가능하지만, 만약 표본추출에 대한 프레임이 없이 조사가 실행되는 경우에는 면접원에 의해 표본을 추출 및 조사하게 된다.

○✕로 점검하자 | 제6장

※ 다음 지문의 내용이 맞으면 ○, 틀리면 ✕를 체크하시오. [1~7]

01 표본이란 평균으로부터 선택된 평균 구성단위의 일부를 말한다. (   )

02 변수의 수가 적으면 적을수록 측정에 수반되는 오차가 커지게 되므로 표본의 크기가 작아야 한다.
(   )

03 전수조사는 모집단 전체를 조사하는 방법을 말한다. (   )

04 확률 표본추출법에는 편의 표본추출법, 판단 표본추출법, 할당 표본추출법 등이 있다. (   )

05 단순무작위 표본추출법은 '0'이 되도록 표본을 추출하는 방법을 말한다. (   )

06 계층별무작위 표본추출법에서 각각의 층은 서로 동질적인 구성요소를 지녀야 하며, 각각의 층은 서로 이질적이어야 한다. (   )

07 비례적 층화표본추출은 각 층에서 추출하는 표본의 크기를 각 층에 상응하는 모집단의 층의 크기와 동일한 비율로 추출하는 것을 말한다. (   )

정답과 해설 01 ✕ 02 ✕ 03 ○ 04 ✕ 05 ✕ 06 ○ 07 ○

01 표본이란 모집단으로부터 선택된 모집단 구성단위의 일부를 말한다.
02 변수의 수가 많으면 많을수록 측정에 수반되는 오차가 커지게 되므로 표본의 크기가 커야 한다.
04 확률 표본추출법에는 단순무작위 표본추출법, 계층별무작위 표본추출법, 군집 표본추출법, 체계적 표본추출법 등이 있다.
05 단순무작위 표본추출법은 '0'이 아니도록 표본을 추출하는 방법을 말한다.

01 표본에 관련된 설명으로 옳지 <u>않은</u> 것은?

① 표본은 모집단으로부터 추출된 모집단 구성단위의 일부를 의미한다.

② 표본의 크기가 작을 경우에는 오차를 줄일 수 있다.

③ 중요도가 높은 조사일수록 더욱 많은 정보를 필요로 하며, 그로 인한 표본의 수는 커야 한다.

④ 복잡한 통계분석을 활용할수록 표본의 크기는 커야 한다.

01 표본의 크기가 클 경우에는 오차를 줄일 수 있다.

02 표본추출과 관련한 오차에 대한 설명으로 적절하지 <u>않은</u> 것은?

① 비표본오차는 자료수집의 과정에서 발생되는 오차를 말한다.

② 비표본오차의 경우 조사자의 실수 또는 태만, 잘못된 질문 및 자료처리에 있어서의 오류 등으로 인해 발생한다.

③ 표본오차는 일부 표본만 조사하지 않고 모집단 전체를 조사함으로써 발생되는 오차를 말한다.

④ 표본오차의 경우 표본이 모집단을 확실하게 대표하지 못하기 때문에 발생한다.

02 표본오차는 모집단 전체를 조사하지 않고, 일부 표본만 조사함으로써 발생되는 오차이다.

정답 (01 ② 02 ③)

03 제시된 내용은 전수조사에 대한 사례이다. 전수조사는 표본조사보다 반드시 정확하다고 할 수 없다.

03 다음 내용에 대한 설명으로 옳지 <u>않은</u> 것은?

> • 학교에서 전체 학생을 대상으로 실시하는 신체검사
> • 국민 전체를 모집단으로 해서 전체 국민을 조사하는 국세조사

① 위 내용의 조사는 표본조사보다 반드시 정확하다.
② 위 내용은 통계조사에서 모집단 전체를 조사하는 방법이라고 할 수 있다.
③ 위 내용의 조사는 시간이 많이 소요된다.
④ 위 내용의 조사는 비용이 많이 소요된다.

04 표본추출프레임이란 전체 표본추출 단위들의 리스트를 말한다.

04 표본추출프레임(Sampling Frame)에 대한 설명으로 옳은 것은?

① 특정 변수가 가지고 있는 특성을 요약 및 묘사한 것이다.
② 선택 대상이 될 수 있는 모집단의 구성원이다.
③ 조사 연구의 목적을 잘 끝내기 위해서 표본을 샘플링하는 과정이다.
④ 전체 표본추출 단위들에 대한 리스트이다.

05 확률 표본추출법
 • 단순무작위 표본추출법
 • 계층별무작위 표본추출법
 • 군집 표본추출법
 • 체계적 표본추출법

05 다음 중 확률 표본추출법에 해당하지 <u>않는</u> 것은?

① 체계적 표본추출법
② 할당 표본추출법
③ 계층별무작위 표본추출법
④ 단순무작위 표본추출법

정답 03 ① 04 ④ 05 ②

06 다음 중 성격이 <u>다른</u> 하나는?

① 체계적 표본추출법

② 판단 표본추출법

③ 할당 표본추출법

④ 편의 표본추출법

06 ①은 확률 표본추출법에 속하며, ②·③·④는 비확률 표본추출법에 속한다.

07 다음 중 '0'이 아니도록 표본을 추출하는 방법은?

① 체계적 표본추출법

② 군집 표본추출법

③ 단순무작위 표본추출법

④ 계층별무작위 표본추출법

07 단순무작위 표본추출법은 모집단의 구성원들이 표본으로서 선정될 확률이 미리 알려져 있고 동일하며, '0'이 아니도록 표본을 추출하는 방법을 말한다.

08 여러 개의 동질적인 소규모 집단으로 구성되어 있으며, 각 집단은 해당 모집단을 대표할 수 있을 만큼의 다양한 특성을 지닌 요소들로 구성되어 있을 시에 집단을 무작위로 몇 개 추출해서 선택된 집단 내에서 무작위로 표본을 추출하는 방법을 무엇이라고 하는가?

① 체계적 표본추출법

② 군집 표본추출법

③ 단순무작위 표본추출법

④ 계층별무작위 표본추출법

08 군집 표본추출법은 층화임의 표본추출법(= 계층별무작위 표본추출법)과는 반대가 된다. 즉, 군집 내 요소들은 서로 이질적으로 다양한 특성을 가지고 있어야 하고 군집들은 서로 동질적이어야 한다.

정답 06 ① 07 ③ 08 ②

09 체계적 표본추출법(= 계통 표본추출법)은 표본추출프레임이 순서가 있거나 순서에 의해 표본의 추출이 가능한 경우에 사용이 가능하다.

10 편의 표본추출법은 표본의 모집단 대표성이 부족하다.

09 모집단 구성원에게 어떠한 순서가 있는 경우에 일정한 간격을 두면서 표본을 추출하는 방법은?

① 계층별무작위 표본추출법
② 단순무작위 표본추출법
③ 군집 표본추출법
④ 체계적 표본추출법

10 다음 중 편의 표본추출법에 대한 설명으로 옳지 않은 것은?

① 표본의 모집단 대표성이 충분하다.
② 연구 조사자가 편리한 시간 및 장소에 접촉하기 쉬운 대상을 표본으로 선정하는 것을 말한다.
③ 편의 표본으로부터 엄격한 분석결과를 취득할 수는 없지만, 조사 대상들의 특성에 대한 개괄적인 정보의 획득은 가능하다.
④ 조사대상을 적은 시간 및 비용으로 확보가 가능하다.

정답 09 ④ 10 ①

➡ **표본** : 모집단으로부터 선택된 모집단 구성단위의 일부

➡ **표본의 크기**

- 표본의 크기가 클 경우에는 오차를 줄일 수 있다.
- 변수의 수가 많으면 많을수록 측정에 수반되는 오차가 커지게 되므로 표본의 크기가 커야 한다.
- 복잡한 통계분석을 활용할수록 표본의 크기는 커야 한다.
- 조사 연구대상을 소그룹으로 세분화시키는 조사의 경우 표본의 크기는 커야 한다.
- 중요 조사일수록 더 많은 정보를 필요로 하며, 그로 인해 표본의 수가 커야 한다.

➡ **모집단(Population)** : 통계적인 관찰의 대상이 되는 집단 전체

➡ **표본추출단위(Sampling Unit)** : 정의된 모집단에 대해서 목적표식 또는 속성 등과 같은 요소로 분해된 단위

➡ **표본추출프레임(Sampling Frame)** : 전체 표본추출단위들의 리스트

➡ **확률 표본추출법과 비확률 표본추출법**

확률 표본추출법	단순무작위 표본추출법[=단순임의 표본추출법(Simple Random Sampling)]
	계층별무작위 표본추출법[=층화임의 표본추출법(Stratified Random Sampling)]
	군집 표본추출법[=집락 표본추출법(Cluster Sampling)]
	체계적 표본추출법[=계통 표본추출법(Systematic Sampling)]
비확률 표본추출법	편의 표본추출법(Convenience Sampling)
	판단 표본추출법(Judgement Sampling)
	할당 표본추출법(Quota Sampling)
	눈덩이 표본추출법(Snowball Sampling)

➡ **모수(Parameter)** : 모집단 내에서 특정한 변수가 지니고 있는 특성을 요약하고 묘사한 것으로서 모집단 내 어떤 변수이 값

➡ **추정량(Estimator)** : 추정량은 표본으로부터 추출되어진 조사 단위들을 조사해서 취득한 자료에 의해 모수를 추정함에 있어 활용되는 공식

➡ **구성원(Element)** : 표본의 추출과정에서 선택의 대상이 될 수 있는 모집단의 구성원

SD에듀와 함께, 합격을 향해 떠나는 여행

제 7 장

자료수집방법

제1절	수집방법과 수집방법의 결정기준
제2절	커뮤니케이션 방법
제3절	커뮤니케이션 방법 선택의 기준

실전예상문제

또 실패했는가? 괜찮다. 다시 실행하라. 그리고 더 나은 실패를 하라!

– 사뮈엘 베케트 –

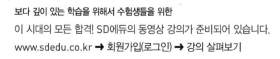

제 7 장 | 자료수집방법

제1절 | 수집방법과 수집방법의 결정기준

1 자료의 수집방법

통상적으로 자료의 수집방법은 1차 자료와 2차 자료로 구분되어 수집된다. 관찰법은 사람의 행동이나 사건 중에서 조사목적에 필요한 것을 관찰 및 기록하는 방법으로 주된 목적은 소비자들이 당연하다고 여기거나, 지금까지 한 번도 생각해보지 못한 것을 소비자가 지각하는 순간에 이를 잡아내려는 것이다. 의사소통법은 비용 및 노력의 절감과 원하는 자료의 취득이 용이하다는 특징이 있다.

2 자료수집방법의 결정기준

연구 조사자는 조사의 상황 및 조사목적에 따라 그에 걸맞은 방법을 선정해야 한다. 이러한 자료수집방법의 결정기준으로는 다음과 같은 것들이 있다.

(1) 조사에 대한 목적

(2) 조사를 함에 있어 필요한 시간 및 비용

(3) 얻어진 자료수집에 대한 결과의 유효성

(4) 조사된 정보의 양과 그에 따른 융통성

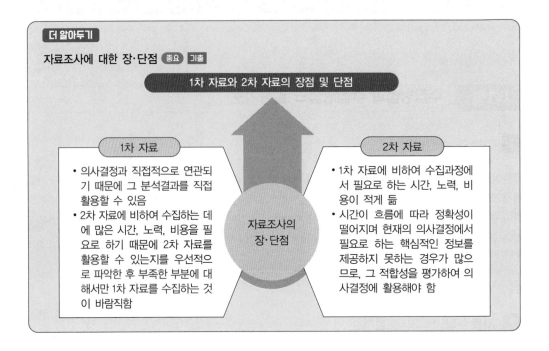

제2절 커뮤니케이션 방법

일반적으로 커뮤니케이션은 마케팅 목표를 보다 효과적으로 달성하기 위해 행해지는 커뮤니케이션 활동이라 할 수 있다. 즉, '정보의 전달(교환)' 또는 '발신자와 수신자 간의 사고에 공통영역을 구축하는 과정' 등으로 정의된다.

1 마케팅 커뮤니케이션 과정

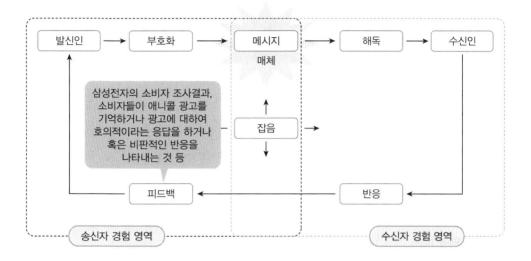

2 마케팅 커뮤니케이션 과정의 구성요소 _{중요}

(1) **발신인** : 개인이나 그룹 등에게 메시지를 보내는 당사자

(2) **부호화** : 전달하고자 하는 것들을 문자나 그림 또는 언어 등으로 상징화하는 과정

(3) **메시지** : 발신인이 전달하고 싶은 내용을 조합한 것

(4) **매체** : 발신인에서 수신인으로 메시지를 전달하는 데 있어 사용되는 의사전달경로

(5) **해독** : 발신인이 부호화해서 전달한 내용을 수신인이 이해하거나 해석하는 과정

(6) **수신인** : 메시지를 받는 당사자

(7) **반응** : 메시지에 노출이 된 후에, 나타나는 수신인의 행동

(8) **피드백** : 수신인의 발신인에 대한 반응

(9) **잡음** : 의사전달 과정 시에 뜻하지 않은 현상 또는 왜곡으로 인해 일어나는 것(수신인은 발신인이 말하고자 하는 내용을 수신하지 못하거나 발신인의 의도하고는 전혀 상관없는 메시지로 이해) _{기출}

3 수단에 의한 커뮤니케이션의 분류 (중요)

(1) 면접법

연구자와 응답자 서로 간의 언어적인 상호작용을 통해 필요한 자료를 수집하는 방법을 말한다. 면접은 연구자와 응답자 간의 면대면 방식으로 상호작용을 통해 자료를 수집한다는 점에서 다른 방법과 구분된다.

① **면접법의 장점**

  ㉠ 모든 사람에게 사용할 수 있는 방법이다.

  ㉡ 질문지법보다 더 공정한 표본을 얻을 수 있다.

  ㉢ 개별적 상황에 따라 높은 신축성과 적응성을 갖는다.

  ㉣ 다양한 질문을 사용할 수 있고 정확한 응답을 얻어 낼 수 있다.

  ㉤ 환경을 통제, 표준화할 수 있다.

  ㉥ 타인의 영향을 배제시킬 수 있다.

  ㉦ 응답자의 과거의 행동이나 사적 행위에 관한 정보를 얻을 수 있다.

② **면접법의 단점**

  ㉠ 사전에 전화를 해서 협력을 얻어야 하고, 조사대상자의 시간에 맞추어 일정을 잡고, 직접 찾아가 만나야 하는 등 절차가 복잡하다.

  ㉡ 조사자가 응답자를 현장에서 일일이 만나 면접을 실시해야 하기 때문에 시간, 노력, 비용이 발생된다.

  ㉢ 응답자가 힘들거나 다른 일에 전념하거나 상황이 좋지 않을 때, 면접이 이루어지면 응답에 부정적인 영향을 미칠 수 있다.

  ㉣ 응답자에 따라 서로 다른 질문을 해야 하고 깊숙한 질문을 해야 하는 경우가 많은데, 응답자의 응답을 표준화해서 비교할 때 어려움이 따를 수도 있다.

  ㉤ 넓은 지역에 걸쳐 분포된 사람을 대상으로 하는 어려움이 있다.

  ㉥ 응답자에 따라서는 면접자에게 자신의 상황을 드러내는 것이 어려울 수도 있다. 면접의 경우 응답자를 개인적으로 만나는 것이 아니라 그들의 집에 가서 가정환경이나 가족, 또는 이웃 등 개인의 사생활을 관찰하게 되는데, 이러한 일들이 응답자에게 부담을 줄 수 있기 때문이다.

(2) 전화면접법 기출

긴급하게 조사를 실시하거나 또는 질문내용 등이 짧을 때 전화를 활용해서 질문하고 면접원이 이를 기록하는 방식이다. 또한, 전화면접법은 조사자가 면접 대상자를 일대일로 일정한 장소에서 대면하지 않고도 전화를 통하여 면접조사의 효과를 얻을 수 있는 것이 가장 특징적이다.

① **전화면접법의 장점**

  ㉠ 조사가 간단하면서도 신속하며, 조사에 드는 비용의 절감이 가능하다.

  ㉡ 조사하기 어려운 사람에게 접근하기가 용이하다.

  ㉢ 전화번호부를 활용해서 비교적 쉽고 명확하게 무작위표출이 가능하다.

  ㉣ 면접자의 외모 및 차림새 등에 따른 응답자의 선입견에 의한 응답의 오류를 배제할 수 있다.

② **전화면접법의 단점**

ㄱ 전화소유자만이 피조사자가 되는 한계가 있다.

ㄴ 시간적인 제약을 받아 간단한 질문만 해야 한다.

ㄷ 상세한 정보의 획득이 곤란하며, 응답자가 응답을 거부할 경우에 간단한 대답, 마지못해 하는 경우, 조사결과의 타당성이 문제된다.

ㄹ 복잡하거나 지나치게 민감한 사적인 질문을 할 수 없다.

ㅁ 피조사자를 확인할 수 없어 응답자가 선정된 표본인지 확인할 수가 없다.

ㅂ 낮 시간 동안에는 주부, 노인, 자영업자에 한정되며, 장애인에게는 불가하다.

ㅅ 그림 또는 도표 사용이 불가능하다.

(3) 우편질문법 기출

조사자가 우편을 활용해서 응답자들이 응답한 내용을 반송봉투를 활용해서 다시 회수함으로써 해당 자료를 취득하는 방법이다.

① **우편질문법의 장점**

ㄱ 조사에 따른 비용 및 노력이 절감된다.

ㄴ 광범위한 지역의 조사가 가능하다.

ㄷ 현지조사원의 고용이 불필요하다.

ㄹ 면접법과 같이 면접자의 편견 등이 개입되지 않는다.

ㅁ 피조사자가 충분한 시간을 갖고 솔직하게 답변할 수 있다.

ㅂ 조사가 어려운 사람들에 대한 접근이 가능하다.

② **우편질문법의 단점**

ㄱ 회수율이 낮으며, 회수에 있어 많은 시간이 걸린다.

ㄴ 응답자들의 주위 사람들 의견이 반영될 우려가 있다.

ㄷ 친구, 동료 등의 대리응답자 문제가 있다.

ㄹ 응답자들의 응답능력에 따라 해당 자료의 타당성이 좌우된다.

ㅁ 비응답의 효과를 추정하는 문제가 심각하다.

ㅂ 언어적인 응답에만 국한된다.

ㅅ 자연스럽게 바로 나오는 답변을 받을 수가 없다.

ㅇ 응답시기를 통제할 수 없어 상당시간이 지난 후에 회신되는 자료에 대한 처리가 곤란하다.

(4) 이메일질문법(인터넷조사)

이메일(인터넷)을 이용하여 온라인으로 조사하는 방법이다.

① **이메일질문법의 장점**

ㄱ 질문의 전달 속도가 빠르다.

ㄴ 응답과 피드백이 돌아오는 시간도 매우 빠르다.

ㄷ 우편질문법에 비해 비용을 절감할 수 있다.

ㄹ 면접원이 필요 없다. 매우 직접적으로 면접법과 같이 면접자의 편견 등이 개입되지 않는다.

ⓜ 즉시 답장이 오지 않을 것이 전제된 상태에서 메시지를 주고받는 커뮤니케이션 방식인 비동기 커뮤니케이션이다.

② **이메일질문법의 단점**

㉠ 보안에 취약할 수 있다.

㉡ 익명성을 보장할 수 없다.

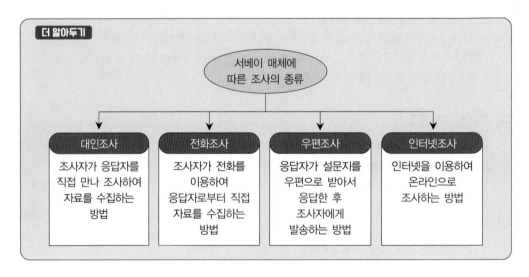

제3절 커뮤니케이션 방법 선택의 기준

마케팅 커뮤니케이션 모델의 경우, 효율적인 의사전달의 내용을 나타내고 있다. 메시지를 보내는 발신인은 자신이 보내고자 하는 메시지가 누구에게 전달되기를 원하는지 또한 어떤 반응이 나타나기 원하는지를 알아둘 필요가 있다. 그리고나서 수신인은 발신인이 보낸 메시지를 어떠한 형태로 해독하는지를 알고, 기술적으로 메시지를 부호화해야 한다. 다음에는 발신인이 원하는 청중들과 효과적으로 만날 수 있는 매체 등을 통해서 메시지를 보내야 한다. 다음으로, 메시지를 받은 수신인의 반응을 알 수 있도록 피드백 채널을 지속시켜야 한다. 통상적인 커뮤니케이션 방법의 선택 기준은 다음과 같다.

- 비용 및 소요시간
- 응답률
- 융통성 및 복잡성
- 정보의 정확성

○X 로 점검하자 | 제7장

※ 다음 지문의 내용이 맞으면 ○, 틀리면 ×를 체크하시오. [1~8]

01 자료의 수집방법은 1차 자료와 2차 자료, 3차 자료로 구분되어 수집된다. (   )

02 메시지는 수신인이 전달하고 싶은 내용을 조합한 것을 말한다. (   )

03 매체는 수신인에서 발신인으로 메시지를 전달하는 데 있어 사용되는 의사전달경로를 말한다.
( )

04 해독은 수신인이 부호화해서 전달한 내용을 발신인이 이해하고 해석하는 과정을 말한다. (   )

05 반응은 메시지에 노출이 된 후에, 나타나는 수신인의 행동을 말한다. (   )

06 피드백은 수신인의 발신인에 대한 반응을 말한다. (   )

07 면접법이란, 연구자와 응답자 서로 간의 언어적인 상호작용을 통해 필요한 자료를 수집하는 방법
을 말한다. (   )

08 면접법은 절차가 복잡하고 불편하다. (   )

정답과 해설   01 × 02 × 03 × 04 × 05 ○ 06 ○ 07 ○ 08 ○

01 자료의 수집방법은 1차 자료와 2차 자료로 구분되어 수집된다.
02 메시지는 발신인이 전달하고 싶은 내용을 조합한 것을 말한다.
03 매체는 발신인에서 수신인으로 메시지를 전달하는 데 있어 사용되는 의사전달경로를 말한다.
04 해독은 발신인이 부호화해서 전달한 내용을 수신인이 이해하고 해석하는 과정을 말한다.

01 자료수집방법의 결정기준
- 조사에 대한 목적
- 조사를 함에 있어 필요한 시간 및 비용
- 얻어진 자료수집에 대한 결과의 유효성
- 조사된 정보의 양과 그에 따른 융통성

01 다음 중 자료수집방법의 결정기준으로 적절하지 <u>않은</u> 것은?

① 조사자의 신상명세
② 조사된 정보의 양과 그에 따른 융통성
③ 취득한 자료수집에 대한 결과의 유효성
④ 조사를 수행함에 있어 필요로 하는 시간 및 비용

02 면접법은 환경을 통제, 표준화할 수 있다.

02 다음 중 면접법에 대한 설명으로 옳지 <u>않은</u> 것은?

① 질문지법에 비해 공정한 표본을 얻을 수 있다.
② 면접법은 절차가 복잡하면서도 불편하다.
③ 개별적인 상황에 따라 높은 신축성 및 적응성을 지닌다.
④ 환경의 통제 및 표준화가 불가능하다.

03 전화면접법은 시간적인 제약을 받아 간단한 질문만 해야 한다는 한계가 있다.

03 전화면접법에 대한 내용으로 옳지 <u>않은</u> 것은?

① 조사하기 어려운 사람에게로 접근하기가 용이하다.
② 전화기를 가지고 있는 피조사자만 조사 대상이 되는 한계가 있다.
③ 시간적인 제약이 없어 자유로운 질문이 가능하다.
④ 조사가 간단하면서도 신속하다.

정답 (01 ① 02 ④ 03 ③)

04 면접법에 대한 내용으로 옳지 <u>않은</u> 것은?

① 면접조사자는 응답자에게 여러 질문을 할 수 있고 정확한 응답을 얻어낼 수 있다.

② 면접법은 시간, 비용 및 노력이 적게 들어간다.

③ 각 지역에 걸쳐 분포된 사람을 대상으로 하기엔 어려움이 따른다.

④ 응답자의 과거 행동 또는 사적인 행위에 대한 여러 정보를 얻을 수 있다.

05 다음 중 우편질문법에 대한 내용으로 옳지 <u>않은</u> 것은?

① 타 조사법에 비해 광범위한 지역의 조사가 가능하다.

② 언어적인 응답에만 국한된다.

③ 응답자들의 주위 사람들에 대한 의견이 반영될 우려가 없다.

④ 면접법과 같이 면접자의 편견 등이 개입되지 않는다.

06 다음 중 마케팅 커뮤니케이션 과정의 구성요소에 대한 내용으로 옳지 <u>않은</u> 것은?

① 해독이란, 수신인이 부호화해서 전달한 내용을 발신인이 이해하고 해석하는 과정이다.

② 매체란, 발신인에서 수신인으로 메시지를 전달함에 있어 활용되는 의사전달경로이다.

③ 부호화란, 전달하고자 하는 내용들을 문자, 그림 또는 언어 등으로 상징화하는 과정이다.

④ 메시지란, 보내는 사람이 전달하고 싶은 내용을 조합한 것을 말한다.

---

04 면접법은 시간, 비용, 노력이 많이 든다.

05 우편질문법은 응답자들의 주위 사람들에 대한 의견이 반영될 우려가 있다.

06 해독이란, 발신인이 부호화해서 전달한 내용을 수신인이 이해하고 해석하는 과정을 말한다.

정답 04 ② 05 ③ 06 ①

07 2차 자료는 신속하면서도 저렴하게 자료를 수집할 수 있다.

07 다음 중 2차 자료에 대한 설명으로 옳지 <u>않은</u> 것은?

① 정의 및 분류가 조사자의 요구와 맞지 않을 수 있다.

② 자료의 수집이 어려우며, 그에 따른 비용이 만만치 않게 소요된다.

③ 수집한 자료의 내용이 조사하고자 하는 목적에 부합하지 않을 수 있다.

④ 정확하게 조사한 것인지 신뢰하기가 어렵다.

08 간접법이란 조사대상자가 조사의 목적을 모른채 진행되는 조사방법으로 이에는 투사법, 비공개적 관찰 등이 있다.

08 1차 자료의 수집방법 중에서 간접법에 해당하는 것은?

① 전화를 통한 서베이법

② 공개적인 관찰

③ 우편을 통한 서베이법

④ 투사법

정답 07 ② 08 ④

Self Check로 다지기 | 제7장

➡ **마케팅 커뮤니케이션 과정의 구성요소** : 발신인, 부호화, 메시지, 매체, 해독, 수신인, 반응, 피드백, 잡음

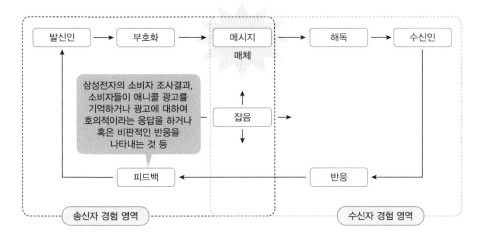

➡ **자료수집방법의 결정기준**
- 조사에 대한 목적
- 조사를 할 때 필요한 시간 및 비용
- 얻어진 자료수집에 대한 결과의 유효성
- 조사된 정보의 양과 그에 따른 융통성

➡ **면접법의 단점**
- 절차가 복잡하고 불편하다.
- 시간, 비용, 노력이 많이 든다.
- 응답에 대한 표준화가 어렵다.
- 넓은 지역에 걸쳐 분포된 사람을 대상으로 하는 어려움이 있다.
- 응답자에 따라서는 면접자에게 자신의 상황을 드러내는 것이 어려울 수도 있다.
- 응답자가 힘들거나 다른 일에 전념하거나 상황이 좋지 않을 때, 면접이 이루어지면 응답에 부정적인 영향을 미칠 수 있다.

➡ **커뮤니케이션 방법의 선택 기준**
비용 및 소요시간, 응답률, 융통성 및 복잡성, 정보의 정확성

SD에듀와 함께, 합격을 향해 떠나는 여행

제 8 장

수집 자료의 처리와 분석

제1절	수집 자료의 정리와 분석 단계
제2절	수집 자료의 정리 : 편집과 코딩
제3절	자료의 분석
제4절	단일변수의 분석
제5절	두 변수의 분석
제6절	다변량 분석

실전예상문제

이성으로 비관해도 의지로써 낙관하라!

– 안토니오 그람시 –

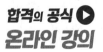

제 8 장 | 수집 자료의 처리와 분석

제1절　수집 자료의 정리와 분석 단계

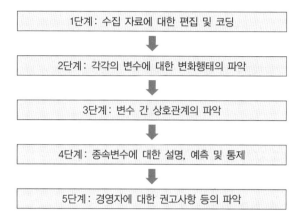

1단계 : 수집 자료에 대한 편집 및 코딩

⬇

2단계 : 각각의 변수에 대한 변화행태의 파악

⬇

3단계 : 변수 간 상호관계의 파악

⬇

4단계 : 종속변수에 대한 설명, 예측 및 통제

⬇

5단계 : 경영자에 대한 권고사항 등의 파악

1 자료형태에 대한 파악

통상적으로 질문서는 자료수집의 형태로써 많이 활용된다. 이에는 자료수집에 대한 형태를 명확히 정의해야 하고, 목적 및 자료의 구조 등을 명시해야 한다.

2 각각의 변수에 대한 변화행태의 파악

통상적으로 변수의 특성은 분산도 및 중심화 경향으로 구분되어 접근한다. 분산도의 경우 평균, 범위 또는 표준편차 및 분산을 활용해서 측정하며 자료들의 흩어져 있는 상태의 정도를 측정하는 일반적인 방식은 분산이다. 중심화 경향을 측정하는 경우에는 중앙값, 최빈값, 평균 등을 가장 널리 활용하고 더불어 척도의 특성에 있어 영향을 받게 된다.

3 변수 간 상호관계의 파악

미리 가능한 원인들에 관련한 내용 및 자료들을 취합해서 이를 원인변수로서의 독립변수, 결과변수로서 종속변수로의 구분이 가능하다면, 이러한 종속변수의 변화된 상태를 설명할 수 있는 독립변수들은 어떠한 것인지를 인지하고 독립변수들이 종속변수를 설명 및 예측하는 데 있어 의미가 있는지의 분석이 가능하다.

4 종속변수에 대한 설명, 예측 및 통제

종속변수에 대한 변화패턴을 독립변수로써 이를 설명하고, 예측하며, 통제가 가능해야 한다.

5 경영자에 대한 권고사항 등의 파악

마케팅 조사 연구자는 추후에 마케팅에 관련된 정책 등을 의사결정자가 어떠한 방식으로 계획하고 실행해야 한다는 것을 보고할 수 있어야 한다.

제2절 ┃ 수집 자료의 정리 : 편집과 코딩

취득한 많은 양의 자료를 처리하기 위해서는 컴퓨터의 활용이 절실하다. 이때 컴퓨터가 자료를 처리함에 있어 값들을 수치화하기 위해서 필요한 작업이 코딩 및 편집이다.

1 자료의 편집

(1) 편집

① 조사 설계에 의한 분석을 효율적으로 수행할 수 있도록 완전하면서도 일관성 있는 자료를 확보하기 위한 작업으로, 이는 주로 자료의 정정, 보완, 삭제 등으로 이루어진다.

② 애매모호한 부분이 없도록 각각의 항목들의 응답을 일정한 기준에 의해서 체계적으로 분류하는 과정이라 할 수 있다.

③ 편집이란 수집된 원 자료에 있어서 최소한의 품질수준을 확보하기 위해 응답의 누락, 애매함, 착오 등을 찾아내는 과정으로 1차적으로 면접자 및 현장감독자가 이를 담당한다.

④ 자료 분석을 직접 담당하는 사람도 자료 분석에 앞서 취득한 자료를 검토해야 하기 때문에 편집은 두 가지 단계로 이루어진다.

ⓐ 첫 번째 단계의 편집은 즉석에서 눈에 띄는 응답누락 및 부정확한 응답을 구분해 내기 위해 현장에서 이루어지는 예비적 편집이라고 할 수 있다. 이러한 현장편집은 현장 면접원을 통제하며, 지시·절차·특정 설문에 대한 면접원들의 오해를 없애는 데 상당히 유용한데, 이는 설문서가 수집되는 현장에서 수행되는 것이 바람직하다.

ⓑ 두 번째 단계의 편집은 주로 애매하거나 누락된 응답을 어떠한 방식으로 처리할 것인지를 판단하는 일과 관련해서 사무실에서 수행된다. 이 단계에서는 이미 면접으로부터 많은 시간이 경과하였으므로 응답자에게 정확한 응답을 촉구하는 일이 거의 불가능하지만 역시나 부정확하고 불완전한 응답이 관심의 대상이 된다.

(2) 편집의 목표

① 응답자가 애매한 응답을 제공하거나 또는 선택형의 설문에 대해 중간에 체크함으로써 응답을 판독하기가 애매한 경우에 대해서 편집은 판독가능성을 개선해 준다. 이때 조사자는 담당 면접자와 만나 해당 기록을 수정하거나 또는 다른 설문들로부터 적당한 응답을 추론해서 판단할 수 있다. 만약의 경우 적절한 응답을 편집과정을 통해 판단해 낼 수 없다면 응답누락으로 처리할 수 없다. 그러므로 편집은 원자료로부터 애매한 응답을 제거함으로써 응답의 기호화가 명확히 수행될 수 있도록 하는 일이다.

② 응답자는 가끔씩 고의든지 아니든지 특정 설문이나 설문서의 일부에 응답하지 않을 수 있는데, 편집은 이러한 문제를 몇 가지 방법으로 처리함으로써 원자료의 완전성을 개선할 수 있다. 다시 말해, 응답자가 응답을 하지 않았는지 또는 면접자가 기록을 누락시켰는지를 확인하기 위해 우선적으로 면접자를 만나고, 특히 관련된 설문항목이 조사목적에 매우 중요할 때 응답자를 다시 만나 응답을 받아낼 수 있다. 만약 응답자가 설문서 전체를 제대로 이해하지 못하거나 협조하지 않는다는 점이 분명하다면 전체 설문서를 분석에서 배제할 수도 있다. 물론 일부 설문에 대하여만 그러한 문제성이 제기된다면 그러한 설문에 대하여는 응답누락으로 처리하고 나머지 설문에 대한 응답은 그대로 사용할 수 있다.

③ 원자료상에서는 두 개의 응답이 일관성을 갖지 않는 경우가 발생하는데, 편집은 한 응답자의 응답들 간의 일관성을 개선해 준다.

④ 응답자들의 응답이 가끔 부정확한 경우도 세밀한 관찰을 통해 발견될 수 있는데, 이러한 부정확한 응답은 대체로 면접자들이 응답자에게 올바른 지침을 제공하지 않거나 태도나 이미지에 관한 수백 개의 항목을 포함하는 설문서에 대해 응답자가 반발감 또는 피곤감 등을 느껴서 무성의한 응답을 제공할 때 야기된다.

⑤ 가끔 개방형 설문에 대한 응답을 명확하게 해석하기 어려운 경우가 있다. 다시 말해, 면접자가 기록 상에서 축어형을 지나치게 많이 사용하고 어휘 구사가 애매할 때가 있는데, 이러한 경우 편집과정에서 스스로 의미를 결정하거나 면접자에게 물어 응답의 명료화를 꾀할 수 있다.

⑥ 부적절한 응답자가 표본에 포함된 경우라면 그러한 응답자의 전체 설문서를 분석에서 배제해야 한다.

(3) 기호화 기출

기호화란 자료의 처리와 분석이 용이하도록 각 응답들에 기호를 할당하는 것을 말한다. 폐쇄형 설문들에 대한 이러한 기호화 작업은 상당히 단순해서, 조사 전 설문 자체에 기호가 표시되기도 하며 응답자가 자신의 응답을 스스로 기호화하거나 면접자가 현장에서 곧바로 기호화하기도 한다.

반면에, 개방형 설문에 대한 기호화 작업은 상당히 복잡해서, 두 가지의 방법으로 처리될 수 있다. 하나는, 사전에 비교적 포괄적인 기호화 체제를 마련해서 면접자들에게 배포함으로써 응답자의 개방형 응답들을 적절한 기호로 전환시키는 것이며, 다른 하나는 일단 설문조사를 완료하고 나서 특정한 설문에 대한 응답들을 검토해서 그들을 요약하기 위한 적절한 기호화 체제를 만들고 적용함으로써 각 응답을 기호화하는 것이다. 물론 현재의 기호화 체제에서 벗어나는 응답을 발견할 경우에는 기존 체제에 맞추어 적절히 기호를 할당하든가 또는 현재의 기호화 체제를 수정하고 모든 응답을 다시 기호화해야 한다.

(4) 기호화 체제에 대한 구성 지침

① 예상되거나 수집된 전체 응답을 상호배타적인 집단으로 분류하고 또한 모든 응답을 포괄할 수 있어야 한다.

② 자료 분석과정에서 특정한 변수가 사용될 용도가 불확실한 경우라면, 응답들을 가능한 통합하지 않은 형태로 상세히 분류하여야 한다.

③ 특정한 변수에 대한 응답을 범주로 나누어야 하는 경우에는 '범주의 수를 몇으로 할 것인가? 각 범주를 동등한 간격으로 할 것인지 또는 각 범주가 동등한 수의 응답자를 포함하도록 할 것인지? 극단적인 범주를 개방형으로 할 것인지 폐쇄형으로 할 것인지?' 등의 문제를 검토해야 한다.

④ 응답들이 대체로 각 범주가 나타내는 간격상에서 중앙값이 되도록 범주들의 간격을 조정하는 편이 바람직하다.

⑤ 특별한 기호나 문자보다는 수치를 사용하는 편이 바람직하다.

2 자료의 코딩

자료의 분석을 용이하게 하기 위해 관찰된 내용에 일정한 숫자를 부여하는 과정 및 컴퓨터에의 입력과정이다.

3 통계적 기법

코딩 후에는 자료에 대한 분석의 목적, 자료의 형태, 표본추출방법, 자료수집 및 측정방법 등을 고려해서 가장 적합한 통계적인 분석을 실시한다. 이렇게 수집된 자료를 적절한 통계기법에 의해 분석한 다음에 마케팅 조사자는 해당 분석결과로부터 마케팅 전략의 구사에 활용할 수 있는 시사점을 도출할 수 있어야 한다.

제3절   자료의 분석

통상적인 통계분석기법은 취득한 자료의 종류 및 특성에 따라 제약이 따른다. 그러므로 해당 조사에 대한 목적을 이루기 위해서는 조사의 초기부터 분석법까지 명확한 설계가 이루어져야 한다.

1 분석의 성격에 의한 분류

(1) 상호관계에 따른 분석

변수들 간의 상호관련성을 구분하기 위해 활용하는 분석기법을 상호관계에 따른 분석이라고 하는데, 이러한 기법은 변수 전체를 활용해서 변수들 간의 상호관계를 인지하거나 변수를 활용해서 대상의 집단을 동일한 특성을 지닌 집단으로 분류하는 것을 목적으로 한다.

(2) 종속관계에 따른 분석

원인 및 결과 등과 같이 분석의 대상이 되는 변수 간의 종속적 관계를 파악하기 위해서 해당 변수를 가지고 독립 및 종속변수로 구분하여 변화에 대해서 어떠한 영향을 끼치는지를 분석하는 기법을 말한다.

2 변수의 수에 의한 분류

통상적으로 통계적 분석기법은 변수의 수에 따른 분류를 할 때 단일변수 분석과 다변량 분석으로 구분된다.

3 집단 수에 의한 분류

표본으로부터 추출된 집단의 수로 인한 분석기법이 있는데, 이는 변수의 수의 개념과 동일하게 1~2개의 표본을 추출하는 경우와 여러 개의 표본을 추출하는 경우에 적용기법은 차이가 있다. 특히 2개 이상의 표본 집단의 수에 의한 분석기법의 경우 대체로 F-검정 및 T-검정을 활용한다.

> **더 알아두기**
>
> **통계분석기법(조사목적에 따른 분류)** 〔중요〕 〔기출〕
> - 관련적인 분석
>   - 상관관계분석, 교차분석
>   - 변수 간 관계분석이 목적이다.
> - 기술적인 분석
>   - 기술통계분석, 도수분포분석
>   - 자료에 대한 특성기술이 목적이다.

- 인과관계의 분석
  - 회귀분석, 분산분석, 판별분석
  - 인과관계에 따른 결론을 내릴 수가 없다.
  - 종속변수가 독립변수에 영향을 받는다는 가정 하에 그 관계의 확인이 목적이다.
- 구조추출 분석
  - 군집분석, 다차원척도법, 요인분석
  - 자료 내 잠재되어 있는 구조의 파악이 목적이다.

통계분석기법(변수의 특성에 의한 분류) 중요 기출
- 종속변수가 존재하는 통계분석기법
  - 회귀분석, 판별분석, 분산분석
  - 독립변수 및 종속변수를 반드시 지정해주어야 한다.
  - 2개 이상인 종속변수의 분석기법 : 다변량분산분석(MANOVA)
- 종속변수에 대한 개념이 없는 통계분석기법 : 요인분석, 교차분석, 기술통계분석, 상관관계분석, 도수분포분석

용어 설명

상관관계분석 기출
하나의 독립변수의 변화로 인해 타 독립변수가 변하는 관계를 분석하는 기법이다.

제4절 단일변수의 분석

단일변수 통계분석은 어떠한 하나의 변수의 분포상 특성을 파악하기 위해 활용하는 방법이다. 백분율, 빈도, 분산, 대푯값 등과 같은 기술통계량이 단일변수에 많이 활용되고 있다. 단일변수의 분석은 분석의 목적이 변수의 변화행태에 대한 파악인 경우에 주로 활용된다. 그러므로 단일변수 분석의 목적은 다음 단계인 두 변수의 분석과 다변량 분석에서 어떠한 분석방식이 적합하며, 분석대상 변수들을 어떠한 방식으로 다루어야 하는지에 대한 기초자료를 취득하는 것이라고 할 수 있다.

1 자료의 중심화 경향

조사자는 전체 자료나 도수분포로부터 직접적으로 구체적인 추론을 얻어내기가 곤란하기 때문에 그러한 자료나 도수분포를 대표하는 하나의 수치를 계산하기를 원할 것이다.
전체 자료집합의 특성은 집중화 경향치(Average, Central Tendency)나 산포도(Degree Of Dispersion) 등으로 표현이 가능하다.

(1) 최빈값(Mode) 중요 기출

통계에서 데이터 수치들 중에서 **가장 많이 나타나는 값**이다. 다시 말해, 주어진 값 중에서 **가장 자주 나오는 값**을 말한다.

> **예**
>
> {1, 3, 6, 6, 6, 7, 7, 12, 12, 17}의 최빈값은?   풀이 6

자료의 값이 모두 다른 경우에는 최빈값은 존재하지 않는다. 최빈값은 2개 이상 존재할 수도 있다.

> **예**
>
> 다음 표를 참조해서 최빈값을 구하시오.
>
> | 월급 분포 |
> | --- |
> | 15, 20, 22, 22, 22, 30, 35, 40, 45, 80, 100, 100, 450 |
>
> 풀이 22

(2) 중앙값(Median) 중요 기출

① 주어진 값들을 정렬했을 때에 **가장 중앙에 위치하는 값**을 의미한다.
② 크기순으로 주어진 자료를 나열하여 값을 구하는 것으로 계산이 간편한 반면에, 산술평균에 비해 전체 자료를 사용하는 효율성이 낮아지는 문제점이 있다.
③ 값이 짝수 개일 경우에는 중앙값이 유일하지 않고 두 개가 될 수도 있다. 이러한 경우에는 그 두 값의 평균을 취하게 된다.

    ㉠ 자료의 n이 홀수 개인 경우 : $\dfrac{(n+1)}{2}$ 번째 값

    ㉡ 자료의 n이 짝수 개인 경우 : $\dfrac{X(\frac{n}{2}) + X(\frac{n+1}{2})}{2}$

> **예**
>
> 1, 2, 100의 세 값이 있을 때의 중앙값은?   풀이 2

> **예**
>
> 1, 10, 90, 200 네 수의 중앙값은?   풀이 10과 90의 평균인 50

> **예**
>
> 다음 표를 참조해서 중앙값을 구하시오.
>
> | 월급 분포 |
> |---|
> | 15, 20, 22, 22, 22, 22, 30, 35, 40, 45, 50, 80, 100, 300, 450 |
>
> **풀이** 이미 자료가 오름차순으로 정렬되어져 있으며, n이 홀수이기 때문에 홀수 n개를 구하는 공식을 적용하면 된다.
>
> $\dfrac{(15+1)}{2}$ 번째이므로, 중앙값은 35이다.

④ 극단적인 이상치(outliers)가 존재할 경우, 평균값은 중심화 경향을 보여주지 못한다. 중앙값은 이상치의 편향성에 영향을 받지 않고 자료의 중심을 잘 보여준다.

> **더 알아두기**
>
> **자료관련 용어 및 공식** 기출
> • 중앙값 : 데이터를 크기순으로 나열했을 때, 중앙에 위치하는 값을 말하며, 데이터가 짝수인 경우에는 중앙에 있는 2개의 평균
> • 최빈값 : 가장 빈도수가 많은 측정 값
> • 범위 : 최댓값 – 최솟값
> • 비대칭도 : 대칭이 아니라 한쪽으로 기울어진 정도
> • 백분위수 : 자료를 오름차순으로 정렬해서 백등분된 값
>
> **이상치, 편향성, 중앙값과 평균의 관계**
> (1) 이상치
>   극단치, 이상점이라고 쓰이기도 하며 그 의미는 각 변수의 분포에서 비정상적으로 극단값을 갖는 경우나 비현실적 변수값들을 뜻한다. 즉, 극단적인 값을 이상치라고 한다.
>
> (2) 편향성
>   데이터에 포함된 이상치 때문에 평균값이 상승(또는 하락)된 현상을 보이면 데이터가 편향(skew)되었다고 한다. 편향된 데이터는 크게 3가지가 있다.
>
> | 편향 | 설명 |
> |---|---|
> | | 왼쪽으로 꼬리가 긴(left-skewed) 데이터 : 이상치들의 꼬리가 왼쪽으로 길게 나타나며, 평균값을 왼쪽으로 잡아끈다. (보통 평균값 < 중앙값) |
> | | 좌우 대칭 데이터 : 이상적인 경우 데이터가 좌우 대칭을 형성한다. 데이터가 좌우 대칭이면 평균값은 가운데 위치한다. 좌우에 형성되는 차트의 모양이 중앙을 중심으로 동일하다. |
> | | 오른쪽으로 꼬리가 긴(right-skewed) 데이터 : 이상치들의 꼬리가 오른쪽으로 길게 나타나며, 평균값을 오른쪽으로 잡아끈다. (보통 평균값 > 중앙값) |

① 좌우 대칭 데이터의 경우, 평균은 데이터의 중심을 잘 보여준다.
② 이상치가 존재하여, 데이터의 분포가 심하게 왼쪽으로 혹은 오른쪽으로 편향된 경우, 평균값
　은 데이터의 중심을 잘 보여주지 못한다. 이 때는 중앙값을 함께 고려해야 한다.

(3) 편향된 데이터와 평균과 중앙값의 관계
　① 왼쪽으로 편향된 데이터

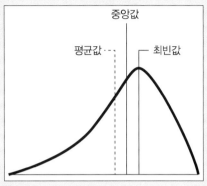

　　㉠ 평균값 〈 중앙값 (평균값이 중앙값의 왼쪽에 위치)
　　㉡ 이상치가 왼쪽에 존재할 수 있다.
　② 오른쪽으로 편향된 데이터

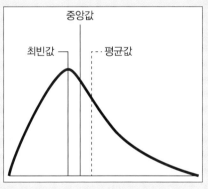

　　㉠ 중앙값 〈 평균값 (평균값이 중앙값의 오른쪽에 위치)
　　㉡ 이상치가 오른쪽에 존재할 수 있다.
　③ 평균값과 중앙값을 비교하면, 편향성과 이상치의 존재를 확인할 수 있다. 평균값과 중앙값의
　　차이가 크면, 중앙값을 사용하는 것이 왜곡을 줄일 수 있다. 중앙값까지 왜곡이 발생한다면,
　　최빈값을 사용하면 된다.

2 자료의 산포도

한 분포의 대푯값을 하나의 수치로 나타내기 위해서는 집중화 경향치들을 사용할 수 있다. 하지만 집중화 경향치들은 관찰치들의 산포도에 관하여는 전혀 정보를 제공하지 않기 때문에 조사자는 두 자료집합의 '산포도'나 평균들의 대표성을 비교하기 위해서 산포도의 측정치를 검토해야 한다. 마케팅에 있어서는 산포도의 측정치로서 범위, 분산 및 표준편차, 변이계수가 대단히 유용하게 이용된다. 이러한 산포도를 측정하는 것으로는 표준편차, 분산, 4분위수 점수가 있다.

(1) 범위(Range) 중요

① 범위는 산포도에 대한 가장 단순한 측정치로 관찰치 분포에 있어 가장 큰 값과 가장 작은 값의 차이를 말한다.

② 범위는 극단적인 관찰치들을 강조하기 때문에 전형적인 값들을 무시하며, 분포에 대한 해석을 오도할 수 있지만, 관찰치들의 변화폭에 대해 어느 정도의 정보제공이 가능하다.

③ 범위 $R = X_{\max} - X_{\min}$

> **예**
>
> {30, 35, 40, 45, 50, 55, 60, 65, 70, 75, 80}의 자료들 중에서 범위를 구하면?
>
> **풀이** $R = X_{\max} - X_{\min}$ 을 활용하면, $R = 80 - 30$이므로 범위는 50이 된다.

(2) 분산(Variance)과 표준편차(Standard Deviation)

분산 및 표준편차는 모두 평균으로부터 개별 관찰치의 편차들을 근거로 하고 있다. 분산은 분포의 평균으로부터 각 관찰치들의 편차제곱들의 평균이라고 정의되며, 이러한 분산의 제곱근을 표준편차라고 한다. 분산은 다소 해석하기가 어려운 측정치이므로 표준편차가 산포도의 측정치로 널리 활용된다. 정규분포로부터 추출된 표본 또는 대표본의 평균들의 분포에 있어서 평균에 대해서 표준편차가 갖는 관계는 표본추출이나 상관분석 등의 다양한 분석기법의 기초가 되기 때문에 표준편차가 중요하며, 또한 두 개의 표본평균의 차이를 분석하는 데 있어서도 가변성의 측정치로서 유용하다.

이러한 표준편차는 다음의 중요한 특성을 지닌다.

① 한 관찰치의 변화는 표준편차를 변화시킨다.

② 평균과 마찬가지로 비대칭 분포(Skewed Distributions)에 있어서는 대표성을 잃을 수 있다.

③ 평균과 마찬가지로 표준편차는 개방형의 범주들로부터는 계산될 수 없다.

> **더 알아두기**
>
> • **모분산(Population Variance)** : 모집단의 분산을 가리키는 말로서, 주어진 모집단의 특성을 나타내
> 는 모수의 하나로 모집단 분포의 산포도를 나타내는 척도이다.
>
> $$\sigma^2 = \frac{\sum_{i=1}^{N}(x_i - \mu)^2}{N}$$
>
> x_i : 개별 관측치, N : 모집단의 크기
>
> • **모표준편차(Standard Deviation In Population)** : 모집단의 표준편차를 모표준편차라고 한다.
>
> $$\sigma = \sqrt{\frac{\sum_{i=1}^{N}(X_i - \mu)^2}{N}}$$
>
> • **표본분산(Sample Variance)** : 어떠한 통계량에 대한 표본분포의 분산을 말한다.
>
> $$V = \frac{\sum_{i=1}^{n}(X_i - \overline{x})^2}{n-1} = \frac{\sum_{i=1}^{n}x_1^2 - \overline{x}^2}{n-1}$$
>
> x_i : 개별 관측치, n : 모집단의 크기
>
> • **표본표준편차(Sample Standard Deviation)** : 가장 흔히 활용되는 자료의 흩어진 정도를 나타내는
> 값을 말한다.
>
> $$V = \sqrt{\frac{\sum_{i=1}^{n}(x_i - \overline{x})^2}{n-1}} = \sqrt{\frac{\sum_{i=1}^{n}x_i^2 - n\overline{x}^2}{n-1}}$$

3 통계적 추론

(1) 점추정

점추정은 추정하고자 하는 모수 값을 표본으로부터 계산해서 단일의 값을 얻는 것을 말한다.
이러한 점추정은 모비율, 모평균, 모분산 등 모수에 대한 점추정량으로서 표본평균, 표본비율, 표본분산을 활용한다.

(2) 구간추정

구간추정은 추정하고자 하는 모수 값을 표본으로부터 계산해서 모수의 참값이 존재할만한 구간을 말한다. 구간추정에서는 모수의 실제 값이 구간 내에 있을 확신을 함께 표시한 신뢰구간이 중요한 의미로서 사용되고 있다.

(3) 가설검정

가설검정은 표본으로의 정보를 활용해서 모집단 모수에 대한 어떤 결론을 도출하는 것을 말하는데, 이러한 가설검정의 목적은 가설의 진위여부를 가리는 것이지만, 실제적인 가설검정 과정은 수집된 표본이 해당 가설에 부합하는지를 판정하는 절차를 밟게 된다. 가설검정에 있어서의 절차는 다음과 같다.

① 가설을 명확하게 설정한다.

② 1종 오류는 수준을 결정하게 된다.

③ 가설검정을 위해 해당 표본으로부터 어떠한 통계량이 필요한지를 결정한다.

④ 검정된 통계량 값이 얼마보다 클 때에 가설을 기각해야 하는지에 대한 검정원칙을 설정한다.

⑤ 표본자료를 활용해서 값을 계산한 후에 해당 값이 검정원칙에 입각해서 기각역에 속하는지 또는 채택범위에 속하는지를 파악한다.

더 알아두기

가설

(1) 개념

① 조사자가 자료나 판단에 근거하여 옳다고 믿는 변수들 간의 인과관계 혹은 조사대상의 특성을 나타내는 진술이다.

② 연구자가 어떤 현상에 대해 "…일 것이다"라고 생각하는 것을 나타낸 진술이다. 연구가설(research hypothesis)이라고도 한다.

(2) 가설의 종류

① 귀무가설

㉠ 통계적 검증의 대상이 되는 연구가설이다.

㉡ 대립가설의 반대에 해당하는 진술이다.

② 대립가설

㉠ 귀무가설과 대립되는 가설이다.

㉡ 보통 마케팅 조사에서는 앞에서 언급한 연구가설(연구자가 믿는 그리고 지지하기를 원하는 가설)이 설정된다.

(3) 가설의 검증절차

① 통계적 가설검증을 거쳐 귀무가설은 기각되거나(rejected) 기각되지 않는다(not rejected).

② 만약 귀무가설이 기각되면 연구가설(대립가설)은 지지되지만(supported), 기각되지 않으면 연구가설은 지지되지 않는다(not supported).

③ 귀무가설이 기각되고 연구가설(대립가설)이 지지되는 상황을 통계적으로 유의하다고 말하며, 마케팅 조사에서 연구가설이 지지되기 때문에 가장 바람직한 상황이다.

(4) 가설 설정의 예시

H_0 : 아이스크림의 평균 무게 = 60g

H_1 : 아이스크림의 평균 무게 ≠ 60g

제5절 두 변수의 분석

통상적으로 2개 이상의 변수 관계를 파악하는 분석방법을 다변량 분석이라 하며, 그 중에서도 특별하게 변수가 2개인 경우를 두 변수분석(이변량 분석)이라 한다. 변수가 3개 이상인 경우에는 다변량 통계분석이라고 한다.

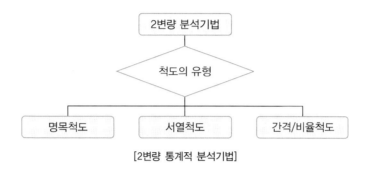

[2변량 통계적 분석기법]

1 상관관계분석

상관관계분석이란, 한 변수의 변화에 의해 타 변수의 변화 정도 및 방향을 예측하는 분석기법이다.

2 상관관계의 성격 기출

(1) 상관관계는 인과관계가 아닐 수도 있다는 것에 주의해야 한다.

(2) 특정한 경우를 제외하고, 상관관계는 대체로 음의 방향인지 또는 양의 방향인지, 관계의 방향이 포함되어 있다.

(3) 상관관계의 계수는 두 변수 관계의 상관성에 대한 예측의 정확도를 나타낸다.

(4) 측정치가 아닌 하나의 지수이므로 변수 간 관계의 비율 및 백분율은 다르다.

(5) 상관관계의 계수끼리는 가감승제(+, ×, ÷)가 불가능하다.

(6) 상관관계의 결정계수는 상관관계의 계수를 제곱해서 나오는 값이다.

3 회귀분석과 상관관계의 차이 기출

(1) 회귀분석의 경우 변수 간 인과관계가 성립되어야 한다.

(2) 회귀분석은 정규성, 등간성, 선형성 등의 조건이 필요하며, 이를 검증해야 한다.

(3) 상관관계는 등간척도 이상이 아닌 서열척도만으로도 분석이 가능하다.

(4) 상관관계는 두 변수의 관계를 예측할 수 있는 정도일 뿐이고, 정확한 예측치를 제시하지 못한다.

더 알아두기

상관관계분석과 관련한 주의사항
상관관계분석은 독립변수·종속변수가 없다. 다시 말해, 독립변수와 종속변수의 관계가 불명확하며,
두 변수의 상호관련성만을 파악하고자 할 때 활용한다.

상관관계
• 높은 양의 상관관계

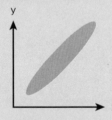

두 변수 간의 연관성이 있다면 왼쪽의 그래프가 나올 가능성이 크다. 이러
한 그래프가 나타나면 해당 두 변수 간의 상관관계가 높다고 평가할 수
있다. 이러한 형태로 기울기가 반대의 경우로 나타나면 그것은 음의 상관
관계가 높다고 할 수 있다.

• 완벽한 상관관계

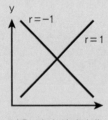

두 변수가 직선의 관계이면 상관계수는 ±1이 된다. 이러한 경우를 완벽한
상관관계라고 한다.

• 낮은 양의 상관관계

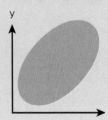

두 변수의 상관관계가 낮은 경우에는 그 분포가 원에 가까워지게 된다.
그러므로 왼쪽 그래프의 경우에는 상관관계가 낮다고 볼 수 있다.

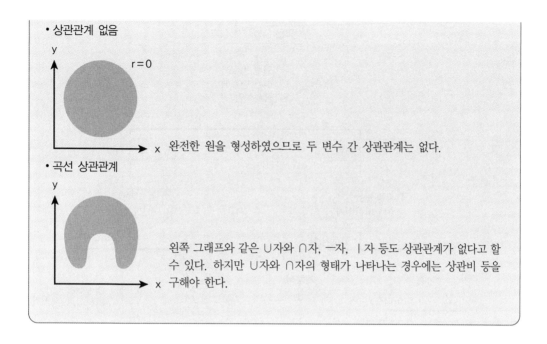

- 상관관계 없음

  $r = 0$

  완전한 원을 형성하였으므로 두 변수 간 상관관계는 없다.

- 곡선 상관관계

  왼쪽 그래프와 같은 ∪자와 ∩자, ―자, ㅣ자 등도 상관관계가 없다고 할 수 있다. 하지만 ∪자와 ∩자의 형태가 나타나는 경우에는 상관비 등을 구해야 한다.

제6절 다변량 분석

다변량 분석은 다수의 통계적 분석 변량인 다변량의 상호의존 관계 및 종속 관계의 해석을 목적으로 하는 통계적 분석방법 및 그 이론을 총칭한 것을 말한다. 또한, 연구자의 연구대상으로부터 측정된 두 개 이상의 변수들의 관계를 동시에 분석할 수 있는 모든 통계적인 기법이다.

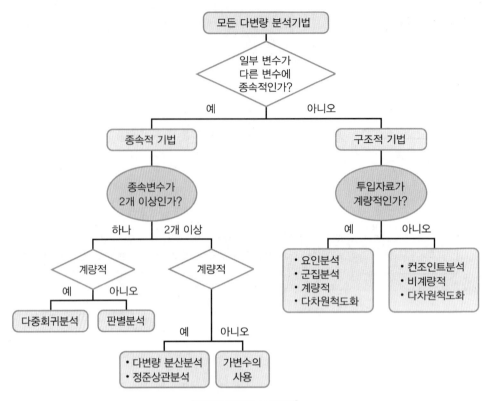

[다변량 통계적 분석기법]

1 요인분석(Factor Analysis) 종요 기출

여러 개의 변수들이 서로 어떻게 연결되어 있는가를 분석하여 이들 변수 간의 관계를 공동요인(내재적 차원)을 활용해서 설명하는 다변량 분석기법이다. 이러한 요인분석법은 변수를 종속변수와 독립변수로 분리하지 않고 변수 전체를 대상으로 어떤 변수들끼리 서로 같은 분산의 구조를 가지고 있느냐를 살펴보아 이를 요인으로 분류하는 상호의존적 분석기법이다.

2 컨조인트분석(Conjoint Analysis) 종요 기출

어떠한 제품 또는 서비스 등이 지니고 있는 속성 하나하나에 소비자가 부여하는 가치를 추정함으로써, 해당 소비자가 어떠한 제품을 선택할지를 예측하는 기법이다. 또한, 이 방식은 구체적인 소비자 행동의 요인을 측정하기 위한 방법의 하나이다.

3 다차원척도법

특정 연구대상들에 대한 사람들의 주관적인 또는 각종 지표 등과 같이 객관적 근접성의 정도를 보여주는 데이터를 분석하며, 이러한 데이터 안에 감추어져 있는 구조를 발견하는 것이다. 또한, 이 방식은 소비자들이 특정 대상들을 어떻게 생각하는지, 그렇게 판단하는 기준은 무엇인지를 알아내는 유용한 방법이다.

4 군집분석

비슷한 특성을 가진 집단을 확인하기 위해 시도하는 통계적 분석방법이다. 데이터 간 유사도를 정의하고, 그 유사도에 가까운 것부터 순서대로 합쳐 가는 방식이다.

5 판별분석 종요

계량적인 방법으로 **판단기준**, 다시 말해 판별함수를 만들어 평가대상이 어떤 상태인가를 구분하는 분석방법이다.

6 회귀분석 종요 기출

조작이나 활동의 데이터와 그에 대응하는 결과의 데이터의 조합을 여러 개 모아 예측 대상의 양(종속변수)에 대한 변동을, 조작이나 활동의 데이터 가운데 그 변동을 설명하는 요소로 생각되는 데이터(독립변수)로 예측하기 위해 그 둘 사이의 관계를 규명하는 방법이다.

7 분산분석(Analysis of Variance) 종요 기출

종속변수의 개별 관측치와 이들 관측치의 평균값 사이의 변동을 해당 원인에 따라 몇 가지로 나누어 분석하는 방법이다.

8 집단변인상관(Canonical Correlation)

하나의 종속변인에 대한 여러 개의 독립변인 간의 회귀분석에 비해 보다 일반형으로서 여러 개의 종속변인과 여러 개의 독립변인 간의 동시적인 상관관계 분석방법이다.

○✕로 점검하자 | 제8장

※ 다음 지문의 내용이 맞으면 ○, 틀리면 ✕를 체크하시오. [1~6]

01 중심화 경향을 측정하는 경우에는 중앙값만을 활용한다. (　　)

02 컴퓨터가 자료를 처리함에 있어 값들을 수치화하기 위해서 필요한 작업이 코딩 및 편집이다.
(　　)

03 편집이란, 수집된 원자료에 있어서 최소한의 품질수준을 확보하기 위해 응답의 누락, 애매함, 착오 등을 찾아내는 과정으로 최종적으로 면접자 및 현장감독자가 이를 담당한다. (　　)

04 기호화란 자료의 출력과 배포가 용이하도록 각 응답들에 기호를 할당하는 것을 말한다. (　　)

05 개방형 설문에 대한 기호화 작업은 상당히 복잡하다. (　　)

06 통계적 분석기법은 변수의 수에 따른 분류를 할 때에는 표본 분석과 모집단 분석으로 구분된다.
(　　)

정답과 해설　01 ✕　02 ○　03 ✕　04 ✕　05 ○　06 ✕

01　중심화 경향을 측정하는 경우에는 중앙값, 최빈값, 평균 등을 가장 널리 활용한다.

03　편집이란, 수집된 원 자료에 있어서 최소한의 품질수준을 확보하기 위해 응답의 누락, 애매함, 착오 등을 찾아내는 과정으로 1차적으로 면접자 및 현장감독자가 이를 담당한다.

04　기호화란 자료의 처리와 분석이 용이하도록 각 응답들에 기호를 할당하는 것을 말한다.

06　통계적 분석기법은 변수의 수에 따른 분류를 할 때에는 단일변수 분석과 다변량 분석으로 구분된다.

01 편집은 수집된 원자료에 있어서 최
소한의 품질 수준을 확보하기 위해
응답의 누락, 애매함, 착오 등을 찾아
내는 과정이다.

01 애매모호한 부분이 없도록 각각의 항목들의 응답을 일정한 기준
에 의해서 체계적으로 분류하는 과정을 무엇이라고 하는가?

① 분석
② 분류
③ 편집
④ 코딩

02 코딩이란, 자료 분석을 쉽게 하기 위
해 관찰된 내용에 대해서 일정한 숫
자를 부여하는 과정 및 컴퓨터로의
입력과정이다.

02 자료의 분석을 용이하게 하기 위해 관찰된 내용에 일정한 숫자를
부여하는 과정을 무엇이라고 하는가?

① 코딩
② 편집
③ 분석
④ 분류

03 구조추출의 분석 목적은 자료 내에 잠
재되어 있는 구조를 파악함에 있다.

03 다음 중 구조추출의 분석 목적으로 적절한 것은?

① 종속변수가 독립변수에 영향을 받는다는 가정 하에 그 관계의
확인
② 변수 간 관계의 분석
③ 자료에 대한 특성을 기술
④ 자료 내에 잠재되어 있는 구조의 파악

정답 01 ③ 02 ① 03 ④

04 다음 중 상호·종속관계에 따른 분석의 목적으로 적절한 것은?

① 자료 내에 잠재되어 있는 구조의 파악

② 변수 간 관계의 분석

③ 종속변수가 독립변수에 영향을 받는다는 가정 하에 그 관계의 확인

④ 자료에 대한 특성을 기술

05 다음 중 기술적인 분석의 목적으로 적절한 것은?

① 자료 내에 잠재되어 있는 구조의 파악

② 종속변수가 독립변수에 영향을 받는다는 가정 하에 그 관계의 확인

③ 자료에 대한 특성을 기술

④ 변수 간 관계의 분석

06 데이터 수치들 중에서 가장 많이 나타나는 값을 무엇이라고 하는가?

① 범위값

② 중앙값

③ 평균값

④ 최빈값

04 분석은 성격에 따라 상호·종속관계로 분류되며 변수 간의 관계 분석을 목적으로 한다.

05 기술적인 분석의 목적은 자료들이 가지고 있는 특성을 기술하는 것이다.

06 최빈값은 수어진 값 중에서 가장 자주 나오는 값을 말한다.

정답 04 ② 05 ③ 06 ④

07 빈도수 : 10은 3개, 25는 4개, 30 · 40은 2개

07 다음 수치들 중에서 최빈값은?

> 10, 10, 10, 15, 20, 20, 25, 25, 25, 25, 30, 30, 35, 40, 40

① 10
② 25
③ 30
④ 40

08 $\dfrac{(n+1)}{2} = \dfrac{(15+1)}{2} = 8$번째이므로, 중앙값은 30이다.

08 다음 수치들을 참고해서 중앙값을 구하면?

> 10, 10, 10, 15, 20, 20, 25, 30, 35, 40, 45, 50, 55, 60, 65

① 30
② 35
③ 40
④ 45

09 상관관계의 계수끼리는 가감승제(±, ×, ÷)가 불가능하다.

09 상관관계에 대한 설명으로 올바르지 <u>않은</u> 것은?

① 상관관계의 계수는 두 변수 관계의 상관성에 대한 예측의 정확도를 나타낸다.
② 상관관계의 결정계수는 상관관계의 계수를 제곱해서 나오는 값을 말한다.
③ 상관관계의 계수끼리는 가감승제(±, ×, ÷)가 가능하다.
④ 측정치가 아닌 하나의 지수이므로 변수 간 관계의 비율 및 백분율은 다르다.

정답 (07 ② 08 ① 09 ③)

10 다음 중 회귀분석과 상관관계의 차이에 대한 내용으로 옳지 <u>않은</u> 것은?

① 회귀분석의 경우에는 변수 간 인과관계가 성립해야 된다.

② 상관관계는 두 변수의 관계를 예측할 수 있는 정도일 뿐이며, 더불어서 정확한 예측치를 제시하지 못한다.

③ 회귀분석은 등간성, 정규성, 선형성 등의 조건을 필요로 한다.

④ 상관관계는 명목척도 이상이 아닌 비율척도만으로도 분석이 가능하다.

11 여러 개의 변수들이 서로 어떻게 연결되어 있는가를 분석하여 이들 변수 간의 관계를 공동요인을 활용해서 설명하는 것을 무엇 이라고 하는가?

① 다차원척도법

② 요인분석법

③ 판별분석법

④ 군집분석법

---

10 상관관계는 등간척도 이상이 아닌 서열척도만으로도 분석이 가능하다.

11 요인분석법(Factor Analysis)은 변 수를 종속변수와 독립변수로 분리하 지 않고 변수 전체를 대상으로 어떤 변수들끼리 서로 같은 분산의 구조 를 가지고 있느냐를 살펴보아 이를 요인으로 분류하는 상호의존적 분석 기법이다.

정답 10 ④ 11 ②

Self Check로 다지기 | 제8장

➡ **수집 자료의 정리와 분석 단계**

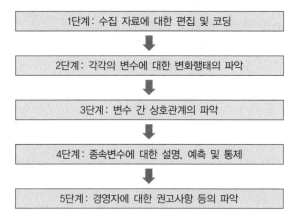

1단계 : 수집 자료에 대한 편집 및 코딩

2단계 : 각각의 변수에 대한 변화행태의 파악

3단계 : 변수 간 상호관계의 파악

4단계 : 종속변수에 대한 설명, 예측 및 통제

5단계 : 경영자에 대한 권고사항 등의 파악

➡ **편집** : 조사 설계에 의한 분석을 효율적으로 수행할 수 있도록 완전하면서도 일관성 있는 자료를 확보하기 위한 작업

➡ **기호화** : 자료의 처리와 분석이 용이하도록 각 응답들에 기호를 할당하는 것

➡ **비대칭도** : 대칭이 아니라 한쪽으로 기울어진 정도

➡ **범위(Range)** : 산포도에 대한 가장 단순한 측정치로 관찰치 분포에 있어 가장 큰 값과 가장 작은 값의 차이

➡ **회귀분석과 상관관계의 차이**
- 회귀분석의 경우 변수 간 인과관계가 성립되어야 한다.
- 회귀분석은 정규성, 등간성, 선형성 등의 조건이 필요하며, 이를 검증해야 한다.
- 상관관계는 등간척도 이상이 아닌 서열척도만으로도 분석이 가능하다.
- 상관관계는 두 변수의 관계를 예측할 수 있는 정도일 뿐이고, 정확한 예측치를 제시하지 못한다.

제 9 장

단순회귀분석

제1절	변수 상호 간의 관계
제2절	회귀모델의 기본개념
제3절	회귀분석의 모델
제4절	회귀방정식의 추정
제5절	회귀모델의 오차의 분산추정
제6절	회귀분석에 있어서의 통계적 추론
제7절	회귀모델의 평가
제8절	상관관계
제9절	회귀분석의 활용
실전예상문제	

할 수 있다고 믿는 사람은 그렇게 되고, 할 수 없다고 믿는 사람도 역시 그렇게 된다.

- 샤를 드골 -

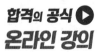

제 9 장 | 단순회귀분석

제1절 변수 상호 간의 관계 기출

일반적으로 변수 상호 간은 독립관계, 종속관계, 상호의존관계로 표현된다. 서로 간의 관계를 지니는 변수들 사이에는 타 변수에 영향을 미치는 변수가 있고, 반대로 영향을 받는 변수도 있다. 타 변수에 의해 영향을 받는 변수를 종속변수라고 하며, 영향을 미치는 변수를 독립변수라고 한다.

제2절 회귀모델의 기본개념

1 개념

회귀분석은 조작이나 활동의 데이터와 그에 대응하는 결과의 데이터의 조합을 여러 개 모아 예측대상의 양(종속변수)에 대한 변동을, 조작이나 활동의 데이터 가운데 그 변동을 설명하는 요소로 생각되는 데이터(독립변수)로써 예측하기 위해 그 둘 사이의 관계를 규명하는 방법이다. 또한, 회귀분석에서는 독립변수 및 종속변수의 관계를 함수식으로 나타내며, 독립변수를 활용해서 종속변수의 값을 설명하거나 예측할 수 있다. 단순회귀분석의 경우에, 독립변수 및 종속변수가 각각 하나일 경우에는 종속변수와의 관계를 분석해서 독립변수가 종속변수에 미치는 영향, 어떠한 관계가 있는지 등을 분석하는 기법으로 이때 독립변수와 종속변수의 인과관계가 명확해야 한다.

> **더 알아두기**
>
> **회귀분석의 기본 가정**
> * 독립변인 및 종속변인 간 관계가 직선적이어야 한다(등간, 비율척도가 적합하다).
> * 종속변수 및 오차(예측값과 실제값의 차이)의 분포가 정상분포를 이루어야 한다.
> * 오차항이 독립변인들의 값과 독립적이어야 한다.
> * 오차들의 분산이 일정해야 한다(오차항의 등분산성).
> * 모든 개체들의 오차가 서로 자기 상관이 없어야 한다.

2 회귀분석의 목적 종요 기출

(1) 독립변수와 종속변수 간의 상관관계, 즉 상호관련성의 여부를 알려준다.

(2) 상관관계가 있다면 이러한 관계는 어느 정도나 되는가를 알려준다.

(3) 독립변수와 종속변수 간 관계의 성격을 알려준다.

3 회귀분석과 타 분석 특성과의 비교

(1) 단순회귀분석은 두 변수의 상관관계분석과 동일한 결과를 가져온다.

(2) 판별분석도 현상의 설명 및 예측목적을 위해 활용되는 기법으로, 이는 분석의 목적이나 독립변수의 성격은 같지만 종속변수가 명목측정이다.

(3) 분산분석은 독립변수가 명목측정이라는 점에서 회귀분석과 다르다.

(4) 요인분석 또는 군집분석은 변수들 간의 종속관계보다는 이들의 상호관계를 파악하는 데 중점을 두는 기법이다.

> **더 알아두기**
>
> **종속변수와 독립변수의 성격 및 관계**
>
> | 구분 | 변수의 성격 | | 변수의 관계 |
> |---|---|---|---|
> | | 종속변수 | 독립변수 | |
> | 회귀분석 | 등간, 비율 | 등간, 비율 | 종속적 관계 파악 |
> | 판별분석 | 명목 | 등간, 비율 | |
> | 분산분석 | 등간, 비율 | 명목 | |
> | 요인분석 | 등간, 비율 | 등간, 비율 | 상호 관계 파악 |
> | 군집분석 | 명목, 등간, 비율 | 명목, 등간, 비율 | |

제3절 회귀분석의 모델 종요 기출

통상적으로 활용되는 회귀분석의 모델은 다음과 같다.

$$Y_i = \beta_0 + \beta_1 X_i + \varepsilon_i$$

- Y_i : 종속변수의 i번째 값
- X_i : 독립변수의 i번째 값(미리 제시된 상수)
- β_0, β_1 : 회귀계수
- ε_i : 우연적 오차로 해당 평균은 0이며, 분산은 '0'으로 가정한다.

제4절 회귀방정식의 추정

회귀방정식(Regression Equation)은 경제행위의 인과관계를 과거의 통계를 기반으로 추정한 방정식을 말한다. 이에 가장 대표적인 것으로 최소자승법이 있다. 또한, 예측변수(Y)를 하나 또는 둘 이상의 설명변수(X)의 조합으로 나타낸 식이라고 할 수 있다. 회귀방정식의 적용 시 예측변수 및 설명변수 간 인과관계가 존재한나는 전제하에 예측변수를 예측하기 위한 확률적인 접근을 하는 것이라 할 수 있다.

1 최소자승법 기출

최소자승법(Least Square Method)은 하나의 기준변인을 하나 또는 그 이상의 예언변인으로써 직선적 가정에 의해 예언하고자 할 때 실제 기준변인과 직선적 가정에 의해서 예언된 기준변인과의 거리의 제곱의 합이 최소가 되도록 하는 기준이다. 더불어 최소자승법은 **잔차의 제곱의 합을 최소화하는 직선을 회귀선**으로 한다.

$$SSE = \sum_{i=1}^{n} (y - \hat{y_1})$$

이러한 SSE를 최소로 마드는 직선을 회귀직선으로 선택하게 되면 회귀힘수는 다음과 같나.

$$Y = b_0 + b_1 X$$

- b_0 : 회귀직선이 Y축과 만나는 절편이다.
- b_1 : 회귀선의 기울기로 독립변수가 종속변수에 미치는 영향력의 크기를 나타낸다.

더 알아두기

단순회귀분석에서의 회귀계수 추정방법

n개의 표본에 대한 독립변수와 종속변수의 자료 값이 주어졌을 시에 이를 대표하는 직선을 찾는 것은 절편과 기울기를 나타내는 회귀계수 a와 β를 추정하는 문제로 생각할 수 있다. 이러한 직선은 여러 가지로 그려질 수 있는데, 그중에서도 자료를 가장 잘 대표하는 직선을 찾는 방법이 최소제곱법이다. 최소제곱법이란, 회귀계수 a와 β를 추정할 때 오차제곱합을 최소로 하는 a와 β의 추정치를 구하는 방법이며, a와 b를 a와 β의 최소제곱추정치라고 할 때 단순회귀분석에서 a와 b는 다음과 같이 계산된다.

① b(기울기) 계산공식

$$b = \frac{\sum(x - \overline{x})(y - \overline{y})}{\sum(x - \overline{x})^2}$$

- x : 독립변수 자료 값
- y : 종속변수 자료 값
- $\overline{x}$: 독립변수 자료 값의 평균
- $\overline{y}$: 종속변수 자료 값의 평균

② a(절편) 계산공식

$$a = \overline{y} - b\overline{x}$$

- $\overline{x}$: 독립변수 자료 값의 평균
- $\overline{y}$: 종속변수 자료 값의 평균
- a : 기울기

---

2 가우스-마코프 정리

라플라스가 가우스의 이론을 한층 더 발전시켜서 선형결합을 갖는 것 중에서 가장 작은 분산을 갖는 '최소분산 선형 불편 추정량'을 가진다는 정리이다. 이 내용을 정리하면 다음과 같이 된다.

$$E(b_0) = \beta_0, \ E(b_1) = \beta_1$$

---

3 회귀선의 특성 중요

회귀선의 성질을 파악함에 있어 중요한 개념은 잔차의 개념이다.

(1) 잔차의 합은 0이다.

(2) 회귀모델에서 우연적 오차에 대한 추정량은 잔차 $e_i = Y_i - \widehat{Y}_i$가 된다.

(3) 정규방정식에 의한 관측치의 합은 회귀방정식에 의해 추정된 값의 합과 동일하다.

(4) i번째의 잔차 e_i를 독립변수의 i번째 값과 가중해서 합을 내면 0이 된다.

(5) i번째의 잔차 e_i를 Y_i로 서로 가중해서 합을 내면 0이 된다.

(6) 회귀선은 언제나 $(\overline{X}, \overline{Y})$를 지난다.

제5절 회귀모델의 오차의 분산추정

통상적으로 확률변수 X의 분산을 추정할 시에는 다음 내용과 같은 S^2를 활용한다. 이때 전체 X_i에 대한 평균은 모든 $\overline{X}$로서 동일하다.

$$\overline{X} = \frac{1}{n}\sum_{i=1}^{n} X_i \rightarrow \text{표본평균}$$

$$S^2 = \frac{1}{n-1}\sum_{i=1}^{n}(X_i - \overline{X})^2 \rightarrow \text{표본분산}$$

표본평균의 경우, 표본의 합을 표본수 n개로 나눈 것이고, 표본분산은 표본값에서 표본평균을 뺀 표본편차 제곱의 합을 표본수보다 하나 작은 $(n-1)$로 나눈 값이다. 이때 표본평균과는 달리 표본분산을 표본수에서 하나를 뺀 $(n-1)$로 나누는 이유는 표본분산을 불편추정량으로 생성하기 위해서이다. 회귀모델의 σ^2을 점추정할 시에 σ^2의 불편추정량인 MSE를 활용한다.

편차제곱의 합인 SSE를 용이하게 구하기 위한 공식은 다음과 같다.

$$SSE = \Sigma Y_i^2 - b_0 \Sigma Y_i - b \Sigma X_i Y_i$$

$$SSE = \Sigma(Y_i - \overline{Y})^2 - \frac{[\Sigma(X_i - \overline{X})(Y_i - Y)]^2}{\Sigma(X_i - \overline{X})^2}$$

$$SSE = \left[\Sigma Y_i^2 - \frac{(\Sigma Y_i)^2}{n}\right] - \frac{\left[\Sigma X_i Y_i - \frac{\Sigma X_i \Sigma Y_i}{n}\right]}{\Sigma X_i^2 - \frac{(\Sigma X_i)^2}{n}}$$

제6절 회귀분석에 있어서의 통계적 추론

1 회귀분석식의 활용 (종요)

회귀분석식에 있어 i는 독립적 정규분포로 평균은 0, 분산은 σ^2이라는 가정을 둔다.

$$Y_i = \beta_0 + \beta_1 X_i + \epsilon_i$$

- β_0 : 회귀계수
- β_1 : 회귀계수
- X_i : 미리 알려진 상수
- ϵ_i : 독립적인 정규분포로서 평균은 0, 분산은 σ^2을 가진다.

2 β_1와 β_0의 추정

(1) β_1의 추정

β_1에 대한 추정을 위해서는 β_1의 점추정량인 b_1이 가지는 표본분포를 우선적으로 인지해야 한다.

$$SSE = \sum (Y_i - \overline{Y})^2 - \frac{[\sum (X_i - \overline{X})(Y_i - \overline{Y})]^2}{\sum (X_i - \overline{X})^2}$$

(Y_i는 정규분포를 지니고 있으므로, b_i도 마찬가지로 정규분포를 지니게 된다.)

(2) β_0의 추정

β_1과 동일하게 β_0도 Y_i의 1차식으로 표현되므로, b_0 통계량의 표본분포도 정규분포를 지니게 된다.

$$E(b_0) = \beta_0$$
$$Var(b_0) = \sigma^2 \cdot \frac{\sum X_i^2}{n \cdot \sum (X_i - \overline{X})^2}$$
$$= \sigma^2 \cdot \left[\frac{1}{n} + \frac{\overline{X^2}}{\sum (X_i - \overline{X})^2} \right]$$

3 회귀의 상관분석 (종요)

(1) 상관계수(Coefficient of Correlation)

① 두 변수의 상관성을 나타내는 척도이다.

② 항상 −1과 1 사이에 존재한다($-1 \leq r^2 \leq 1$).

③ 상관계수 값이 −1 또는 1일 경우에는 두 변수가 완전한 직선 관계임을 의미한다.

④ 점들이 직선에 얼마나 모여 있는지를 나타낸다.

⑤ 이상점이 있을 경우에, 이에 대한 영향을 받는다.

(2) 결정계수(Coefficient of Determination)

회귀식의 적합도를 재는 척도를 말한다. 회귀분석에서 종속변수 Y의 데이터 Y_i에 대하여, Y_i의 총변동합에 대한 변동합의 비율을 표현한다.

제7절 회귀모델의 평가

1 잔차(Residual)

(1) 개념

측정값과 추정값과의 차를 말한다. 잔차의 경우 '측정값 − 추정값' 또는 '추정값 − 측정값'이라고도 하는데, 이는 나중에 잔차를 제곱시켜서 양의 값으로 바꾸기 때문에 순서에 있어서의 차이는 없다.

$$e_i = y_i - \hat{y_i}$$

(2) 잔차의 성질 (기출)

① 잔차의 평균은 0이다.

$$\bar{e} = \frac{1}{n} \sum_{i=1}^{n} e_i = 0$$

② 잔차의 분산은 MSE이다.

$$\frac{\sum_{i=1}^{n}(e_i - \overline{e})^2}{n-2} = \frac{\sum_{i=1}^{n}e_i^2}{n-2} = \frac{SSE}{n-2} = MSE$$

(e_i안의 $\widehat{y_i}$가 b_0, b_1을 지니므로 자유도는 $n-2$), $E(MSE) = \sigma^2$

③ 스튜던트 잔차(Studentized Residuals)는 표준화된 잔차를 의미한다. 오차항에 대한 가정이 성립한다고 가정했을 때, 표준화된 잔차는 $d_i = \frac{e_i - \overline{e}}{\sqrt{MSE}} = \frac{e_i}{\sqrt{MSE}}$이며, 스튜던트 잔차는 평균이 0이며, 분산은 근사적으로 1이 된다.

④ $\sum_{i=1}^{n}e_i = 0$이고, e_i를 계산하기 위해서는 $\overline{y_i}$ 안의 b_0, b_1 관련된 자유도는 $(n-2)$이므로 잔차는 독립은 아니지만, n이 추정하려 하는 모수 β_i의 수와 관련해서 상대적으로 크게 되면, e_i의 비독립성은 무시할 수 있다.

(3) 특징

n개의 잔차 합과 그 평균은 0이 된다. 그래서 잔차가 $E(e_1) = 0$인지에 대해서는 명확한 정보의 제공을 하지 못한다. 또한 잔차는 전체 i에 대해 e_i가 서로 독립적일 수는 없는 중요한 조건($\sum e_i = 0$ 또는 $\sum X_i e = 0$)이 있기 때문에 독립적 확률변수가 아니다.

(4) 잔차의 분석에 있어 조사 가능한 사항

① 우연적 오차들은 정규분포를 지닌다.
② 회귀방정식은 직선이다.
③ 우연적 오차들의 분산은 일정하다.
④ 회귀모델에 상당히 중요한 변수들이 포함되지 않는다.
⑤ 우연적 오차들은 서로가 독립적인 관계가 아니다.
⑥ 회귀모델은 대부분 관측치와 맞는 편이지만, 몇몇의 예외적 관측치가 있다.

2 잔차의 분석

(1) 균등분산 가정의 확인

회귀모델에 있어 중요한 가정 중 하나가 균등분산인데, 모든 i에 대해 ϵ_i는 평균이 0이며, 같은 분산을 가지는 정규분포를 지니는 것으로 가정하고 있다.

(2) 선형모델 가정의 확인

선형적 회귀모델이 이상적인 경우, 잔차의 분포에 있어 잔차들은 0을 중심으로 해서 균등하게 흩어진다.

(3) 오차의 상호독립성에 대한 가정의 확인

시계열 자료의 분석인 경우 시간변수가 모델에 포함되어 있지 않아도 잔차를 시간에 대응시켜서 이를
도표화함으로써 잔차가 시간과의 상호관계가 있는지를 분석할 수 있다.

(4) 예외적 관측치의 구별

예외적 관측치가 발견되었을 경우에는 우선적으로 측정상 오류가 발생하지는 않았는지를 확인해야 한다.

제8절 상관관계

변수와 변수와의 관계로, 둘 또는 그 이상의 변수들에 있어 하나의 변수가 변동함에 따라 타 변수가 어떻게
변동하는지와 같은 변동의 연관성 정도, 변동의 크기의 정도 및 방향을 상관관계라고 한다. 표본상관계수는
다음과 같이 표현된다.

$$r = \frac{\sum (X_i - \overline{X})(Y_i - \overline{Y})}{\sqrt{\sum (X_i - \overline{X})^2 \cdot (Y_i - \overline{Y})^2}}$$

1 양의 상관관계

양의 선형관계

회귀선의 기울기가 양(+)이고 관찰점들이 무조건 회귀선상에만 있지 않을
경우에는 $0 < r < 1$이며, 모든 관찰점들이 회귀선상에 있을 경우는 $r = 1$인
최댓값을 가지게 된다.

2 음의 상관관계

음의 선형관계

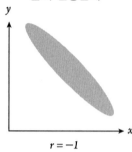

$r = -1$

회귀선의 기울기가 음(−)이고 관찰점들이 무조건 회귀선상에만 있지 않을 경우는 $-1 \langle r \langle 0$이고, 모든 관찰점들이 회귀선상에 있을 경우는 $r = -1$이며, r이 가질 수 있는 최소의 값이다.

3 무의 상관관계

아무 관계 없음

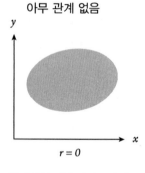

$r = 0$

비선형 관계
2차 함수

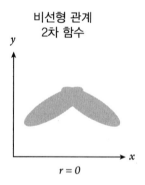

$r = 0$

회귀선의 기울기가 0이면 x와 y 사이에 상관관계가 전혀 없다고 한다.

> **더 알아두기**
>
> **상관계수의 특징** 중요 기출
> • 변수 간 관계의 정도와 방향을 하나의 수치로 요약해 주는 지수이다.
> • 상관계수는 −1.00에서 +1.00 사이의 값을 가진다.
> • 변수와의 방향은 (−)와 (+)로 표현한다. 양의 상관관계일 경우에는 (+)값이 나타나고, 음의 상관관계의 경우에는 (−)값이 나타난다. 양의 상관관계는 한 변수가 증가함에 따라 타 변수도 증가하는 경우를 의미하고, 음의 상관관계는 한 변수가 증가함에 따라 다른 변수는 감소하는 경우를 의미한다.
> • 상관계수의 절댓값이 높을수록 두 변수 간의 관계가 높다고 할 수 있다.

Pearson의 상관관계(적률 상관관계) 중요
- 두 변수가 등간척도 이상이어야 한다.
- 두 변수는 직선의 관계가 있어야 한다.
- 각 행과 열의 분산이 비슷해야 한다.
- 최소한 하나의 변수가 정상분포를 이루어야 한다.
- 사례수가 적을수록 신뢰도가 떨어진다.
- 상관계수는 r로 표현한다.

제9절 회귀분석의 활용

회귀분석은 마케팅뿐만 아니라 비즈니스 분야에서 다양하게 활용된다. 특히, 비율척도를 사용하는 모든 상황에서 활용될 수 있어, 마케팅 조사 뿐 아니라, 머신러닝 분야에서도 다양하게 문제 해결에 필수적으로 사용하고 있다. 마케팅뿐만 아니라 비즈니스 분야에서 활용되는 회귀분석의 예시는 다음과 같다.

(1) 금융 관련 예측(주택 가격 또는 주가)

① 다중회귀분석을 활용하여 NYSE, NASDAQ지수, S&P 500지수를 예측하기도 하고, 개별주식의 가격을 예측할 수도 있다.

② ○○앱은 회귀분석을 활용하여 서울/부산 지역 아파트 실거래가를 예측하는 모델을 개발하였다.

(2) 판매 및 프로모션 예측

① ○○미디어는 광고효과를 분석하기 위해, 각 매체별 광고비용과 실제 매출액을 활용하여 회귀분석을 한다. 회귀분석을 활용하면 매체별 광고효과를 비교할 수 있다.

② ○○마켓은 회귀분석을 활용하여 할인쿠폰이 매출액에 미치는 영향력을 분석하였다.

(3) 시계열 예측

① ○○회사는 월별 매출액 증가의 원인을 분석하기 위해 회귀분석을 활용하였다.

② ○○정부는 관광산업 활성화를 목표로 월별 입국자수의 증가를 예측하기 위해 회귀분석을 활용하였다.

○✕로 점검하자 | 제9장

※ 다음 지문의 내용이 맞으면 ○, 틀리면 ✕를 체크하시오. [1~7]

01 단순회귀분석은 두 변수의 상관관계분석과 서로 다른 결과를 가져온다. (　　)

02 요인분석 또는 군집분석은 변수들 간의 상호관계보다는 이들의 종속관계를 파악하는 데 중점을 두는 기법이다. (　　)

03 회귀방정식은 경제행위의 인과관계를 미래의 통계를 기반으로 추정한 방정식을 말한다. (　　)

04 가우스–마코프 정리는 라플라스가 가우스의 이론을 한층 더 발전시켜서 선형결합을 갖는 것 중에서 가장 작은 분산을 갖는 '최소분산 선형 불편 추정량'을 가진다는 정리이다. (　　)

05 상관계수는 세 변수의 상관성을 나타내는 척도이다. (　　)

06 상관계수는 항상 −1과 1 사이에 존재한다. (　　)

07 결정계수는 회귀식의 적합도를 재는 척도이다. (　　)

정답과 해설 　01 ✕　02 ✕　03 ✕　04 ○　05 ✕　06 ○　07 ○

01 단순회귀분석은 두 변수의 상관관계분석과 동일한 결과를 가져온다.
02 요인분석 또는 군집분석은 변수들 간의 종속관계보다는 이들의 상호관계를 파악하는 데 중점을 두는 기법이다.
03 회귀방정식은 경제행위의 인과관계를 과거의 통계를 기반으로 추정한 방정식을 말한다.
05 상관계수는 두 변수의 상관성을 나타내는 척도이다.

01 다음 중 회귀분석의 기본가정으로 옳지 <u>않은</u> 것은?

① 종속변수 및 오차의 분포가 정상분포를 이루어야 한다.

② 오차항이 종속변인들의 값과 독립적이어야 한다.

③ 독립변인과 종속변인 간 관계가 직선적이어야 한다.

④ 모든 개체들의 오차가 서로 자기 상관이 없어야 한다.

01 오차항이 독립변인들의 값과 독립적이어야 한다.

02 회귀분석과 다른 분석기법들과의 비교 내용으로 옳지 <u>않은</u> 것은?

① 판별분석은 현상의 설명 및 예측목적을 위해 활용되는 기법으로서, 분석의 목적이나 독립변수의 성격은 동일하지만 종속변수가 명목측정이라는 점에서는 차이가 있다.

② 단순회귀분석은 두 변수의 상관관계분석과 같은 결과를 가져온다.

③ 요인분석 또는 군집분석은 변수들 간의 종속관계보다는 이들의 상호관계를 파악하는 데 중점을 두는 기법이다.

④ 분산분석은 독립변수가 비율측정이라는 점에서 회귀분석과 다르다.

02 분산분석은 독립변수가 명목측정이라는 점에서 회귀분석과 차이가 난다.

정답 (01 ② 02 ④)

03 잔차의 합은 0이다.

03 다음 중 회귀선에 대한 설명으로 옳지 <u>않은</u> 것은?

① 회귀선은 항상 $(\overline{X}, \overline{Y})$를 지난다.

② 회귀모델에서 우연적 오차에 대한 추정량은 잔차 $e_i = Y_y - \hat{Y}_i$가 된다.

③ 잔차의 합은 1이다.

④ i번째의 잔차 e_i를 독립변수의 i번째 값과 가중해서 합을 내면 0이 된다.

※ 다음 표를 보고 물음에 답하시오. [4~6]

구분	변수의 성격		변수의 관계
	종속변수	독립변수	
회귀분석	(㉠)	등간, 비율	종속적 관계 파악
판별분석	명목	등간, 비율	
분산분석	등간, 비율	(㉡)	
요인분석	등간, 비율	등간, 비율	상호 관계 파악
군집분석	(㉢)	명목, 등간, 비율	

04 [6번 문제 하단의 표 참고]

04 ㉠에 들어갈 것은?

① 등간, 비율 ② 명목
③ 명목, 등간 ④ 비율

05 [6번 문제 하단의 표 참고]

05 ㉡에 들어갈 것은?

① 등간
② 등간, 비율
③ 명목
④ 명목, 비율

정답 03 ③ 04 ① 05 ③

06 ©에 들어갈 것은?

① 명목, 비율

② 명목, 등간, 비율

③ 등간, 비율

④ 명목, 등간

>>>○

[종속변수와 독립변수 간 성격 및 관계]

구분	변수의 성격		변수의 관계
	종속변수	독립변수	
회귀분석	등간, 비율	등간, 비율	종속적 관계 파악
판별분석	명목	등간, 비율	
분산분석	등간, 비율	명목	
요인분석	등간, 비율	등간, 비율	상호 관계 파악
군집분석	명목, 등간, 비율	명목, 등간, 비율	

07 다음 중 상관계수에 대한 설명으로 옳지 <u>않은</u> 것은?

① 항상 0과 1 사이에 존재한다.

② 점들이 직선에 얼마나 모여 있는지를 나타낸다.

③ 두 변수의 상관성을 나타내는 척도이다.

④ 이상점이 있을 경우에 이에 대한 영향을 받는다.

06 [문제 하단의 표 참고]

07 상관계수는 항상 −1과 1 사이에 존재한다.

정답 06 ② 07 ①

08 회귀방정식은 직선이다.

08 잔차의 분석에 있어 조사 가능한 사항으로 옳지 <u>않은</u> 것은?

① 우연적 오차들의 분산은 일정하다.
② 회귀방정식은 곡선이다.
③ 회귀모델에 상당히 중요한 변수들이 포함되지 않는다.
④ 우연적 오차들은 정규분포를 지닌다.

09 Pearson의 상관관계는 사례수가 적을수록 신뢰도가 떨어진다.

09 다음 중 Pearson의 상관관계에 대한 내용으로 옳지 <u>않은</u> 것은?

① 사례수가 많을수록 신뢰도가 떨어진다.
② 각 행 및 열의 분산이 비슷해야 한다.
③ 두 변수가 등간척도 이상이어야 한다.
④ 두 변수가 직선의 관계이어야 한다.

10 종속변수란 타 변수로부터 영향을 받는 변수를 의미한다.

10 타 변수에 의해 영향을 받는 변수를 무엇이라고 하는가?

① 독립변수
② 중립변수
③ 종속변수
④ 상호의존변수

정답 08 ② 09 ① 10 ③

회귀분석의 기본가정

- 독립변인 및 종속변인 간 관계가 직선적이어야 한다(등간, 비율척도가 적합하다).
- 종속변수 및 오차(예측값과 실제값의 차이)의 분포가 정상분포를 이루어야 한다.
- 오차항이 독립변인들의 값과 독립적이어야 한다.
- 오차들의 분산이 일정해야 한다(오차항의 등분산성).
- 모든 개체들의 오차가 서로 자기 상관이 없어야 한다.

회귀분석의 모델

$$Y_i = \beta_0 + \beta_1 X_i + \varepsilon_i$$

- Y_i : 종속변수의 i번째 값
- X_i : 독립변수의 i번째 값(미리 제시된 상수)
- β_0, β_1 : 회귀계수
- ε_i : 우연적 오차로 해당 평균은 0이며, 분산은 '0'으로 가정한다.

가우스-마코프 정리 : 라플라스가 가우스의 이론을 한층 더 발전시켜서 선형결합을 갖는 것 중에서 가장 작은 분산을 갖는 '최소분산 선형 불편 추정량'을 가진다는 정리

Pearson의 상관관계(적률 상관관계)

- 두 변수가 등간척도 이상이어야 한다.
- 두 변수가 직선의 관계이어야 한다.
- 각 행과 열의 분산이 비슷해야 한다.
- 최소한 하나의 변수가 정상분포를 이루어야 한다.
- 사례수가 적을수록 신뢰도가 떨어진다.
- 상관계수는 r로 표현한다.

SD에듀와 함께, 합격을 향해 떠나는 여행

제 10 장

분산의 분석

제1절	분산분석의 이해
제2절	분산분석의 이론적 고찰
실전예상문제	

비관론자는 어떤 기회가 찾아와도 어려움만을 보고,
낙관론자는 어떤 난관이 찾아와도 기회를 바라본다.

– 윈스턴 처칠 –

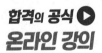
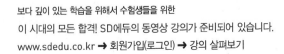

제10장 | 분산의 분석

제1절 분산분석의 이해

1 개요 기출

(1) 분산분석(Analysis of Variance ; ANOVA)은 두 집단 이상의 평균 간의 차이를 검증하는 것으로 T-검정을 일반화한 분석방법을 말한다.

(2) 분산분석은 각 집단의 분산을 분석하지만, 실제로는 각 집단의 평균이 동일하다는 가설을 검정하는 것이다.

(3) 각각의 모집단은 정규분포를 가정하고 있고, 분산은 모두 동일한 값을 가진다고 가정하며, 귀무가설과 대립가설을 비교 검증하는 방법을 의미한다.

(4) 분산분석은 변량분석 또는 ANOVA라고 한다.

(5) 변량분석은 두 개 이상의 모집단(독립변인) 평균 간의 차이를 검증하는 데 활용한다.

> **더 알아두기**
>
> **분산분석의 가정** 기출
> • 모집단의 분산은 모두 같다.
> • 모집단은 정규분포를 따른다.
> • 표본은 서로 독립적이다.
> • 표본은 각 모집단에서 무작위로 추출한다.

2 집단 간 분산

집단 간 분산은 각각의 집단 평균들이 전체 평균으로부터 흩어져 있는 정도를 말한다. 통상적으로 다음과 같이 표현된다.

$$SST = \sum_j n_j (\overline{X_j} - X)^2$$

- $\overline{X}$: 전체 평균
- n_j : 각 집단 j의 크기
- SST : 집단 간 분산(Sum of Squares due to Treatment)

3 집단 내 분산

집단 내 분산은 각각의 집단 평균치를 중심으로 한 각각의 집단 내 자료들이 우연적 오차에 의해 어떻게 흩어져 있는지를 요약하는 척도를 말한다.

$$SSE = \sum_{i=1}^{n} \sum_{j=1}^{n} (X_{ij} - \overline{X_j})^2$$

- $\overline{X_j}$: 집단의 평균치
- X_{ij} : 각각의 요소측정치
- SSE : 집단 내 분산(Sum of Squares due to Error)

제2절   분산분석의 이론적 고찰

1 내용

분산분석에서는 인자의 수준을 하나로 보고 집단과 집단 사이가 얼마만큼 떨어져 있는지를 기준으로 집단들의 평균이 차이가 나는지를 판단하는 것이 분산분석의 원리이다.

(1) **귀무가설** $H_0 : \mu_1 = \mu_2 = \mu_3 = \mu_4$

(2) **대립가설** $H_1 :$ 모든 μ가 동일하지는 않다.

분산	자유도	제곱합	제곱평균	F값
요인 간	$k-1$	SST	$MST = \dfrac{SST}{k-1}$	$F = \dfrac{MST}{MSE}$
요인 내	$n-k$	SSE	$MSE = \dfrac{SSE}{n-k}$	
총계	$n-1$	$Total\,SS$	$-$	$-$

2 종류

(1) 일원분산분석(One-Way ANOVA) 기출

종속변인이 1개, 독립변인이 1개일 때, 2개 이상의 독립변인 집단 간의 유의미한 차이를 검증하는 데 활용한다. 보통 2개의 독립변인 집단 간 유의미한 차이를 검증하는 데에는 t검증을 활용한다.

> **예**
>
> 가구소득에 따른 식료품소비 정도의 차이이다. 가구소득은 독립변인으로 가구소득집단의 구분을 하면, 저소득·중산층·고소득층 등으로서 2개 이상이다. 이는 독립변인의 집단이 2개 이상이므로 사후분석을 실시하게 된다.

(2) 이원분산분석(Two-Way ANOVA)

① 종속변인은 1개, 독립변인은 2개일 때, 집단 간 차이가 유의한지를 검증하는 데 활용한다.

> **예**
>
> 독립변인 2개, 종속변인이 동일한 경우로 학력 및 성별에 따른 휴대폰 요금의 차이를 분석한다고 하면 학력, 성별은 독립변인이고 종속변인은 휴대폰 요금이 된다.

② 이원분산분석은 주 효과 및 상호작용 효과를 분석할 수 있다.

> **예**
>
> 주 효과가 학력(A), 성별(B)이라면 상호작용 효과는 이들을 곱한 A×B이다.

(3) 다원분산분석(MANOVA)

종속변인이 1개인 단순한 분산분석을 확장해서 두 개 이상의 종속변인이 서로 관계된 상황에 적용시킨 것을 말한다. 이때, 둘 이상의 집단 간 차이 검증이 가능하다.

(4) 공분산분석(ANCOVA)

① 다원분산분석에서 특정한 독립변인에 초점을 맞추고 다른 독립변인은 통제변수로 해서 분석하는 방법을 말한다.

② 특정한 사항을 제한하여 분산분석을 하는 것이다.

더 알아두기

변수의 종류 종요
- 매개변수 : A → C처럼 보이지만 실제로는 'A → B → C'이며, A의 결과이자 C의 원인이 되는 변수를 말한다(이때 B가 바로 A와 C를 매개하는 매개변수).
- 외생변수 : 독립변수 외 종속변수의 변동을 초래하게 하는 제3의 변수를 말한다. 즉, 독립-종속이 마치 관계가 있는 것처럼 보이는 가식적 관계(허위관계)를 초래한다.
- 억제(억압)변수 : 독립변수의 영향력을 상쇄 및 억제시키는 방향으로 작용하는 제3의 변수를 말한다.
- 왜곡변수 : 독립-종속 관계의 방향을 반대로 보이게 하는 변수를 말한다.
- 조절변수 : 종속변수에 대한 독립변수의 효과를 중간에서 조절하는 변수를 말한다.

---

3 분산분석(ANOVA) 설계를 위해 고려해야 할 사항

(1) 각 요인에 얼마나 많은 수준이 있는가?(즉, 해당 독립변인 안에 얼마나 많은 수준이 있는가?)

(2) 얼마나 많은 요인들이 있는가?(독립변인이 몇 개인가?)

예

일원분산, 이원분산, 삼원분산분석

---

(3) 종속변인이 몇 개인가?

(4) 각 요인이 피험자 간의 요인인가? 또는 피험자 내 요인인가?

> **더 알아두기**
>
> **가설** 기출
> - **개념** : 두 개 이상의 변수, 현상 간 특별한 관계를 검증한 형태의 서술을 말한다. 즉, 이미 알려진 사실들의 원인을 추측해서 이를 설명해내는 것이라 할 수 있다.
> - **기능**
>   - 이론에 대한 검증
>   - 이론의 제시
>   - 사회현상을 기술
>   - 현실의 개선
> - **가설의 구성 시 고려사항**
>   - 주어진 연구문제를 해결해 줄 수 있어야 한다.
>   - 연구 분야의 다른 가설 또는 이론과 연관이 있어야 한다.
>   - 경험적인 검증이 가능해야 한다.
>   - 간단명료해야 한다.
>   - 가능한 한 1개의 독립변수와 종속변수 간의 관계로 기술하는 것이 좋다.
>   - 가능한 한 광범위한 적용범위를 가지고 있어야 한다.
>   - 지나치게 당연한 관계를 가설로 세우는 것은 좋지 않다.

※ 다음 지문의 내용이 맞으면 ○, 틀리면 ×를 체크하시오. [1~8]

01 분산분석은 두 집단 이하의 평균 간의 차이를 검증하는 것이다. (   )

02 분산분석의 가정에서 모집단의 분산은 모두 같다. (   )

03 분산분석의 가정에서 표본은 서로 독립적이다. (   )

04 일원분산분석은 종속변인이 2개이고, 독립변인 집단이 1개 이상인 경우이다. (   )

05 이원분산분석은 독립변인의 수가 두 개일 때 집단 간 차이가 유의한지를 검증하는 데 활용한다.
(   )

06 다원분산분석은 단순한 분산분석을 확장해서 두 개 이상의 독립변인이 서로 관계된 상황에 적용시킨 것을 말한다. (   )

07 왜곡변수란 종속변수에 대한 독립변수의 효과를 중간에서 조절하는 변수를 말한다. (   )

08 조절변수란 독립-종속 관계의 방향을 반대로 보이게 하는 변수를 말한다. (   )

정답과 해설   01 ×   02 ○   03 ○   04 ×   05 ○   06 ×   07 ×   08 ×

01   분산분석은 두 집단 이상의 평균 간의 차이를 검증하는 것이다.
04   일원분산분석은 종속변인이 1개이고, 독립변인 집단이 2개 이상인 경우이다.
06   다원분산분석은 단순한 분산분석을 확장해서 두 개 이상의 종속변인이 서로 관계된 상황에 적용시킨 것을 말한다.
07   왜곡변수란 독립-종속 관계의 방향을 반대로 보이게 하는 변수를 말한다.
08   조절변수란 종속변수에 대한 독립변수의 효과를 중간에서 조절하는 변수를 말한다.

01 각 집단의 분산을 분석하지만, 실제로는 각 집단의 평균이 동일하다는 가설을 검정하는 것을 무엇이라고 하는가?

① 요인분석
② 군집분석
③ 분산분석
④ 컨조인트분석

02 분산분석의 가정에 대한 설명으로 옳지 <u>않은</u> 것은?

① 모집단의 분산은 모두 다르다.
② 표본은 각 모집단에서 무작위로 추출한다.
③ 모집단은 정규분포를 따른다.
④ 표본은 서로 독립적이다.

03 종속변인과 독립변인은 각각 1개이고, 독립변인 집단이 2개 이상인 분산분석의 종류는?

① 이원분산분석
② 공분산분석
③ 다원분산분석
④ 일원분산분석

---

01 분산분석은 각각의 모집단은 정규분포를 가정하고 있고, 분산은 모두 동일한 값을 가진다고 가정하며, 귀무가설과 대립가설을 비교 검증하는 방법을 말한다.

02 모집단의 분산은 모두 같다.

03 일원분산분석은 종속변인과 독립변인은 각각 1개이고, 독립변인 집단이 2개 이상인 경우를 말한다.

정답 01 ③ 02 ① 03 ④

04 이원분산분석은 독립변인의 수가 2개일 때 집단 간의 차이가 유의한지를 검증하는 데 활용한다.

04 주 효과 및 상호작용 효과를 분석할 수 있는 분석기법은?

① 공분산분석

② 이원분산분석

③ 일원분산분석

④ 다원분산분석

05 공분산분석은 다원분산분석에서 특정한 독립변인에 초점을 맞추고 다른 독립변인은 통제변수로 해서 분석하는 방법이다.

05 다음 중 특정 사항을 제한해서 분산분석을 하는 것은?

① 다원분산분석

② 일원분산분석

③ 공분산분석

④ 이원분산분석

06 외생변수는 독립변수 외 종속변수의 변동을 초래하게 하는 제3의 변수를 말하며, 독립 – 종속이 마치 관계가 있는 것처럼 보이는 가식적 관계(허위관계)를 초래한다.

06 독립변수 외 종속변수의 변동을 초래하게 하는 제3의 변수를 무엇이라고 하는가?

① 외생변수

② 왜곡변수

③ 매개변수

④ 내생변수

정답 04 ② 05 ③ 06 ①

07 가설의 구성 시 주의해야 할 사항으로 옳지 <u>않은</u> 것은?

① 경험적인 검증이 가능해야 한다.

② 간단명료해야 한다.

③ 주어진 문제에 대한 해결이 가능해야 한다.

④ 지나치게 당연한 관계를 가설로 세우는 것은 내용의 신뢰성에 좋다.

07 지나치게 당연한 관계를 가설로 세우는 것은 좋지 않다.

08 다음 중 분산분석의 실험에 있어서 독립변수에 해당하는 용어로 적합한 것은?

① 귀무가설

② 인자

③ 대립가설

④ 분산

08 독립변수를 3가지로 조작한 경우 분산분석에서 인자의 수준은 3이 된다.

09 다음 중 μ_1, μ_2, μ_3가 각각 세 집단의 어떤 값의 평균일 때, 다음 가설을 분석하는 데 활용되는 분석법은 무엇인가?

> $H_0 : \mu_1 = \mu_2 = \mu_3$
> $H_1 : \mu_1, \mu_2, \mu_3$ 중 적어도 하나는 서로가 다르다.

① 분산분석

② 판별분석

③ 요인분석

④ 군집분석

09 분산분석은 집단 간의 평균을 비교하는 분석방법이다.

정답 07 ④ 08 ② 09 ①

10 범주형 변수 간의 연관성, 다시 말해 두 변수가 독립적인지를 분석하는 방법을 교차분석이라고 한다.

10 다음 중 두 범주형 변수 간의 연관성이 존재하는지를 분석하는 방법을 무엇이라고 하는가?

① 요인분석   ② 분산분석

③ 교차분석   ④ 회귀분석

11 두 집단의 평균을 비교하는 데 있어 활용되는 것을 독립표본 T-검정이라고 한다. 이는 분산분석에 있어 특별한 경우라고 할 수 있다.

11 다음 중 두 집단의 평균이 동일한지를 검정하는 데 활용하는 기법은?

① F검정

② 카이제곱 검정

③ 교차분석

④ 독립표본 T-검정

12 특성에 따라 몇 개의 범주로 구분할 때 각 범주에 속하는 도수로 이루어진 자료를 범주형 자료라고 한다. 이는 명목척도로 이루어진 자료라고 할 수 있다.

12 범주형 자료란 무엇인가?

① 독립변수 및 종속변수로 구성되어진 자료

② 명목척도로 이루어진 자료

③ 행 및 열로 구성된 자료

④ 그룹의 평균으로 구성되어진 자료

13 R제곱은 독립변수가 총 변동을 줄여주는 정도를 표현해 주는 것을 말한다.

13 다음 중 독립변수가 종속변수를 설명해 주는 정도를 표현하는 통계량을 무엇이라고 하는가?

① 윌크스 람다

② 회귀점수

③ R제곱

④ 피어슨 상관계수

정답   10 ③ 11 ④ 12 ② 13 ③

Self Check로 다지기 | 제10장

➡ **분산분석(Analysis of Variance ; ANOVA)** : 두 집단 이상의 평균 간의 차이를 검증하는 것

➡ **외생변수** : 독립변수 외 종속변수의 변동을 초래하게 하는 제3의 변수

➡ **억제(억압)변수** : 독립변수의 영향력을 상쇄 및 억제시키는 방향으로 작용하는 제3의 변수

➡ **왜곡변수** : 독립-종속 관계의 방향을 반대로 보이게 하는 변수

➡ **조절변수** : 종속변수에 대한 독립변수의 효과를 중간에서 조절하는 변수

➡ **가설** : 두 개 이상의 변수, 현상 간 특별한 관계를 검증한 형태의 서술

➡ **가설 구성 시 고려사항**
- 주어진 연구문제를 해결해 줄 수 있어야 하며, 연구 분야의 다른 가설 또는 이론과 연관이 있어야 한다.
- 경험적인 검증이 가능해야 하고 간단명료해야 한다.
- 가능한 한 1개의 독립변수와 종속변수 간의 관계로 기술하는 것이 좋다.
- 가능한 한 광범위한 적용범위를 가지고 있어야 한다.
- 지나치게 당연한 관계를 가설로 세우는 것은 좋지 않다.

➡ **일원분산분석(One-Way ANOVA)** : 종속변인이 1개, 독립변인이 1개일 때, 2개 이상의 독립변인 집단 간의 유의미한 차이를 검증하는 데 활용

➡ **이원분산분석(Two-Way ANOVA)** : 종속변인은 1개, 독립변인은 2개일 때, 집단 간 차이가 유의한지를 검증하는 데 활용

➡ **다원분산분석(MANOVA)** : 종속변인이 1개인 단순한 분산분석을 확장해서 2개 이상의 종속변인이 서로 관계된 상황에 적용시킨 것

➡ **공분산분석(ANCOVA)** : 다원분산분석에서 특정한 독립변인에 초점을 맞추고 다른 독립변인은 통제변수로 해서 분석하는 방법

SD에듀와 함께, 합격을 향해 떠나는 여행

제 11 장

다변량 분석법

제1절	다변량 분석법의 활용
제2절	요인분석법
제3절	군집분석법
제4절	판별분석법
제5절	다차원 척도법
제6절	컨조인트 분석법

실전예상문제

당신이 저지를 수 있는 가장 큰 실수는 실수를 할까 두려워하는 것이다.

– 앨버트 하버드 –

제 11 장 │ 다변량 분석법

제1절 다변량 분석법의 활용

1 개념

(1) 서로 관련을 지닌 다변량의 자료를 요약하고 분류하는 통계적 기법이다.

(2) 통상적으로 다변량 분석은 연구자의 연구대상으로부터 측정된 두 개 이상의 변수들의 관계를 동시에 분석할 수 있는 모든 통계적인 기법을 의미한다.

2 다변량 분석기법의 분류

다음 세 가지 기준에 따라 분석하는 방법이 달라진다.

(1) 분석할 변수들을 종속변수와 독립변수로 구분할 수 있는가?

(2) 종속변수가 있다면 몇 개가 있는가?

(3) 변수들의 측정단위는 어떠한가?

> **더 알아두기**
>
> **다변량 분석 관련 용어** 기출
> - **종속기법(Dependence Methods)** : 변수들을 종속변수 및 독립변수로 구분해서 독립변수들이 종속변수에 미치는 영향력을 분석하는 기법이다.
> - **상호의존적 기법(Interdependence Methods)** : 분석할 변수들을 종속변수 및 독립변수로 구분하지 않고 전체를 대상으로 하는 분석이다.
> - **정량적 자료(Metric Data)** : 등간척도나 비율척도로 측정된 자료로서 양적 자료 또는 모수화된 자료라고도 한다.
> - **비정량적 자료(Nonmetric Data)** : 명목척도나 순위척도로 측정된 자료로서 질적 자료 또는 비모수화된 자료라고도 한다.
> - **변량(Variate)** : 변수들이 연구자의 실험대상인 표본으로부터 수집한 자료 그대로를 나타내는 반면에 변량은 이러한 변수들을 일종의 통계적인 방법으로 가중치를 주어 변수들의 합의 형태로 나타낸 새로운 변수를 말한다.

제2절   요인분석법

1 개념 기출

(1) 요인분석(Factor Analysis)은 알지 못하는 특성을 규명하기 위해 문항 또는 변인들 간 상호 관계를 분석해서 상관이 높은 문항 및 변인들을 묶어 몇 개의 요인으로 규명하고 해당 요인의 의미를 부여하는 통계방법을 말한다.

(2) 요인분석을 통해 요인에 포함되지 않거나 또는 포함이 되더라도 중요도가 낮은 변수들은 제거된다.

(3) 관련된 변수들이 묶여져 요인을 이루고 있지만, 상호 독립적 특성을 지니게 되어 변수들의 특성을 알 수 있다.

(4) 요인분석은 인간의 심리적 특성을 규명하기 위해 개발된 통계적 방법으로 지능을 밝히는 데 활용되었으며, 요즘에는 구조방정식 모형에서 잠재변수를 밝히는 데에도 활용되고 있다.

(5) 요인분석에 있어 기본적인 접근방법은 높은 상관관계를 지니는 변수들이 하나의 공통적인 개념에 도달한다는 논리를 기반으로 하며, 이러한 요인분석은 상관관계를 갖는 변수들을 새로운 합성변수(요인)들로 결합한다. 기출

(6) 독립변수 및 종속변수의 개념이 없다.

(7) 모집단의 특성에 대한 추정을 하지 않는다.

(8) 통계량, 모수, 가설검정 등의 개념이 적용되지 않는다.

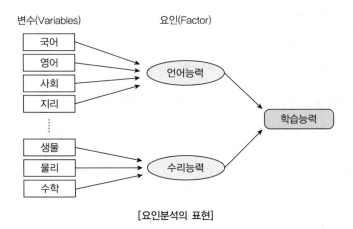

[요인분석의 표현]

2 요인분석의 목적 _{중요}

요인분석의 일반적인 목적은 많은 수의 본래변수들이 갖고 있는 근본적인 의미를 가급적 지켜주면서 그들을 보다 적은 수의 새로운 합성변수로 요약하기 위한 선형결합식을 찾아내는 것이다.

(1) **자료에 대한 요약**: 여러 개의 변수를 몇 개의 공통된 집단으로 묶어줌으로써 자료의 복잡성을 줄이며 몇 개의 요인은 정보를 요약하는 데 활용된다.

(2) **변수의 구조 파악**: 여러 개의 변수들을 동질적인 몇 개의 요인으로 묶어줌으로써 변수들 내에 존재하는 상호 독립적인 특성을 발견할 수 있다.

(3) **불필요한 변수의 제거**: 변수군으로 묶이지 않은 변수들을 제거함으로써 중요하지 않은 변수들을 선별할 수 있다.

(4) **측정도구에 대한 타당성 검증**: 동일한 개념을 측정하기 위한 변수들 간 상관관계가 높아야 하므로, 동일한 개념을 측정한 변수들이 동일한 요인으로 묶이는지의 여부를 확인함으로써 측정도구의 타당성을 검증할 수 있다.

더 알아두기

요인분석의 특징 기출
- 종속변수 및 독립변수의 개념이 없다.
- 모집단 특성에 대한 추정을 하지 않는다.
- 추출된 요인과 요인 내 변수를 파악해서 추후의 분석에 활용한다.
- 모수, 통계량, 가설검정 등의 개념이 활용되지 않는다.

---

3 요인분석의 가정 _{중요}

(1) 각 변수는 정규분포를 이루어야 한다.

(2) 각 변수의 관찰치는 상호 독립적이어야 한다.

(3) 각 변수의 분산은 같다는 동분산성의 가정이다.

(4) 요인분석의 대상이 되는 모든 변수는 등간척도 이상인 정량적 자료이어야 한다.

(5) 변수의 분산은 요인공통분산, 변수고유분산, 잔차분산으로 세분할 수 있어야 한다.

(6) 통상적으로 요인분석을 활용하기 위해서는 적어도 각 변수마다 자료의 수는 50개 이상이 되어야 하고, 이러한 자료의 수가 최소한 변수 개수의 두 배는 되어야 한다.

(7) 이미 모집단에서 변수들 간에 확정된 관계가 존재한다는 가정이다.

4 요인분석의 수행 단계

(1) **1단계** : 분석목적의 확립 및 분석할 변인의 선정

(2) **2단계** : 상관관계의 계산 및 누락치 검사

(3) **3단계** : 요인모델의 결정(주성분 모델 또는 공통요인 모델)

(4) **4단계** : 요인의 추출

(5) **5단계** : 요인의 해석

(6) **6단계** : 추후분석을 위한 요인점수의 산출

5 요인분석의 종류

(1) 분석목적에 따른 분류

① **탐색적 요인분석** : 이론상으로는 해당 구조가 정립되지 않은 분야에서 분석 전에 그 자료의 기본구조가 알려져 있지 않은 경우에 활용한다. 설계한 설문지의 문항이 몇 개의 요인으로 나누어지는가의 분석이 가능하다.

② **확인적 요인분석** : 변수들 간 기존관계를 가설로 설정하고 요인분석을 활용해서 그 관계가 성립됨을 실증하는 데 활용한다.

(2) 분석방법에 따른 분류

① **공통요인분석**

㉠ 분석의 대상이 되는 변수들의 기저를 이루는 구조를 정의하기 위한 분석방법이다.

㉡ 공통요인이 입력변수($X1$, $X2$, $\cdots$, $X4$)를 설명하는 설명변수(독립변수) 역할을 한다. 잔차항($e1$, $e2$, $\cdots$, $e4$)도 반영된다.

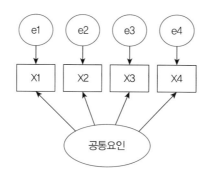

② **주성분분석**

　　㉠ 주어진 자료를 이용하여 다수의 변수들을 소수의 요인으로 축약하기 위한 분석방법이다.
　　㉡ 입력변수(X1, X2, … , X4)가 결합하여 주성분을 생성한다. 즉, 입력변수가 설명변수(독립변수)
　　　역할을 하고 주성분이 종속변수 역할을 한다.

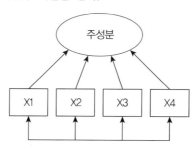

6 요인분석의 한계점 및 주의사항

(1) 변수의 측정 방법 결정

(2) 분석에 포함될 변수의 개수에 대한 결정

(3) 표본의 크기

(4) 사용될 상관계수의 유형

(5) 공통분산치의 추정 방법

(6) 최초요인의 추출 방법

(7) 모형에 포함될 요인의 수의 결정

(8) 요인회전의 방법

> **더 알아두기**
>
> **요인분석 관련 용어** 기출
>
> - **고유치(Eigenvalue)** : 각 요인으로부터 설명할 수 있는 변수들의 분산의 총합으로 각 요인별로 모든 변수의 요인 부하량을 제곱해서 더한 값이다. 먼저 추출된 요인의 고유치는 항상 다음 고유치의 값보다 크다.
> - **공통분산량(Communality)** : 여러 요인들에 의해 설명될 수 있는 한 변수의 분산의 양을 백분율로 나타낸 것으로 공통변량, 공통성 또는 공통요인분산이라고도 한다.
> - **공통요인추출법(Common Variance Extraction Method)** : 체계적 분산 중 공통요인분산만을 대상으로 요인을 추출하는 방법으로 주대각성분 요인추출법을 제외한 대부분의 방법이 이에 속한다.
> - **그룹요인(Group Factor)** : 모든 변수에 공통으로 존재하는 요인은 일반요인이라 하고 두 개 이상의 변수에 공존하는 요인은 그룹요인이라 한다.
> - **다변량 정규분포(Multivariate Normal Distribution)** : 이변량 정규분포의 연장으로 P개의 변수가 이루는 결합확률분포가 정규분포를 이루는 분포이다.
> - **단순구조(Simple Structure)** : 각 요인별로 보았을 때 몇 개의 변수는 아주 높은 요인 부하량을 갖고 나머지 변수들은 아주 낮은 부하량을 가지게 되며 또한 각 변수별로 보았을 때, 한 요인에의 부하량은 아주 높고 다른 요인에의 부하량은 아주 낮은 요인행렬의 구조를 일컫는다.
> - **단위행렬(Identity Matrix)** : 대각선상의 값들은 1이고 그 외의 값은 모두 0인 행렬이다.
> - **변수고유분산(Unique Variance)** : 한 변수의 체계적 분산 중 다른 변수들과 공유하지 않고 그 변수만이 갖고 있는 분산을 말한다.
> - **비직각요인회전(Nonorthogonal Factor Rotation)** : 요인들 간의 관계가 서로 독립을 유지하지 않아도 되는 요인회전의 방법이다.
> - **비체계적 분산(Nonsystematic Variance)** : 변수의 분산 중 체계적으로 추적할 수 없는 무작위적으로 발생하는 잔차분산이다.
> - **스크리도표(Scree Chart)** : 고유치의 값을 요인의 수에 대해 산포도로 표시한 것으로, 이로부터 요인분석의 적합성을 점검할 수 있고 요인의 수를 정하기 위해 활용된다.
> - **요인결정계수(Factor Determination)** : 공통분산치의 합을 변수의 수로 나눈 값으로, 하나의 요인이 평균적으로 설명할 수 있는 변수들의 분산의 비율을 나타낸다.
> - **요인득점(Factor Scores)** : 각 표본의 변수별 응답 요인들의 선형조합에 대입해서 계산된 값을 말한다.
> - **요인형태행렬(Factor Pattern Matrix)** : 변수와 요인 간의 단순상관계수를 담고 있는 행렬이다.
> - **요인공통분산(Common Variance)** : 변수의 분산 중 여러 요인들의 공통으로 공유하는 분산의 양을 말한다.
> - **요인부하량(Factor Loading)** : 요인형태행렬의 변수와 요인 간의 단순상관계수로서 어떤 요인들이 어떤 변수와 밀접한 관계를 갖고 있는지를 알려준다.
> - **요인행렬(Factor Matrix)** : 요인과 변수와의 상관관계를 보여 주는 행렬이다.
> - **일반요인(General Factor)** : 공통요인은 일반요인과 그룹요인으로 구분할 수 있는데, 일반요인은 모든 변수에 공통으로 존재하는 요인을 말한다.

- 잔영상관행렬(Anti-Image Correlation Matrix) : 각 변수 간의 요인공통분산을 각 변수들로부터 제거한 뒤 변수고유분산과 잔차분산만을 대상으로 계산된 상관계수행렬로서 요인분석의 적합성을 점검할 수 있다.
- 잔차분산(Error Variance) : 변수의 분산 중 체계적으로 설명할 수 없는 분산이다.
- 주대각성분 요인추출법(Principal Component Extraction Method) : 변수의 분산을 체계적 분산과 비체계적 분산으로 구분하여 체계적 분산인 요인공통분산과 변수고유분산 전체를 대상으로 최초요인을 추출하는 방법이다.
- 직각요인회전(Orthogonal Factor Rotation) : 요인들 간의 관계가 서로 독립성이 유지되도록 회전하는 방법이다.
- 체계적 분산(Systematic Variance) : 변수의 분산 중 체계적으로 추적할 수 있는 분산으로 요인공통분산과 변수고유분산을 말한다.

제3절 군집분석법

1 개념 기출

(1) 군집분석(Cluster Analysis)은 소비자나 상표들을 서로 유사한 것끼리 묶어서 군집화하려는 경우에 활용되는 기법이다.

> **예**
> 세분시장의 분류

(2) 주로 소비자들을 여러 개의 특징적인 세분시장으로 나누는 데 활용한다.

(3) 군집분석에는 순차대로 합쳐 가는 계층적 방법 외에 요인분석 등으로 미리 군집을 예상해서 합쳐가는 비계층적 방법도 있다.

(4) 목표변수 및 반응변수를 지니지 않은 데이터에 적용해서 개체를 분류하고자 할 때 활용한다.

(5) 군집은 관련한 다변량적 특성이 그룹 내적으로는 동일하면서도 외적(타 그룹)으로는 이질적인 관측개체들의 모임을 의미한다.

(6) 군집분석의 목적은 많은 수의 관측개체를 몇몇의 그룹(군집)으로 나눔으로써 대상집단을 이해하고 군집을 효율적으로 활용하는 데 있다.

2 종류

(1) 계층적 방법(Hierarchical Method) 기출

① 조사대상을 하나의 군집으로 간주해서 출발하여 가까운 대상들이 군집으로 묶여 점차 군집이 커지고 군집의 수는 적어진다.

② 한 번 소속되면 타 군집으로 이동을 하지 않는다.

③ n의 수가 많은 데이터에서는 계층적 군집분석이 불가능하다.

> **예**
> 완전결합법, 평균결합법, 와드(Ward)법

④ 계산시간이 오래 걸린다.

(2) 비계층적 방법(Nonhierarchical Method)

① 사전에 정해진 군집의 수에 따라 대상들이 군집에 할당되는 방법이다. 이때 대상이 군집에 소속되더라도 타 군집에 가깝게 되면, 소속군집이 바뀐다. 또한, 군집의 수를 미리 지정해 주어야 하는 번거로움이 있다.

> **예**
> k-평균법

② 비계층적 방법에는 대표적으로 k-평균 군집분석이 있고, 비계층적인 방법도 마찬가지로 n이 1000개 이상이면 분석이 불가능하다.

3 군집분석 과정

(1) 변수의 측정 : 개체들을 군집화하는 데 활용될 수 있는 각 개체의 특성을 측정하는 변수들을 얻는다.

(2) 유사성의 측정 : 측정한 변수들을 활용해서 모든 개체들 간의 거리 또는 비유사성을 계산하여, 모든 개체들 사이의 비유사성을 나타내는 거리행렬을 구한다. 이때 유사성은 값이 클수록 두 개체 사이가 가깝다는 것을 의미하고, 비유사성은 값이 작을수록 두 개체 사이가 가깝다는 것을 말한다.

(3) 군집화 : 각 개체들의 쌍을 대상으로 해서 유사성 및 비유사성을 측정한 후에 각 개체들을 가까운 순서대로 군집화한다. 군집화를 하는 방법으로는 두 개체 집단 사이의 유사성 측정 기준에 의해서 최단연결법, 최장연결법, 평균연결법 등이 있다.

(4) 각 군집의 성격 및 상호관계를 파악한다.

더 알아두기

군집 수의 결정

- **고드름표**: 군집 수에 따라 케이스들이 어떠한 형태로 군집되는지를 보여준다. 통상적으로 군집의 수가 3, 4일 때 군집에 속하는 케이스의 수는 각각 3개, 4개가 적절하다고 판단된다.

군집의 수	케이스														
	14	15	13	12	11	10	9	8	7	6	5	4	2	3	1
1	×	×	×	×	×	×	×	×	×	×	×	×	×	×	×
2	×	×	×	×	×	×	×	×	×	×	×	×	×	×	×
3	×	×	×	×	×	×	×	×	×	×	×	×	×	×	×
4	×	×	×	×	×	×	×	×	×	×	×	×	×	×	×
5	×	×	×	×	×	×	×	×	×	×	×	×	×	×	×
6	×	×	×	×	×	×	×	×	×	×	×	×	×	×	×
7	×	×	×	×	×	×	×	×	×	×	×	×	×	×	×
8	×	×	×	×	×	×	×	×	×	×	×	×	×	×	×
9	×	×	×	×	×	×	×	×	×	×	×	×	×	×	×
10	×	×	×	×	×	×	×	×	×	×	×	×	×	×	×
11	×	×	×	×	×	×	×	×	×	×	×	×	×	×	×
12	×	×	×	×	×	×	×	×	×	×	×	×	×	×	×
13	×	×	×	×	×	×	×	×	×	×	×	×	×	×	×
14	×	×	×	×	×	×	×	×	×	×	×	×	×	×	×

- **덴드로그램**: 군집과 군집 간 거리를 알 수 있다. 통상적으로 묶인 형태로 볼 때는 3개가 적절하다고 판단된다.

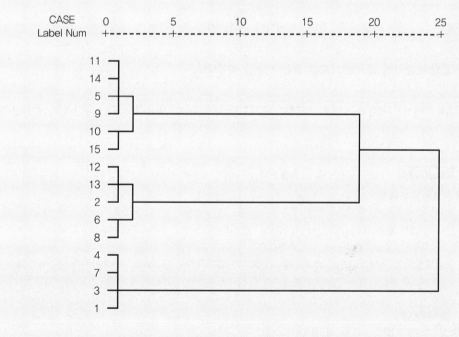

Rescaled Distance Cluster Combine

제4절 **판별분석법**

1 개념

(1) 판별분석(Discriminant Analysis)은 미리 정의된 둘 또는 그 이상의 군집이 어떠한 측면에서 서로가 구분되는지 그 이유를 찾기 위해 활용되는 방법이다.

> **예**
>
> 하루에 평균 커피를 6잔 이상 마시는 집단과 1잔 미만으로 마시는 집단으로 나누었을 경우에 이 두 집단 간에 차이가 나는 변수가 어떤 것들이 있는지 판별하기 위한 것이다. 집단 간의 차이가 성별에서 차이가 나는지, 소득에서 차이가 나는지, 직업에 따라 차이가 나는지, 라이프스타일에 따라 차이가 나는지 그 원인을 파악하기 위한 방법을 말하는 것이다.

(2) 판별분석은 영향을 미치는 변수 중에 어느 변수가 더 영향을 미치고 있는지 알 수 있으며, 새로운 소비자가 나타났을 경우, 판별함수에 의해 이 사람이 어느 집단에 속할 것이라는 예측도 하게 해준다.

(3) 판별분석은 연구 대상이 두 집단 중 어디에 속하는지를 판단하는 분석기법이다.

(4) 두 집단의 분류에 중요한 역할을 하는 변수를 찾아낸다.

(5) 판별분석에서는 독립변수 및 종속변수가 존재한다(독립변수는 비율척도 또는 등간척도, 종속변수는 명목척도).

> **더 알아두기**
>
> **판별분석의 특징**
> - 판별분석은 독립변수들에 대한 계량적 측정치의 선형결합이 단 하나의 종속변수를 묘사하거나 예측하기 위해 활용된다는 점에서는 (다중)회귀분석과 비슷하다. 단지 회귀분석에서의 종속변수가 계량적인데 반하여 판별분석에서의 종속변수는 범주적(비계량적)이라는 차이가 있다.
> - 판별분석은 분산분석과도 비교될 수 있는데, 판별분석에서 단 하나의 종속변수가 범주적이고 독립변수들이 계량적인 데 반하여 분산분석에서는 종속변수가 계량적이고 독립변수가 범주적이다.
>
> **정준판별함수**
> 주어진 대상자를 분류할 때 활용하는 함수
>
> **피셔의 선형판별함수**
> 새로운 대상자를 분류할 때 활용하는 함수

2 판별분석의 수행 목적

(1) 사전에 정의된 집단들을 가장 잘 판별할 수 있도록 2개 이상 독립변수들의 선형결합(판별함수)을 도출한다.

(2) 미리 정의된 집단들에 대해 집단별 평균점 사이에 유의적인 차이가 있는지의 여부를 검토한다.

(3) 독립변수들의 구체적인 값을 근거로 해서 대상들을 2개 이상의 집단소속으로 분류하기 위한 모델을 마련한다.

(4) 집단들을 판별하는 데 있어서 독립변수들의 상대적인 기여도를 평가한다.

3 판별분석의 주요 가정

미리 정의된 2개 이상의 집단소속을 판별해 주는 독립변수들의 선형결합을 도출하기 위해 판별분석을 적용할 때에는 다음 4가지의 가정이 충족되어야 한다.

(1) 독립변수들이 실제로 집단소속을 설명하며, 집단소속과 관련된 독립변수들이 거의 망라되었다.

(2) 각 모집단에서 독립변수들은 정규분포를 이루며, 독립변수들의 분산이 동일하다.

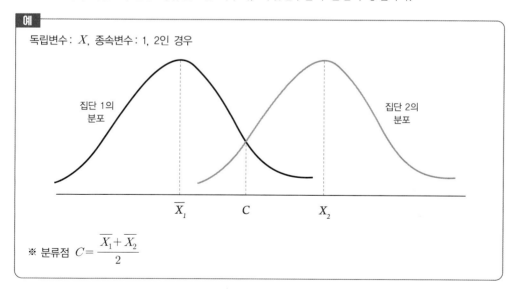

예

독립변수: X, 종속변수: 1, 2인 경우

집단 1의 분포

집단 2의 분포

$\overline{X_1}$ C X_2

※ 분류점 $C = \dfrac{\overline{X_1} + \overline{X_2}}{2}$

(3) 현재의 분석에서 고려하고 있는 독립변수 이외에는 어느 응답자도 특정한 집단과 연관을 갖지 않음으로써 집단소속의 사전확률이 동등하다.

더 알아두기

판별함수의 추정 및 적합도 검정
- 판별함수 추정 계산방법 : 단계입력방법 및 동시입력방법(대체로 단계입력방법을 활용)
- 판별함수의 판별력 : 윌크스 람다를 계산해서 카이제곱검정 실시
- 판별함수의 적합도 : 바르게 판별한 비율(Hit Ratio)

T-검정 기출
- T-검정이란 두 모집단의 평균의 차이 유무를 판단하는 통계적 검정방법으로, "두 모집단의 평균 간의 차이는 없다"라는 귀무가설과 "두 모집단의 평균 간에 차이가 있다"라는 대립가설 중에 하나를 선택하는 통계적 검정방법을 말한다.
- 모든 통계적 검정방법과 마찬가지로, T-검정은 귀무가설이 옳다는 가정 하에 두 모집단에서 추출된 표본들로부터 계산된 검정 통계량에 근거해서 귀무가설을 부정할 수 있는 상당한 근거를 보이면 귀무가설을 기각하고, 그렇지 않은 경우에는 귀무가설을 받아들이게 된다.

---

4 판별분석의 활용

정준판별함수식을 이용하여 소비자를 2개의 세그먼트(상위실적집단, 하위실적집단)에 판별하는 과정을 살펴보자. 소비자는 구매이력과 가격민감도라는 속성에 의해 분류된다.

(1) 선형판별함수식

① 비표준화된 정준판별함수를 다음과 같이 추정하였다.

$$Z = 5 + 3 \times \text{"구매이력"} - 2 \times \text{"가격민감도"}$$

② 선형판별함수식은 회귀분석방정식과 비슷하다.

(2) 두 집단의 집단중심점

① 하위실적집단(그룹1)의 실적분포에서 표본평균은 5이고, 상위실적집단(그룹2)의 실적분포에서 표본평균은 10이다.

② 분류점(C)은 7.5[= (5 + 10) / 2]이다.

(3) 소비자 A의 특성

① 소비자 A는 구매이력 3, 가격민감도 2의 속성을 가지고 있다.

② 소비자 A의 판별점수는 10(= 5 + 3 × 3 − 2 × 2)이다. 이 판별점수는 7.5보다 크다. 따라서, 상위 실적집단(그룹2)으로 판별된다.

(4) 소비자 B의 특성

① 소비자 B는 구매이력 2, 가격민감도 3의 속성을 가지고 있다.

② 소비자 B의 판별점수는 5(= 5 + 3 × 2 − 2 × 3)이다. 이 판별점수는 7.5보다 작다. 따라서, 하위실적집단(그룹1)으로 판별된다.

제5절   다차원 척도법

1 개념

(1) 다차원 척도법(Multidimensional Scaling)은 유사성·비유사성 값을 활용해서 개체들을 2차원 공간상에 점으로 표현하는 분석방법을 말한다.

(2) 개체들을 2차원 공간상에 점으로 표현해서 각 개체들 사이의 집단화를 시각적으로 표현하는 분석방법이다.

(3) 군집분석과 마찬가지로 여러 개체들을 대상으로 몇 개의 특성변수를 측정한 후에 해당 변수들을 활용해서 각 개체들 사이의 거리 또는 비유사성 등을 측정하고, 이를 활용해서 개체들을 2차원 또는 3차원 공간상의 점으로 표현하는 통계적 분석방법이다.

(4) 시장세분화, 가격 결정, 신제품 개발, 광고 연구 영역 등의 광범위한 마케팅 문제에도 유용하게 활용이 가능하다.

2 다차원 척도법의 종류 기출

(1) 비속성자료를 활용한 방식

① 소비자들이 대상의 속성을 총합적으로 인지한다는 가정을 두고, 만들어진 방식이다.

② 비속성자료를 사용하는 방식은 주로 명목척도 및 서열척도로 측정되는 경향을 보인다.

③ 비속성자료를 활용할 경우, 소비자들에 대한 전반적인 인식을 측정해서 속성을 찾기 어렵거나 또는 어려운 질문인 경우에도 활용이 가능하다는 특징이 있다.

④ 비속성자료는 필요로 하는 차원의 수가 적으며, 추출되어진 차원에 대한 해석이 주관적인 경향을 지니고 있어 판단이 힘든 경우가 생길 수 있다.

(2) 속성자료를 활용한 방식

① 대상을 평가하고 인식함에 있어 그에 따르는 속성들을 정의하고 이러한 속성에 근거해서 자료를 분석해서 해당 대상들을 공간에 배열하는 방식이다.

② 속성자료를 활용할 경우, 진단적인 정보의 제공이 가능하다.

③ 속성자료는 주된 속성의 누락 시에 그로 인한 불완전한 결과의 도출이 나타날 수 있다.

3 다차원 척도법의 활용

(1) 지각도

① 여러 대상들(브랜드, 기업 등)에 대한 소비자의 지각을 나타내는 그림으로 포지셔닝 맵이라고도 한다.

② 지각도에는 대상들의 유사성(similarity) 정도만을 나타내주는 지각도와 유사성과 함께 소비자의 이상점(ideal point)을 나타내주는 지각도가 있다.

③ 다차원 척도법으로 지각도를 그릴 수 있다.

(2) 지각도의 활용

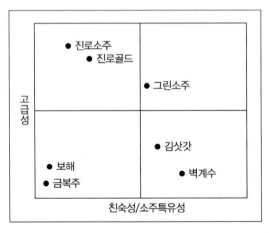

※ 출처 : 중소기업청 비즈니스지원단, 『천번의 두드림, 기업성공안내서』
안광호 공저, 『마케팅 원론』, 학현사

① 지각도 상에서 대상들 간의 거리는 유사성 정도를 나타내는데, 대상들 간의 거리가 가까울수록 소비자에 의해 보다 유사하게 인지된다.

② 보해와 금복주는 소비자에게 유사하게 인지된다. 따라서, 소비자의 인식에서 경쟁하고 있기 때문에 두 제품은 경쟁관계이다.

③ 진로소주와 진로골드는 매우 유사하게 인지(경쟁관계)되어 자기시장 잠식의 문제가 발생할 가능성이 있다.

제6절 컨조인트 분석법 기출

1 개념

(1) 컨조인트 분석(Conjoint Analysis)은 제품 속성의 중요도를 파악하는 데 있어 유용한 기법으로 제품 속성들의 조합에 의해 만들어진 여러 제품 대안들에 대한 선호도를 분석함으로써 소비자들이 제품 평가 시에 어떠한 제품을 중요하게 여기는지 밝혀내는 기법이다.

(2) 신제품개발 또는 기존제품의 특정 부위에 대한 개선 등에 유용하게 활용된다.

(3) 종속변수가 서열척도인 경우에 적합한 분석방법이다.

2 컨조인트 모형의 추정

응답자 개개인에 대해 개별적인 추정이 가능하며, 경우에 따라서는 응답자 집단의 선호도 평균을 구해서 집단에 대한 분석을 실시하기도 한다. 컨조인트 모형의 계수를 추정하는 방법으로는 다음과 같은 두 가지 방식이 있다.

(1) **계량적인 접근방법** : 응답자가 선호도에 따라 각 프로파일에 점수를 부여한 경우에 적합한 방식이며, 회귀분석이 대표적이다.

(2) **비계량적인 접근방법** : 응답자가 선호도에 따라 각 프로파일에 순위를 부여한 경우에 적합한 방식이며, 대표적인 방법으로는 MONANOVA, LINMAP, PREFMAP 등이 있다.

> **더 알아두기**
>
> **컨조인트 분석법의 목적**
> 독립변수인 제품이나 조사대상의 속성 등이 종속변수인 제품이나 조사대상 등에 대한 선호도 및 선택이 있어 각각 어느 정도의 영향을 미치며, 더불어 그러한 속성들 사이에는 어떤 관계인지를 밝혀내는 데 있다.

3 컨조인트 분석법의 효과 중요 기출

(1) 시장세분화

(2) 제품의 최적 속성을 결정

(3) 매출액 및 시장점유율의 추정

(4) 광고 및 커뮤니케이션의 효율화

(5) 연구대상 제품에 대한 수익성 및 사업성의 분석

4 컨조인트 분석법의 활용조건 중요

(1) 어떠한 속성이 중요하다는 것을 일정부분 인지를 하고 있는 상태에서 이들을 조사대상의 변수로 포함시켜야 한다.

(2) 개인적인 특성의 영향이 적어야 한다.

(3) 측정 시에 변수 및 그 수준이 쉽고 용이하게 전달 및 이해되어야 한다.

(4) 전체 변수의 모든 수준에 대한 평가의 안정성 유지가 뒷받침되어야 한다.

5 컨조인트 분석법의 한계

(1) 분석 가능한 속성 수에 한계가 있다.

(2) 스타일 및 내구성 등의 속성은 수준(level)을 분리하기가 어렵다.

(3) 주요 속성이 1~2개 정도밖에 없는 경우에는 활용에 제한이 따른다.

(4) 의사결정의 오류로 인해 발생하는 리스크가 적은 경우에는 소요되는 비용에 비해 경제성이 적다.

○X 로 점검하자 | 제11장

※ 다음 지문의 내용이 맞으면 ○, 틀리면 ×를 체크하시오. [1~6]

01 다변량 분석법은 서로 무관한 다변량의 자료를 요약하고 분류하는 통계적 기법이다. (　　)

02 종속기법이란 변수들을 종속변수 및 독립변수로 구분해서 종속변수들이 독립변수에 미치는 영향력을 분석하는 기법이다. (　　)

03 정량적 자료는 등간척도나 비율척도로 측정된 자료로서 양적 자료 또는 모수화된 자료라고도 한다.
(　　)

04 비정량적 자료는 명목척도나 순위척도로 측정된 자료로서 질적 자료 또는 비모수화된 자료라고도 한다. (　　)

05 요인분석을 통해 요인에 포함되지 않거나 포함이 되더라도 중요도가 낮은 변수들은 제거되지 않는다. (　　)

06 요인분석에서는 독립변수 및 종속변수의 개념이 없다. (　　)

정답과 해설 　01 × 　02 × 　03 ○ 　04 ○ 　05 × 　06 ○

01 다변량 분석법은 서로 관련을 지닌 다변량의 자료를 요약하고 분류하는 통계적 기법이다.
02 종속기법이란 변수들을 종속변수 및 독립변수로 구분해서 독립변수들이 종속변수에 미치는 영향력을 분석하는 기법이다.
05 요인분석을 통해 요인에 포함되지 않거나 또는 포함이 되더라도 중요도가 낮은 변수들은 제거된다.

01 다음 중 서로 관련을 지닌 다변량의 자료를 요약하거나 분류하는 등의 통계적 기법은?

① 다변량 분석법
② 판별분석법
③ 요인분석법
④ 군집분석법

01 다변량 분석법은 연구자의 연구대상으로부터 측정된 두 개 이상의 변수들의 관계를 동시에 분석할 수 있는 모든 통계적인 기법을 말한다.

02 다음 그림이 의미하는 것과 연관성이 높은 것은?

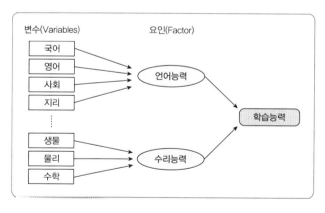

① 판별분석의 전형적인 사례이다.
② 군집분석의 개념을 설명한 것이다.
③ 요인분석의 전형적인 사례라 할 수 있다.
④ 컨조인트 분석의 개념을 설명한 것이다.

02 제시된 그림은 요인분석의 개념을 표현한 것이다. 요인분석(Factor Analysis)은 알지 못하는 특성을 규명하기 위해 문항 또는 변인들 간 상호 관계를 분석해서 상관이 높은 문항 및 변인들을 묶어 몇 개의 요인으로 규명하고 해당 요인의 의미를 부여하는 통계방법을 말한다.

정답 01 ① 02 ③

03 각 변수는 정규분포를 이루어야 한다.

03 요인분석의 가정에 대한 설명으로 올바르지 <u>않은</u> 것은?

① 각 변수의 분산은 같다는 동분산성의 가정이다.

② 각 변수는 이항분포를 이루어야 한다.

③ 각 변수의 관찰치는 상호 독립적이어야 한다.

④ 요인분석의 대상이 되는 모든 변수는 등간척도 이상인 정량적 자료이어야 한다.

04 요인분석은 변수들 간의 상호 연관성을 분석하며, 공통적으로 작용하는 내재적 요인을 추출해서 모든 자료의 설명이 가능하도록 변수의 수를 줄이는 분석방법이다.

04 다음 중 다량의 변수들을 적은 수의 변수 또는 차원 등으로 축소 시키는 기법은?

① 컨조인트 분석

② 군집분석

③ 판별분석

④ 요인분석

05 아이겐 값(고유치)은 공통요인의 분산을 변형한 값으로 공통요인이 측정변수를 설명해주는 정도를 표현한다. 더불어 값이 큰 공통요인은 측정변수를 잘 설명해주므로 중요 공통요인이라고 할 수 있다.

05 다음 중 아이겐 값(고유치)에 대해 바르게 설명한 것은?

① 공통요인을 해석하는 데 활용된다.

② 고유요인을 발견하는 데 활용된다.

③ 중요 공통요인을 찾는 데 활용된다.

④ 고유요인의 분산을 변형한 값을 말한다.

06 판별분석에는 독립변수 및 종속변수가 존재한다.

06 다음 중 판별분석에 대한 설명으로 거리가 <u>먼</u> 것은?

① 판별분석에는 독립변수 및 종속변수가 존재하지 않는다.

② 두 집단의 분류에 중요한 역할을 하는 변수를 찾아낸다.

③ 판별분석은 연구 대상이 두 집단 중 어디에 속하는지를 판단 하는 분석기법이라 할 수 있다.

④ 판별분석은 새로운 소비자가 나타났을 경우, 판별함수에 의해 이 사람이 어느 집단에 속할 것이라는 예측도 가능하게 해준다.

정답 03 ②   04 ④   05 ③   06 ①

07 다음 중 비속성자료를 활용한 방식에 대한 내용으로 올바르지 <u>않은</u> 것은?

① 소비자들이 대상의 속성을 총합적으로 인지한다는 가정 하에 만들어진 방식이다.
② 주로 등간척도나 비율척도로 측정되는 경향을 보인다.
③ 소비자들에 대한 전반적인 인식을 측정해서 속성을 찾기 어렵거나 어려운 질문인 경우에도 활용이 가능하다는 특징이 있다.
④ 비속성자료는 추출된 차원에 대한 해석이 주관적인 경향을 지니고 있어 판단이 힘든 경우가 생길 수 있다.

08 컨조인트 분석에 대한 내용으로 올바르지 <u>않은</u> 것은?

① 제품 속성의 중요도를 파악하는 데 있어 상당히 유용한 기법으로 활용되고 있다.
② 신제품개발 또는 기존제품의 특정 부위에 대한 개선 등에 유용하게 활용된다.
③ 컨조인트 모형의 계수를 추정하는 방법 중 계량적인 접근방법의 대표적인 것으로 MONANOVA, LINMAP, PREFMAP 등이 있다.
④ 종속변수가 서열척도인 경우에 적합한 분석방법이라 할 수 있다.

09 다음 중 컨조인트 분석에 대한 설명으로 옳지 <u>않은</u> 것은?

① 분석 가능한 속성의 수에 대한 한계가 없다.
② 주요 속성이 1·2개 정도밖에 없는 경우에는 활용에 제한이 따른다.
③ 스타일 및 내구성 등의 속성은 수준(level)을 분리하기가 어렵다.
④ 의사결정의 오류로 인해 발생하는 리스크가 적은 경우에는 소요되는 비용에 비해 경제성이 적다.

07 비속성자료를 사용하는 방식은 주로 명목척도나 서열척도로 측정되는 경향을 보인다.

08 컨조인트 모형의 계수를 추정하는 방법 중 계량적인 접근방법의 대표적인 것으로는 회귀분석이 있다.

09 컨조인트 분석은 분석 가능한 속성의 수에 대한 한계가 있다.

정답 07 ② 08 ③ 09 ①

10 새로운 대상자를 분류할 시에 활용하는 함수를 피셔의 선형판별함수라고 한다.

10 다음 중 판별함수를 얻기 위해 활용한 대상자 외의 새로운 대상자가 어느 집단에 소속하는지를 분류해내기 위해 활용하는 방식은 무엇인가?

① 판별력계수
② 윌크스 람다
③ 정준판별함수
④ 피셔의 선형판별함수

11 윌크스 람다는 판별함수의 판별력, 다시 말해 두 개의 집단이 구분되는 정도를 나타낸다. 이는 값이 0에 가까워질수록 확연하게 구분이 되며, 1에 가까울수록 겹쳐져서 구분이 잘 되지 않음을 뜻한다.

11 다음 중 윌크스 람다의 용도로 옳은 것은?

① 조사대상자가 어느 집단에 속하는지를 알려준다.
② 두 개의 집단이 구분이 되는 정도를 나타낸다.
③ 두 개 집단의 중심점을 인지시켜준다.
④ 어떠한 변수가 판별력에 크게 영향을 미치는지를 알려준다.

12 군집으로 묶는 판단의 기준은 유사성이다. 이러한 유사성은 대상 간 거리에 따라 이루어진다.

12 다음 중 군집분석에서 대상을 분류하는 기본적 방법에 속하는 것은?

① 소비자들이 대상을 지각하는 위치에 따른 분류
② 판별함수의 값에 비해 더 큰지 또는 더 작은지에 따른 분류
③ 특정한 변수를 기준으로 해서 대상 간 거리를 구해 그 거리에 따른 분류
④ 소비자들이 중요시하는 정도에 따른 분류

정답 10 ④ 11 ② 12 ③

⇨ **다변량 분석법(Multivariate Analysis)** : 서로 관련을 지닌 다변량의 자료를 요약하거나 분류하는 등의 통계적 기법

⇨ **요인분석(Factor Analysis)** : 알지 못하는 특성을 규명하기 위해 문항 또는 변인들 간 관계를 분석해서 상관이 높은 문항 및 변인들을 묶어 몇 개의 요인으로 규명하고 의미를 부여하는 방법

⇨ **요인분석의 목적**
- 자료에 대한 요약
- 불필요한 변수의 제거 및 변수의 구조 파악
- 측정도구에 대한 타당성 검증

⇨ **요인분석의 특징**
- 종속변수 및 독립변수의 개념이 없으며 모집단 특성에 대해 추정하지 않는다.
- 추출된 요인과 요인 내 변수를 파악해서 추후의 분석에 활용한다.
- 모수, 통계량, 가설검정 등의 개념이 활용되지 않는다.

⇨ **군집분석(Cluster Analysis)** : 소비자나 상표들을 유사한 것끼리 묶어 군집화하는 경우에 활용

⇨ **판별분석(Discriminant Analysis)** : 미리 정의된 둘 또는 그 이상의 군집이 어떠한 측면에서 서로가 구분되는지 그 이유를 찾기 위해 활용

⇨ **T-검정** : 두 모집단의 평균의 차이 유무를 판단하는 통계적 검정방법

⇨ **다차원 척도법(Multidimensional Scaling)** : 유사성·비유사성 값을 활용해서 개체들을 2차원 공간상에 점으로 표현하는 분석방법

⇨ **컨조인트 분석(Conjoint Analysis)** : 제품 속성의 조합에 의해 만들어진 여러 제품 대안들에 대한 선호도를 분석함으로써 소비자들이 제품 평가 시에 어떠한 제품을 중요하게 여기는지를 밝혀내는 기법

SD에듀와 함께, 합격을 향해 떠나는 여행

조사결과의 통합 및
조사보고서 작성

제1절   조사결과의 통합 및 요약을 위한 기법들
제2절   조사보고서 작성
제3절   조사보고서와 자료의 시각화
실전예상문제

나는 내가 더 노력할수록 운이 더 좋아진다는 걸 발견했다.

− 토마스 제퍼슨 −

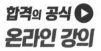

제 12 장 | 조사결과의 통합 및 조사보고서 작성

제1절　조사결과의 통합 및 요약을 위한 기법들

1 정보의 전달

정보의 내용이 명확하지 못하거나 정보에 대한 신뢰성이 낮을 경우에는 기업 조직의 의사결정자가 결정에 있어 오류를 범할 수 있다. 그러므로 정보에 관련된 어법, 각종 수치 및 표현의 정확성이 요구된다.

2 정보의 표현

보고서 작성자는 제공되는 정보를 접하는 사람들에게 어렵지 않은 용어를 사용해야 하며, 이들이 이해하지 못하는 어려운 용어 및 표현, 수치 등은 되도록 사용을 자제하여야 한다.

3 정보의 결정

정보의 전달 시에는 반드시 필요로 하는 것과 그렇지 않은 내용의 구분이 이루어져야 한다. 지나치게 불필요한 내용이 많게 되면, 전달하고자 하는 내용에 방해가 될 수 있다.

제2절　조사보고서 작성 기출

1 표지의 작성

조사보고서의 표지에는 조사보고서의 제목, 조사를 수행한 회사, 조사를 의뢰한 회사 및 제출일자가 포함되어야 한다.

2 목차

조사보고서의 목차에는 전개될 내용의 기술에 대한 각 주제별 제목 및 페이지 번호가 있어야 하며 첨부된 표, 그림과 사진 등의 번호도 포함되어야 한다.

3 요약

조사보고서의 요약에는 조사에 대한 목적과 자료수집 및 그로 인한 분석방법, 발견점 등에 대한 내용의 축약, 축약된 내용을 기반으로 제안하는 내용이 포함된다.

4 서론

조사보고서의 서론에는 내용에 대한 이해를 할 수 있는 각종 정보에 대한 내용을 포함하게 된다. 이에는 조사를 하게 된 배경, 조사의 목적, 의사결정의 문제, 가설, 조사의 범위 및 기간, 조사에 참여한 참여자가 포함되어야 한다.

5 조사디자인 및 자료수집의 방법 결정

수행하는 조사의 수행과정의 내용을 기술하는 부분이다. 이에는 조사디자인, 자료의 수집방법(1차 자료 및 2차 자료), 표본의 추출방법 및 특성, 크기 등이 포함되어야 한다.

6 자료분석방법 및 그로 인한 발견점

조사를 의뢰한 사람에게 해당 내용에 대한 전달이 가능한 것들만 기술하는 부분이다. 더불어 발견점은 조사를 수행하면서 각각의 자세한 조사목적 등과 관련해서 나타나게 하는 것이다.

7 결론

조사보고서의 결론은 내용에 대한 요약과 이를 토대로 한 제안을 하고 동시에 한계점을 제시하는 부분이다.

8 부록

조사보고서의 부록 부분에는 조사보고서를 활용하는 사람들에게 도움이 될 수 있는 내용들이 포함된다.

> **예**
>
> 그림과 표의 세부내용, 조사에 활용한 참고문헌, 각종 질문서와 기록지

제3절   조사보고서와 자료의 시각화

1 자료시각화

(1) **개념** : 분석결과를 차트(chart), 그래프(graph), 지도(map) 등을 사용하여 시각적으로 표현하고 전달하는 과정

    ① **차트** : 두 가지 이상의 데이터의 분류, 평균, 차이, 관계 등을 시각적으로 분석하기 위하여 사용되는 도형

    ② **그래프** : 시간에 따른 자료의 경향과 변화를 보여주는 것에 초점을 두는 도형

    ③ **지도** : 공간의 표상을 일징한 형식을 이용해 기호로 표현한 그림으로, 대부분 2차원의 평면에 표현

(2) **시각적 속성** : 차트 혹은 그래프를 구성하는 모든 요소

    ① 위치, 형태, 크기, 색, 명도, 채도, 선 굵기, 선 유형이 주요한 시각적 속성

    ② **정량적 자료일 때 주로 활용하는 시각적 속성** : 위치

    ③ **정성적(범주형) 자료일 때 활용하는 시각적 속성** : 형태와 선 유형

(3) **자료특성에 따른 시각화**

    ① **수량의 시각화**

      ㉠ 수량과 빈도의 시각화

      ㉡ 브랜드별 판매량, 순수익 등과 같은 지표를 활용한 시각화가 가능

      ㉢ 막내차트, 버블차드, 히드맵 등이 있음

      ㉣ 표현되는 연구질문 : "당 회사의 제품 중 순이익이 가장 큰 제품은 무엇인가요?"

    ② **비율의 시각화**

      ㉠ 수량, 빈도와 함께 자주 사용되는 자료는 비율

      ㉡ 기업의 시장점유율, 점포별 판매 비율과 같은 지표를 시각화

      ㉢ 파이차트, 도넛형차트, 와플차트, 트리맵 등이 있음

      ㉣ 표현되는 연구질문 : "당 회사의 A제품의 시장점유율은 어떠합니까?"

③ **분포의 시각화**

　㉠ 자료가 어떻게 분포되어 있는지를 표현

　㉡ 연령별로 설문조사 응답자 수를 표시할 때 유용

　㉢ 히스토그램(histogram)과 밀도도표(density plot) 등이 있음

　㉣ 표현되는 연구질문 : "어느 시간대에 사람들이 가장 많이 방문합니까?"

④ **지리공간 데이터의 시각화**

　㉠ 위치정보 시스템의 발달과 함께 지리공간 데이터를 이용한 시각화

　㉡ 지도에 데이터를 표시하면 효율적으로 정보 전달 가능

　㉢ 지도, 단계구분도, 카토그램 등이 있음

　㉣ 표현되는 연구질문 : "연간 관광방문객이 가장 많은 도시는?"

○✕ 로 점검하자 | 제12장

※ 다음 지문의 내용이 맞으면 ○, 틀리면 ✕를 체크하시오. [1~5]

01 조사보고서의 표지에는 조사보고서의 제목, 조사를 수행한 회사, 조사를 의뢰한 회사 및 제출일자가 포함되어야 한다. (   )

02 조사보고서의 목차에는 전개될 내용의 기술에 대한 각 주제별 제목 및 페이지 번호가 있어야 하지만 첨부된 표, 그림과 사진 등의 번호는 반드시 포함되어야 할 필요가 없다. (   )

03 조사보고서의 요약에는 조사에 대한 목적과 자료수집 및 그로 인한 분석방법, 발견점 등에 대한 내용의 축약, 축약된 내용을 기반으로 제안하는 내용이 포함된다. (   )

04 조사보고서의 결론은 내용에 대한 요약과 참고문헌을 제시하는 부분이다. (   )

05 조사보고서의 부록은 제안과 동시에 한계점을 제시하는 부분이다. (   )

정답과 해설   01 ○   02 ✕   03 ○   04 ✕   05 ✕

02 조사보고서의 목차에는 전개될 내용의 기술에 대한 각 주제별 제목 및 페이지 번호가 있어야 하며 첨부된 표, 그림과 사진 등의 번호도 포함되어야 한다.

04 조사보고서의 결론은 내용에 대한 요약과 이를 토대로 한 제안을 하고 동시에 한계점을 제시하는 부분이다.

05 조사보고서의 부록은 조사보고서를 활용하는 사람들에게 도움이 될 수 있는 내용이 포함되어야 한다.

01 조사보고서의 표지에 포함되어야 하
는 내용
• 조사보고서의 제목
• 조사를 수행한 회사
• 조사를 의뢰한 회사 및 제출일자

01 다음 중 조사보고서 작성 시 표지에 포함되는 내용으로 거리가
먼 것은?

① 조사보고서의 제목

② 각 주제별 제목

③ 조사를 의뢰한 회사 및 제출일자

④ 조사를 수행한 회사

02 조사보고서의 목차에는 전개될 내용
의 기술에 대한 각 주제별 제목 및
페이지 번호가 있어야 하며, 첨부된
표, 그림과 사진 등의 번호도 포함되
어야 한다.

02 다음 중 조사보고서 작성 시 목차에 포함되는 내용으로 적절한
것은?

① 자료수집

② 분석방법

③ 제안하는 내용

④ 각 주제별 제목 및 페이지 번호

정답 01 ② 02 ④

03 다음 중 조사보고서 작성 시 요약에 포함되는 내용으로 옳지 <u>않은</u> 것은?

① 조사를 하게 된 배경
② 분석방법
③ 발견점 등에 대한 내용의 축약
④ 조사에 대한 목적과 자료수집

03 ①은 조사보고서 작성 시 서론에 포함되는 내용이다.

04 다음 중 조사보고서 작성 시 서론에 포함되는 내용으로 옳지 <u>않은</u> 것은?

① 조사 배경
② 조사 목적
③ 자료의 수집방법(1차 자료 및 2차 자료)
④ 조사의 범위 및 기간

04 ③은 자료수집의 방법 결정에 포함되는 내용이다.

정답 03 ① 04 ③

Self Check로 다지기 | 제12장

↩ 조사보고서 작성
- 표지 작성
- 목차
- 요약
- 서론
- 조사디자인 및 자료수집의 방법 결정
- 자료분석방법 및 그로 인한 발견점
- 결론
- 부록

↩ 자료시각화 : 분석결과를 차트(chart), 그래프(graph), 지도(map) 등을 사용하여 시각적으로 표현하고 전달하는 과정

↩ 자료특성에 따른 시각화 : 수량의 시각화, 비율의 시각화, 분포의 시각화, 지리공간 데이터의 시각화

부록

최종모의고사

합격의 공식 SD에듀 www.sdedu.co.kr

최종모의고사   제1회

최종모의고사   제2회

정답 및 해설

무언가를 시작하는 방법은 말하는 것을 멈추고 행동을 하는 것이다.

– 월트 디즈니 –

제한시간: 50분 | 시작 ___시 ___분 - 종료 ___시 ___분

⊒ 정답 및 해설 255p

01 다음 중 괄호 안에 들어갈 말로 가장 적절한 것은?

> 문제정의 → 조사설계 → 자료수집방법 결정 → ( ) → 시행 → 분석 및 활용

① 정보수집
② 표본설계
③ 자료의 코딩
④ 자료의 분석

02 다음 내용이 의미하는 것으로 옳은 것은?

> 산발적으로 발생하는 의사결정을 하기 위한 소사유형이다.

① 신디케이트(Syndicate) 조사
② 옴니버스(Omnibus) 조사
③ 아웃소싱(Outsourcing) 조사
④ 애드혹(Ad-hoc) 조사

03 마케팅 조사의 단계에서 조사설계는 조사의 성격에 따라 여러 가지로 나누어진다. 다음 중 다른 하나는?

① 표본조사
② 인과조사
③ 탐색조사
④ 기술조사

04 다음 중 탐색조사의 목적으로 적절한 것은?

① 의사결정의 목적을 이루기 위해 시행하는 조사방법이라 할 수 있다.
② 관련된 상황에 대한 예측을 하기 위한 조사방법이라 할 수 있다.
③ 특정 문제가 잘 알려져 있지 않은 경우에 적절한 조사방법이라 할 수 있다.
④ 의사결정을 하기 위한 대안의 선택, 평가 및 확정 등에 대한 문제 해결을 하기 위한 조사방법이라 할 수 있다.

05 다음 중 기술조사에 대한 설명으로 옳지 <u>않은</u> 것은?

① 현재 상황에서 나타나 있는 마케팅 현상을 보다 더 명확하게 이해하기 위해 수행되는 조사기법이다.

② 문제의 규명이 목적인 조사방법이다.

③ 어떠한 집단의 특성을 기술할 때, 또는 예측하고자 할 때 사용한다.

④ 기술조사의 목적은 현 상태를 있는 그대로 정확하게 묘사하는 데 있다.

06 다음 중 탐색조사에 대한 설명으로 거리가 먼 것은?

① 계량적인 방법보다는 질적인 방법을 주로 활용한다.

② 문제에 대한 규명이 목적이다.

③ 무엇이 문제인가를 알기 위해서 시행하는 조사방법이다.

④ 탐색조사에 활용되는 것으로는 기술조사, 횡단조사, 종단조사 등이 있다.

07 다음 중 표적집단면접법(FGI)의 특징으로 거리가 먼 것은?

① 취득한 결과에 대한 일반화가 용이하다.

② 전문적인 정보의 획득이 가능하다.

③ 행위에 따른 내면의 이유 파악이 가능하다.

④ 참신한 아이디어의 개발이 가능하다.

08 다음 중 1차 자료에 대한 설명으로 옳지 <u>않은</u> 것은?

① 대표적인 유형으로는 대인면접법, 우편 이용법 등이 있다.

② 자료의 신뢰성이 떨어진다.

③ 직면한 상황에 대해 조사자가 직접 수집한 자료를 의미한다.

④ 자료수집에 있어 2차 자료에 비해 시간, 비용 및 인력이 많이 든다.

09 다음 중 2차 자료에 대한 설명으로 옳지 <u>않은</u> 것은?

① 조사목적에 따른 도움을 줄 수 있는 기존의 모든 자료를 말한다.

② 대표적인 유형으로는 논문, 정기간행물, 각종 통계자료 등이 있다.

③ 시간, 비용 및 인력에 있어 저렴하다.

④ 자료의 취득이 어렵다는 문제점이 있다.

10 다음 중 관찰법에 대한 내용으로 옳지 <u>않은</u> 것은?

① 관찰자는 피관찰자의 느낌이나 태도, 동기 등과 같은 심리적 현상 관찰이 가능하다.

② 조사대상의 행동 및 상황 등에 대해서 직접적 또는 기계장치를 통해서 관찰해서 자료를 수집한다.

③ 일반적으로 객관적이고 정확성이 높다.

④ 설문지법에 비해 비용이 많이 든다.

11 대인 인터뷰법에 대한 설명으로 거리가 먼 것은?

① 면접진행자가 응답자를 직접 만나서 인터 뷰하는 방법이다.
② 응답자들에 대한 응답률을 높일 수 있다.
③ 복잡하거나 긴 질문의 사용이 가능하다.
④ 접촉범위의 한계가 없다.

12 은희는 다음과 같은 척도를 만들어 통계를 내고자 한다. 이때 다음 척도와 관련된 내용 으로 거리가 먼 것은?

> 예 꼬꼬면의 판매량은 상당히 높다.
> 〈전혀 동의하지 않음〉 〈매우 동의함〉
> 　1　　　2　　　3　　　4　　　5

① 응답자들이 주어진 문장을 보고 동의하는 정도를 답하도록 하는 척도이다.
② 위 척도의 측정값은 서열척도로 간주된다.
③ 응답자들이 스스로가 이해하며 답하는 경 우에 널리 활용되는 방식이다.
④ 응답자들이 쉽게 이해하고, 척도 설계가 쉬 우며 관리하기가 용이하다는 특징이 있다.

13 다음 중 질문지 작성에 있어 지켜야 할 내용 으로 거리가 먼 것은?

① 한 번에 두 가지 이상의 질문은 하지 말아 야 한다.
② 응답자가 민감하게 반응할 수 있는 질문 또는 중요한 질문 등은 질문서 중간에 배치한다.
③ 애매모호한 표현에는 상당히 주의해야 한다.
④ 질문 내용은 우회적으로 표현하도록 한다.

14 관찰의 대상이 되는 집단 전체를 무엇이라고 하는가?

① 사회집단
② 준거집단
③ 모집단
④ 표본

15 다음 중 비확률 표본추출법에 속하는 것은?

① 단순무작위 표본추출법
　(Simple Random Sampling)
② 계층별무작위 표본추출법
　(Stratified Sampling)
③ 군집 표본추출법
　(Cluster Sampling)
④ 편의 표본추출법
　(Convenience Sampling)

16 다음 중 군집 표본추출법에 대한 설명으로 옳지 않은 것은?

① 내부적으로는 동질적, 외부적으로는 이 질적이라는 조건이 만족되어야 한다.
② 집락 표본추출법이라고도 한다.
③ 모집단이 여러 개의 동질적인 소규모 집 단으로 구성되어 있다.
④ 비용 및 시간이 절약된다.

17 다음 중 면접법에 대한 설명으로 옳지 <u>않은</u> 것은?

① 질문지법보다 더 공정한 표본을 얻을 수 있다.
② 환경에 대한 통제와 표준화가 상당히 어렵다.
③ 타인의 영향에 대한 배제가 가능하다.
④ 절차가 복잡하고 불편하다.

18 애매모호한 부분이 없도록 각각의 항목의 응답을 일정한 기준에 의해서 체계적으로 분류하는 과정을 무엇이라고 하는가?

① 분석
② 기호화
③ 편집
④ 분류

19 다음 값 중에서 최빈값은?

> 10, 15, 20, 20, 20, 40, 45, 50, 55, 60, 60, 70, 75, 75, 80, 90, 95

① 90 ② 70
③ 55 ④ 20

20 다음 값 중에서 중앙값은?

> 10, 15, 20, 20, 20, 40, 45, 50, 55, 60, 60, 70, 75, 75, 80, 90, 95

① 45 ② 55
③ 60 ④ 70

21 회귀분석과 상관관계의 차이에 대한 설명으로 옳지 <u>않은</u> 것은?

① 회귀분석에서는 정규성, 등간성, 선형성 등의 조건이 필요하다.
② 상관관계는 등간척도 이상이 아닌 서열척도만으로도 분석이 가능하다.
③ 상관관계는 두 변수의 관계를 예측할 수 있을 뿐만 아니라, 정확한 예측치까지도 제시한다.
④ 회귀분석의 경우에는 변수 간의 인과관계가 성립되어야 한다.

22 다음 중 상관계수에 대한 설명으로 거리가 <u>먼</u> 것은?

① 언제나 항상 0과 1 사이에 존재한다.
② 두 변수의 상관성을 나타내는 척도이다.
③ 점들이 직선에 얼마나 모여 있는지를 나타낸다.
④ 이상점이 있을 경우에, 이에 대한 영향을 받는다.

23 다음 중 분산분석의 가정으로 거리가 <u>먼</u> 것은?

① 모집단은 정규분포를 따른다.
② 표본은 서로 독립적이다.
③ 표본은 각 모집단에서 무작위로 추출한다.
④ 모집단의 분산은 모두 다르다.

24 다음 중 요인분석의 특징으로 거리가 먼 것은?

① 모집단 특성에 대한 추정을 하지 않는다.

② 모수, 통계량, 가설검정 등의 개념이 활용된다.

③ 추출된 요인과 요인 내 변수를 파악해서 추후의 분석에 활용한다.

④ 종속변수와 독립변수의 개념이 없다.

25 다음 중 판별분석에 대한 설명으로 거리가 먼 것은?

① 판별분석에서는 독립변수와 종속변수가 존재하지 않는다.

② 두 집단의 분류에 중요한 역할을 하는 변수를 찾아낸다.

③ 미리 정의된 둘 또는 그 이상의 군집이 어떠한 측면에서 서로가 구분되는지 그 이유를 찾기 위해 활용되는 방법이다.

④ 연구 대상이 두 집단 중 어디에 속하는지를 판단하는 분석기법이다.

26 두 모집단 평균의 차이유무를 판단하는 통계적 검정방법을 무엇이라고 하는가?

① 코딩   ② 분산

③ T-검정   ④ 비율

27 기업고객들에게 판매하기 위하여 조사기관이 주기적으로 실시하는 조사의 유형은 무엇인가?

① 옴니버스 조사

② 애드혹 조사

③ 신디케이트 조사

④ 면접 조사

28 다음 중 탐색조사에 해당하지 않는 것은?

① 문헌조사

② 패널조사

③ 사례조사

④ 전문가 의견조사

29 1차 자료와 2차 자료에 대한 설명으로 옳지 않은 것은?

① 1차 자료의 유형에는 전화서베이, 리포트, 대인면접법 등이 있다.

② 1차 자료는 2차 자료에 비해 자료 수집의 시간, 비용, 인력이 적게 든다.

③ 2차 자료는 현 조사목적에 도움을 줄 수 있는 기존의 모든 자료를 말한다.

④ 2차 자료는 자료수집목적이 조사목적과 일치하지 않는다.

30 마케팅 조사 수행의 과학적 조사방법에 대한 설명으로 옳지 않은 것은?

① 조사 시에 나타난 각종 이론 및 가설은 통상적으로 적용이 가능해야 한다.

② 조사자는 조사 시에 현 사실에만 집중해야 한다.

③ 조사에 활용되는 과학적 지식에 조사자 개인의 생각, 경험 등을 기반으로 접근 및 해석을 하면 안 된다.

④ 명확한 조사 및 연구를 하기 위해서는 각 단계를 밟아 체계적으로 조사해야 한다.

31 기술조사에 대한 설명으로 옳은 것은?

① 무엇이 문제인가를 알기 위해서 시행하는 조사이다.

② 특정 문제가 잘 알려져 있지 않은 경우에 적합한 조사 방법이다.

③ 어떤 집단의 특성을 기술하려 할 때, 또는 예측하고자 할 때 사용한다.

④ 자료가 구조화되어 있지 않다.

32 다음과 같은 특징을 갖는 탐색조사의 종류는 무엇인가?

- 조사를 하기 위해 가장 먼저 실행되어야 하는 조사이다.
- 얻고자 하는 자료가 한정되어 있는 경우가 많다.

① 전문가 의견조사

② 문헌조사

③ 심층면접법

④ 표적집단면접법

33 척도에 관한 설명으로 옳지 <u>않은</u> 것은?

① 홀수 척도점의 경우 태도를 명확하게 밝히지 않고 중립으로 답하게 되는 중간화 현상이 나타난다.

② 척도점의 수가 많아질수록 가능한 답을 할 가능성이 높아진다.

③ 4점 또는 6점 척도가 많이 활용된다.

④ 균형 척도는 긍정적인 의미와 부정적인 의미가 동일한 척도를 말한다.

34 질문서 작성 시의 주의사항으로 옳지 <u>않은</u> 것은?

① 애매모호한 표현을 피해야 한다.

② 응답할 수 없는 질문이라도 포함시켜야 한다.

③ 설문 하나에 두 개 이상의 질문을 하면 안 된다.

④ 가능한 한 모든 응답을 표시해야 한다.

35 질문서 작성 시 질문의 순서에 대한 내용으로 옳지 <u>않은</u> 것은?

① 비슷한 내용을 연속해서 질문할 경우 세부적인 질문을 먼저 하는 것이 좋다.

② 보편적인 질문은 앞에 하는 것이 좋다.

③ 설문지가 긴 경우에는 중요한 질문들을 앞부분에 위치시켜야 한다.

④ 응답자들이 느끼기에 난처한 질문은 뒷부분에 하는 것이 좋다.

36 요인분석의 수행 단계 중 요인의 해석은 몇 단계에 해당하는가?

① 2단계

② 3단계

③ 4단계

④ 5단계

37 판별분석에 관한 설명으로 옳지 <u>않은</u> 것은?

① 연구 대상이 두 집단 중 어디에 속하는지를 판단하는 분석기법이다.
② 독립변수만이 존재한다.
③ 영향을 미치는 변수 중에 어느 변수가 더 영향을 미치고 있는지 알 수 있다.
④ 두 집단의 분류에 중요한 역할을 하는 변수를 찾아낸다.

40 편집에 대한 설명으로 옳지 <u>않은</u> 것은?

① 첫 번째 단계의 편집은 예비적 편집이라고 할 수 있다.
② 두 번째 단계의 편집은 주로 현장에서 수행된다.
③ 편집은 주로 자료의 정정, 보완, 삭제 등으로 이루어진다.
④ 애매한 응답에 대한 판독가능성을 개선해 준다.

38 상관관계분석과 회귀분석의 근본적 차이는 무엇인가?

① 사용하는 통계량의 차이
② 인과관계를 밝힐 수 있는지의 여부
③ 변수의 많고 적음
④ 독립변수와 종속변수의 유무

39 다음 중 회귀분석 사용 시 고려사항이 <u>아닌</u> 것은?

① 이산분석
② 다중공선성
③ 연속상관
④ 점추정

제한시간: 50분 | 시작 ___시 ___분 - 종료 ___시 ___분

➡ 정답 및 해설 259p

01 다음 중 마케팅 조사 절차를 올바르게 나열한 것은?

① 문제정의 → 조사설계 → 자료수집방법 결정 → 표본설계 → 시행 → 분석 및 활용
② 문제정의 → 자료수집방법 결정 → 조사설계 → 표본설계 → 시행 → 분석 및 활용
③ 문제정의 → 표본설계 → 조사설계 → 자료수집방법 결정 → 시행 → 분석 및 활용
④ 문제정의 → 조사설계 → 표본설계 → 자료수집방법 결정 → 시행 → 분석 및 활용

02 마케팅 문제의 원천 유형 중 조직 내적 요소에 속하는 것은?

① 기술적 변화
② 공급 및 수요상황
③ 마케팅 담당 인적자원의 구성
④ 경제적 상황

03 동일한 표본을 대상으로 일정한 간격으로 반복적 조사를 통해 마케팅 변수의 변화추이를 보는 조사를 무엇이라고 하는가?

① 횡단조사
② 탐색조사
③ 인과조사
④ 종단조사

04 다음 중 심층면접법에 대한 설명으로 거리가 먼 것은?

① 조사대상자의 부담을 없애고 그들의 깊이 있는 내용을 이야기할 수 있도록 분위기를 조성해야 한다.
② 면접진행자의 경우에는 많은 숙련을 필요로 하지 않는다.
③ 면접진행자의 영향이 조사대상자의 응답에 대해 영향을 미칠 수 있으므로 해당 연구결과에 대한 신뢰성에 있어 문제의 소지가 될 수 있다.
④ 심층면접법의 경우 취득한 자료의 해석이 쉽지 않다.

05 다음 중 인과관계의 조건으로 옳지 <u>않은</u> 것은?

① 내생변수의 통제
② 발생의 시간적 순서
③ 외생변수의 통제
④ 동반발생

06 다음 중 성격이 <u>다른</u> 하나는?

① 정부에서 발행한 간행물
② 통계청에서 발표한 인구 통계자료
③ 발표된 논문들
④ 우편조사로 취득한 자료

07 다음 중 서베이법에 관한 설명으로 거리가 먼 것은?

① 조사를 진행할 때 많은 시간이 소요된다.
② 소규모의 표본으로 조사 결과에 대한 일반화가 불가능하다.
③ 설문지에 대한 개발이 쉽지 않다.
④ 깊이가 있으면서 복잡한 질문은 하기가 어렵다.

08 다음 중 측정에 대한 내용으로 옳지 않은 것은?

① 조사대상의 속성에 대해 숫자를 부여하는 일종의 체계적인 과정이다.
② 시간의 흐름에 의해 변화하거나 측정의 대상에 의해 변하게 되면 이로 인해 엄격한 측정이 이루어질 수가 없다.
③ 측정규칙의 경우에는 1 : N의 관계이어야 한다.
④ 조사자가 연구하는 것에 대한 조사대상의 성질 및 특성 등에 대해서 이를 잘 표현해 줄 수 있도록 정해진 원칙에 따라 기호를 할당해주는 것이다.

09 다음 중 조작적 정의에 대한 설명으로 옳은 것은?

① 추상적인 개념을 측정 가능한 구체적인 현상과 연결시키는 과정이라 할 수 있다.
② 측정의 대상이 되는 어떠한 개념의 의미를 사전적으로 정의를 내린 것이라 할 수 있다.
③ 정해진 원칙에 따라 기호를 할당해주는 것을 말한다.
④ 어떠한 가설을 기준으로 본래의 질적인 내용을 지닌 여러 가지 속성을 수량적인 변수로 바꾸어 놓은 것을 말한다.

10 다음 중 서열척도의 내용으로 옳지 않은 것은?

① 대상을 어떤 변수에 대해 서열적으로 배열할 경우에 쓰이는 척도를 말한다.
② 순서(크기)는 의미는 없는 반면에, 수치 간격이 얼마나 큰지(차이)에 대한 의미는 있다.
③ 간격척도나 비율척도처럼 연산수행이 이루어지지 않는다.
④ 측정 대상들의 특성을 서열로 나타낸 것이라 할 수 있다.

11 등간척도에 대한 설명으로 옳지 않은 것은?

① 간격이 일정한 척도이다.
② 측정된 값들은 동일한 간격을 가지고 있다.
③ 서열, 범주, 거리에 대한 정보를 지니고 있다.
④ '+', '−'는 불가능하지만, '×', '÷'는 가능하다.

12 다음 중 명목척도에 대한 설명으로 거리가 먼 것은?

① 연구하고자 하는 대상을 분류시킬 목적으로 임의로 숫자를 부여하는 척도이다.
② 상호배반적이어야 한다.
③ 상하관계는 없고 일종의 구분만 존재하는 척도이다.
④ 간격이 일정한 척도를 말한다.

13 다음 중 비율척도에 대한 설명으로 옳지 <u>않은</u> 것은?

① 절대 '0'이 존재하지 않는 척도이다.

② '×', '÷'가 가능한 척도이다.

③ 척도상 위치를 모든 사람이 동일하게 인지하고 해석한다는 특징이 있다.

④ 서열, 비율, 범주, 거리 등에 관한 정보를 지닌다.

14 다음 중 쌍대비교 척도법에 대한 설명으로 옳지 <u>않은</u> 것은?

① 특정 기준에 의해서 두 연구대상 중 하나를 선택하게 하는 방법이다.

② 브랜드 수가 무제한적일 때 활용하는 것이 상당히 유용하다.

③ 대부분 평가해야 할 자극의 대상이 제품인 경우에 많이 활용된다.

④ 쌍대비교 척도법으로 밝혀진 선호는 상대적인 선호일 뿐이며, 실제적으로는 그 의미가 없을 수 있다.

15 다음 중 순서서열 척도법과 관련한 내용으로 거리가 <u>먼</u> 것은?

① 비교적 현실에 가까운 선택 방법이라 할 수 있다.

② 선호에 있어서 상대적 의미만 존재한다.

③ 선택 대안의 수가 줄어들수록 비교하기가 상당히 어려워진다.

④ 시간 및 노력이 절감되며, 이해하기가 용이하다.

16 정원이는 회사에서 마케팅 부서의 팀장이다. 소비자들에게 자사의 이미지를 조사하기 위해 다음과 같은 척도를 활용하고자 한다. 이때 정원이가 활용한 다음 척도에 대한 설명으로 옳지 <u>않은</u> 것은?

> 예 마케팅 코리아의 향후 브랜드 이미지에 대한 여러분의 솔직한 느낌을 체크해 주세요.
> 〈밝다〉 □ □ □ □ □ □ □ 〈어둡다〉

① 대가 되는 형용사적 표현을 설계하기가 상당히 쉽다는 특징이 있다.

② 응답자들이 이해하기가 쉽다.

③ 서로 상반되는 형용사적 표현을 양 끝에 표시하고 적절한 위치에 응답자가 응답하게 하는 척도이다.

④ 서열척도적인 성격이 강한 편이지만 간격 등이 같다고 가정하며, 등간척도로 간주한다.

17 다음 중 이론적으로 얻고자 하는 참값과 실제 계산이나 측량 등으로 구한 값의 차이를 무엇이라고 하는가?

① 타당성

② 신뢰성

③ 오차

④ 편차

18 다음 중 질문서 작성 시 주의사항으로 옳지 않은 것은?

① 알기 쉽게 표현해야 한다.
② 응답자가 민감하게 반응할 수 있는 질문은 되도록이면 직접적으로 질문해야 한다.
③ 가능한 한 모든 응답을 표시해야 하며, 응답에 있어 중복이 되어서는 안 된다.
④ 설문 하나에 두 개 이상의 질문을 하지 않는다.

19 모집단 내에서 특정한 변수가 지니고 있는 특성을 요약하고 묘사한 것을 무엇이라고 하는가?

① 추정량
② 모집단
③ 표본
④ 모수

20 다음 중 비확률 표본추출법에 해당하지 않는 것은?

① 체계적 표본추출법
② 눈덩이 표본추출법
③ 판단 표본추출법
④ 할당 표본추출법

21 다음 중 우편질문법에 대한 설명으로 거리가 먼 것은?

① 광범위한 지역의 조사가 가능하다는 특징이 있다.
② 피조사자의 입장에서 보면 충분한 시간을 갖고 솔직하게 답변할 수 있다.
③ 회수율이 높으며, 회수에 있어서도 많은 시간이 걸리지 않는다.
④ 언어적인 응답에만 국한되는 문제점이 있다.

22 다음 중 2개 이상인 종속변수의 분석기법에 속하는 것은?

① 교차분석
② 다변량분산분석
③ 상관관계분석
④ 도수분포분석

23 다음의 자료를 참고해서 범위를 구하면?

> 40, 45, 50, 55, 60, 65, 70, 75, 80, 85, 90, 95, 100

① 55
② 60
③ 65
④ 70

24 다음 중 낮은 양의 상관관계를 표현한 것은?

①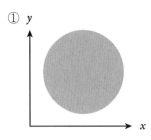

②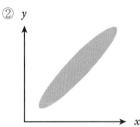

③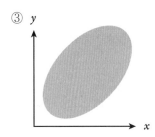

④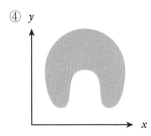

25 다음 중 잔차의 분석에 있어 조사 가능한 사항으로 옳지 <u>않은</u> 것은?

① 회귀모델은 대부분 관측치와 맞는 편이지만, 몇몇의 예외적 관측치가 존재하고 있다.
② 우연적 오차들의 분산은 일정하다.
③ 우연적 오차들은 정규분포를 지닌다.
④ 회귀방정식은 곡선이다.

26 가설을 구성할 때 고려사항으로 적절하지 <u>않은</u> 것은?

① 경험적인 검증이 가능해야 한다.
② 가능한 한 2개의 독립변수와 종속변수 간의 관계로 기술하는 것이 좋다.
③ 간단명료해야 한다.
④ 주어진 연구문제를 해결해 줄 수 있어야 한다.

27 다음 중 횡단조사에 대한 설명으로 옳은 것은?

① 일정 기간을 두고 한 번 이상 조사를 한다.
② 최근의 구매에 대한 정보로 만족해야 한다는 한계가 있다.
③ 패널조사라고도 한다.
④ 변화에 따른 마케팅 변수에 대한 소비자의 반응측정이 가능하다.

28 1차 자료의 수집 방법 중 제공할 수 없거나 제공하기를 꺼리는 정보 등을 취득하는 데 적합한 수집 방법은 무엇인가?

① 관찰법
② 서베이법
③ 실험법
④ 표본추출법

29 다음 중 특성이 <u>다른</u> 표본추출법은 무엇인가?

① 층화임의 표본추출법
② 할당 표본추출법
③ 군집 표본추출법
④ 체계적 표본추출법

30 탐색조사에 대한 설명으로 옳지 <u>않은</u> 것은?

① 특정 문제가 잘 알려져 있지 않은 경우에 적합한 조사 방법이다.
② 탐색조사 자체로 끝이 나는 경우도 있다.
③ 무엇이 문제인가를 알기 위해서 시행하는 조사이다.
④ 계량적인 방법보다는 질적인 방법을 주로 활용한다.

31 전문가 의견조사에 대한 설명으로 옳지 <u>않은</u> 것은?

① 비구조적인 질문으로 이루어진다.
② 해당 분야의 전문가들을 대상으로 하는 조사이다.
③ 엄격한 대표성을 요구하기가 어렵다.
④ 전문가들의 수가 가장 중요하다.

32 다음 중 심층면접법의 특징을 모두 고른 것은?

> ㄱ. 응답자를 8~12명 정도의 집단으로 한다.
> ㄴ. 취득한 자료를 해석하기가 용이하지 않다.
> ㄷ. 많은 사람들 간의 상호작용으로 인해 특별한 아이디어 등이 나타나는 경우가 많다.
> ㄹ. 면접진행자의 경우 많은 숙련을 필요로 한다.

① ㄱ, ㄴ
② ㄴ, ㄷ
③ ㄴ, ㄹ
④ ㄷ, ㄹ

33 다음 설명에 해당하는 외생변수의 통제방법은 무엇인가?

> 외생변수로 작용할 수 있는 요인이 실험 상황 등에 개입되지 않도록 하는 방법

① 균형화
② 제거
③ 상쇄
④ 무작위화

34 서베이법의 특징으로 옳지 <u>않은</u> 것은?

① 설문지를 통해 직접 질문해서 자료를 수집한다.
② 자료의 코딩 및 분석이 용이하다.
③ 광범위한 정보의 수집이 불가능하다.
④ 전화, 편지, 인터뷰 등의 방식을 통해 시행할 수 있다.

35 다음과 같은 특징을 갖는 조사방법은 무엇인가?

> • 응답자에 대한 익명성이 보장된다.
> • 면접 진행자에 의한 오류가 없다.
> • 자료에 대한 분석 및 수집이 자동으로 이루어진다.

① 전자 인터뷰법
② 우편 조사법
③ 전화 인터뷰법
④ 대인 인터뷰법

36 서열척도에 대한 설명으로 옳지 <u>않은</u> 것은?

① 연산수행이 이루어지지 않는다.
② 같은 수를 부여받을 수 없다.
③ 평균 및 표준편차에 대한 의미는 없다.
④ 수치 간격이 얼마나 큰지에 대한 의미는 없다.

37 질문서 작성에 대한 설명으로 옳은 것은?

① 질문서를 작성할 때는 분석내용 및 분석방법까지 반영해야 한다.
② 한 번 만들어진 내용으로 모든 조사자가 의도한 자료를 얻어야 한다.
③ 각 질문 문항은 실제 응답자에게 질문할 말을 그대로 기술하지 않아도 된다.
④ 결과에 대한 방향성까지 제시할 필요는 없다.

38 다음 중 표본의 크기가 커야 하는 경우가 <u>아닌</u> 상황은 무엇인가?

① 변수의 수가 많을 경우
② 간단한 통계분석을 활용할 경우
③ 조사 연구대상을 소그룹으로 세분화시키는 경우
④ 중요한 조사일 경우

39 다음 중 표본오차에 대한 설명을 모두 고른 것은?

> ㄱ. 모집단 전체를 조사하지 않고, 일부 표본만 조사함으로써 발생되는 오차이다.
> ㄴ. 자료 수집의 과정에서 발생되는 오차이다.
> ㄷ. 표본이 모집단을 확실하게 대표하지 못하기 때문에 발생한다.
> ㄹ. 조사자의 실수, 태만, 잘못된 질문, 자료처리에 있어서의 오류 등으로 발생한다.

① ㄱ, ㄴ
② ㄱ, ㄷ
③ ㄴ, ㄷ
④ ㄷ, ㄹ

40 기호화 체제에 대한 구성 지침으로 옳지 <u>않은</u> 것은?

① 응답들이 대체로 각 범주가 나타내는 간격상에서 중앙값이 되도록 하는 것이 좋다.
② 특별한 기호나 문자보다는 수치를 사용하는 편이 좋다.
③ 모든 응답을 포괄할 필요는 없다.
④ 특정한 변수가 사용될 용도가 불확실한 경우, 응답들을 가능한 통합하지 않은 형태로 상세히 분류해야 한다.

01	02	03	04	05	06	07	08	09	10	11	12	13	14	15
②	④	①	③	②	④	①	②	④	①	④	②	④	③	④
16	17	18	19	20	21	22	23	24	25	26	27	28	29	30
①	②	③	④	②	③	①	④	②	①	③	③	②	②	②
31	32	33	34	35	36	37	38	39	40					
③	②	③	②	①	④	②	②	④	②					

01 정답 ②

마케팅 조사의 단계
문제정의 → 조사설계 → 자료수집방법 결정 →
표본설계 → 시행 → 분석 및 활용

02 정답 ④

애드혹(Ad-hoc) 조사는 기업 조직이 필요로 하
는 시기에 시행하는 조사방법이다.

03 정답 ①

조사설계의 단계에서는 조사의 성격에 따라 탐
색조사, 기술조사, 인과조사 등이 활용된다.

04 정답 ③

탐색조사는 문제의 규명이 목적인 조사방법이다.

05 정답 ②

문제의 규명이 목적인 조사방법은 탐색조사이다.

06 정답 ④

탐색조사에 활용되는 것으로는 사례조사·문헌
조사·전문가 의견조사 등이 있다.

07 정답 ①

표적집단면접법은 취득한 결과에 대해 일반화하
기가 어렵다는 문제점이 있다.

08 정답 ②

1차 자료는 조사자가 직접 수집한 자료로서 자료
에 대한 신뢰성 및 정확성이 높은 자료이다.

09 정답 ④

2차 자료는 조사목적에 도움을 줄 수 있는 기존
의 모든 자료이므로, 1차 자료에 비해 자료의 수
집이 용이하다.

10 정답 ①

관찰법에서 관찰자는 피관찰자의 느낌이나 태도,
동기 등과 같은 심리적 현상은 관찰할 수 없다.

11 정답 ④

대인 인터뷰법은 접촉범위의 한계가 있다.

12 정답 ②

문제에서 말하는 척도는 리커트 척도(Lickertis Scale)
로 그 측정값은 등간척도로 간주된다.

13 정답 ④

질문서의 작성에 있어 질문 내용은 쉽게 표현하도록 한다.

14 정답 ③

관찰은 전체 중 일부를 추출해 조사함으로써 전체의 성질을 추정하는 방법을 말한다. 이때 관찰대상의 전체를 모집단이라 한다.

15 정답 ④

단순무작위 표본추출법(Simple Random Sampling), 계층별무작위 표본추출법(Stratified Sampling), 군집 표본추출법(Cluster Sampling)은 확률 표본추출법에 속한다. ④의 편의 표본추출법(Convenience Sampling)은 비확률 표본추출법에 속한다.

16 정답 ①

군집 표본추출법은 내부적으로는 이질적, 외부적으로는 동질적이라는 조건이 만족되어야 한다.

17 정답 ②

면접법은 환경을 통제하고 표준화할 수 있다.

18 정답 ③

편집은 수집된 원자료에서 최소한의 품질수준을 확보하기 위해 응답의 누락, 애매함, 착오 등을 찾아내는 과정이다.

19 정답 ④

최빈값(Mode)은 주어진 값 중에서 가장 자주 나오는 값을 말한다.

20 정답 ②

주어진 자료가 오름차순으로 정렬되어 있으며, n이 홀수이므로 홀수 개를 구하는 공식을 적용하면, $\frac{(n+1)}{2}=9$번째 값이므로 중앙값은 55이다.

21 정답 ③

상관관계는 두 변수의 관계를 예측할 수 있는 정도일 뿐이고, 정확한 예측치를 제시하지 못한다.

22 정답 ①

상관계수는 항상 −1과 1 사이에 존재한다.

23 정답 ④

모집단의 분산은 모두 같다.

24 정답 ②

요인분석에서는 모수, 통계량, 가설검정 등의 개념이 활용되지 않는다.

25 정답 ①

판별분석에서는 독립변수와 종속변수가 존재한다.

26 정답 ③

T-검정은 귀무가설이 옳다는 가정 하에, 두 모집단에서 추출된 표본들로부터 계산된 검정 통계량에 근거해서 귀무가설을 부정할 수 있는 상당한 근거를 보이면 귀무가설을 기각하고, 그렇지 않은 경우에는 귀무가설을 받아들이게 된다.

27 **정답** ③

신디케이트 조사

시장조사 전문기관 또는 전문회사 등에서 주기적으로 다양한 제품에 대한 동향, 정기적인 시장 점유율 조사, 고객반응, 경쟁사에 관한 정보 등을 조사해서 기업이 마케팅 의사결정에 해당 정보를 필요로 할 때 판매하기 위한 조사를 말한다.

28 **정답** ②

탐색조사는 기업의 마케팅 문제와 현재의 상황을 보다 더 잘 이해하기 위해서, 조사목적을 명확히 정의하기 위해서, 필요한 정보를 분명히 파악하기 위해서 시행하는 예비조사이다. 탐색조사에 활용되는 것으로는 사례조사·문헌조사·전문가 의견조사 등이 있다.

29 **정답** ②

1차 자료는 2차 자료에 비해 자료수집의 시간, 비용, 인력이 많이 든다.

30 **정답** ②

조사자는 조사 시에 현 사실에만 집중하는 것이 아닌 발생한 사실에 대한 원인을 규명하고, 새로운 사실의 발견 및 추론이 이루어져야 한다.

31 **정답** ③

기술조사는 현재 나타나고 있는 마케팅 현상을 보다 정확하게 이해하기 위해서 수행되는 조사이나. ①·②·④는 탐색조사에 대한 설명이다.

32 **정답** ②

문헌조사는 조사를 하기 위해 가장 먼저 실행되어야 하는 조사로, 기업이 당면한 문제점 등을 파악하기 위해 이전에 공개되어 있는 2차 자료를 활용하는 것을 말한다.

33 **정답** ③

척도는 어떠한 가설에 의거해서 본래의 질적인 내용을 지닌 여러 가지 속성을 수량적인 변수로 바꾸어 놓는 것을 말한다. 5점 또는 7점 척도가 가장 많이 활용된다.

34 **정답** ②

질문서를 잘못 작성하게 되면 조사하고자 하는 내용 전체가 무효가 될 수 있다. 그러므로 질문서 작성에 있어서는 여러 가지 기본 지침을 따라야 한다. 질문서 작성 시 응답할 수 없는 질문은 하지 않는 것이 좋다.

35 **정답** ①

비슷한 내용을 연속해서 질문할 경우 포괄적인 질문을 먼저 하며, 세부적인 질문항목으로 넘어가야 한다.

36 **정답** ④

요인분석의 수행 단계

1단계 : 분석목적의 확립 및 분석할 변인의 선정
2단계 : 상관관계의 계산 및 누락치 검사
3단계 : 요인모델의 결정
4단계 : 요인의 추출
5단계 : 요인의 해석
6단계 : 추후분석을 위한 요인점수의 산출

37 **정답** ②

판별분석은 미리 정의된 둘 또는 그 이상의 군집이 어떠한 측면에서 서로가 구분되는지 그 이유를 찾기 위해 활용되는 방법이다. 판별분석에서는 독립변수 및 종속변수가 존재한다.

38 **정답** ②

회귀분석은 독립변수가 종속변수에 미치는 영향을 보는 것이고, 인과관계를 밝히는 것은 아니다.

39 **정답** ④

점추정이란 알고자 하는 모수의 값을 표본에서 계산하여 단일의 값을 구하는 것을 의미하며, 모평균, 모비율, 모분산 등의 모수에 대한 점추정 통계량으로서 표본의 평균, 표본비율, 표본분산을 사용한다.

40 **정답** ②

두 번째 단계의 편집은 주로 애매하거나 누락된 응답을 어떠한 방식으로 처리할 것인지를 판단하는 일과 관련해서 사무실에서 수행된다. 이 단계에서는 이미 면접으로부터 많은 시간이 경과하였으므로 응답자에게 정확한 응답을 촉구하는 일이 거의 불가능하지만 역시나 부정확하고 불완전한 응답이 관심의 대상이 된다.

01	02	03	04	05	06	07	08	09	10	11	12	13	14	15
①	③	④	②	①	④	②	③	①	②	④	④	①	②	③
16	17	18	19	20	21	22	23	24	25	26	27	28	29	30
①	③	②	④	①	③	②	②	③	④	②	②	①	②	②
31	32	33	34	35	36	37	38	39	40					
④	③	②	③	①	②	①	②	②	③					

01 정답 ①

마케팅 조사 절차

문제정의 → 조사설계 → 자료수집방법 결정 → 표본설계 → 시행 → 분석 및 활용

02 정답 ③

①·②·④는 조직 외적 요소에 속하는 내용이다.

03 정답 ④

종단조사는 일정기간을 두고 반복적 조사를 하므로, 변화에 따른 마케팅 변수에 대한 소비자의 반응 측정이 가능하다.

04 정답 ②

면접진행자의 경우 많은 숙련을 필요로 한다.

05 정답 ①

인과관계의 조건

• 동반발생
• 발생의 시간적 순서
• 외생변수의 통제

06 정답 ④

①·②·③은 2차 자료의 대표적인 사례이며, ④는 1차 자료의 대표적인 사례이다.

07 정답 ②

서베이법은 대규모의 표본으로 조사 결과에 대한 일반화가 가능하다.

08 정답 ③

측정규칙의 경우에는 1 : 1 대응관계를 지녀야 한다.

09 정답 ①

조작적 정의는 어떠한 개념에 대해 응답자가 구체적인 수치를 부여할 수 있는 형태로서 상세하게 정의를 내린 것이다.

10 정답 ②

서열척도는 순서(크기)는 의미는 있는 반면에, 수치 간격이 얼마나 큰지(차이)에 대한 의미는 없다.

11 정답 ④

등간척도는 '+', '−'는 가능하지만, '×', '÷'는 불
가능하다.

12 정답 ④

간격이 일정한 척도는 등간척도이다.

13 정답 ①

비율척도는 절대 '0'이 존재하는 척도이다.

14 정답 ②

쌍대비교 척도법은 브랜드 수가 제한적일 때 활
용하는 것이 유용하다.

15 정답 ③

순서서열 척도법은 선택 대안의 수가 늘어나면
비교하기가 상당히 어려워진다.

16 정답 ①

제시된 척도는 의미차별화 척도이며, 대가 되는
형용사적 표현을 설계하기가 상당히 어렵다는
문제점이 있다.

17 정답 ③

오차는 이론적으로 구하고자 하는 참값과 실제
계산이나 측량 등으로 구한 값의 차이를 말한다.

18 정답 ②

응답자가 민감하게 반응할 수 있는 질문은 되도
록 우회적으로 질문해야 한다.

19 정답 ④

모수는 모집단 내 어떤 변수의 값인데 주로 통계
치에 의해 추론된다.

20 정답 ①

눈덩이 표본추출법(Snowball Sampling), 판단 표
본추출법(Judgement Sampling), 할당 표본추출
법(Quota Sampling)은 비확률 표본추출법에 속하
며, ①의 체계적 표본추출법(Systematic Sampling)
은 확률 표본추출법에 해당한다.

21 정답 ③

우편조사법은 회수율이 낮으며, 회수에 있어서
도 많은 시간이 걸린다.

22 정답 ②

①·③·④는 종속변수에 대한 개념이 없는 통
계분석기법에 속하는 내용이다.

23 정답 ②

범위는 가장 큰 값과 가장 작은 값의 차이
$(R = X_{max} - X_{min})$를 말한다.
문제에서 $R = X_{max} - X_{min}$를 활용하면
$R = 100 - 40$이므로 범위는 60이 된다.

24 정답 ③

①은 상관관계가 없다는 것을 의미하고, ②는 높
은 양의 상관관계를 나타내며, ④는 곡선 상관관
계를 의미한다.

25 **정답** ④

회귀방정식은 직선이다.

26 **정답** ②

가능한 한 1개의 독립변수와 종속변수 간의 관계로 기술하는 것이 좋다.

27 **정답** ②

횡단조사는 모집단으로부터 추출된 표본에서 단 1회의 조사를 통해 마케팅 정보를 수집하는 방법이다. 소비자로부터 구매한 상표들의 정보를 얻을 수는 있으나, 소비자들의 기억능력의 한계로 인해 최근의 구매에 대한 정보로 만족해야 한다는 문제점이 존재한다.

28 **정답** ①

관찰법은 조사대상의 행동 및 상황 등을 직접적 또는 기계장치를 통해서 관찰해서 자료를 수집하는 방법이다. 제공할 수 없거나 제공하기를 꺼리는 정보 등을 취득하는 데 적합하며 피관찰자의 느낌·동기, 장기적인 행동 등에 대해서는 관찰할 수 없다.

29 **정답** ②

①·③·④는 확률 표본추출법에 해당하고, ②는 비확률 표본추출법에 해당한다.

30 **정답** ②

탐색조사는 그 자체로 끝이 나지 않으며 기술조사 및 인과조사를 수행하기 전 단계의 역할을 수행하는 경우가 많고, 유연성이 특징이다.

31 **정답** ④

전문가 의견조사는 탐색조사의 종류 중 하나로, 기업이 당면한 문제 또는 해결책에 대한 아이디어를 찾기 위해 어떠한 산업 또는 기업에 관련한 풍부한 지식 및 경험을 갖춘 전문가를 통해 정보를 찾아내는 조사이다. 전문가들의 수가 큰 문제가 되지는 않는다.

32 **정답** ③

ㄱ·ㄷ은 표적집단면접법(FGI)에 대한 설명이다.

33 **정답** ②

① 균형화 : 예상되는 외생변수의 영향을 동일하게 받을 수 있도록 실험집단 및 통제 집단을 선정하는 방법
③ 상쇄 : 외생변수가 작용하는 강도가 다른 상황에 대해 타 실험을 실행함으로써 외생변수의 영향을 제거
④ 무작위화 : 어떤 외생변수가 삭용할지 모르는 상황에서 실험집단 및 통제집단을 무작위로 추출

34 **정답** ③

서베이법은 많은 응답자로부터 질문을 통해 자료를 수집하는 방법으로 인구통계적 특성, 행동의 동기, 태도 및 의견 등의 광범위한 정보 수집이 가능하다.

35 **정답** ①

전자 인터뷰법은 컴퓨터 통신을 활용한 조사 방법으로 응답자에 대한 익명성이 보장되며 신속한 조사가 가능하고 접촉의 범위가 넓다. 하지만 인터넷을 사용할 수 있는 응답자들만 응답할 가능성이 높고 응답자들에 대한 응답률이 낮다는 단점이 있다.

36 정답 ②

서열척도는 대상을 어떤 변수에 대해 서열적으로 배열할 경우에 쓰이는 척도이며, 같은 수를 부여받을 수도 있다.

37 정답 ①

질문서는 조사자가 조사문제에 대한 해답을 구할 수 있도록 형성된 하나의 조사도구이다. 질문서를 작성할 때에는 필요로 하는 정보에 대한 종류 및 측정방법, 분석할 내용 및 분석방법까지 반영해야 한다.

38 정답 ②

② 복잡한 통계분석을 활용할수록 표본의 크기는 커야 한다.
① 변수의 수가 많을수록 측정에 수반되는 오차가 커지게 되므로 표본의 크기가 커야 한다.
③ 조사 연구대상을 소그룹으로 세분화시키는 조사의 경우 표본의 크기가 커야 한다.
④ 중요한 조사일수록 더 많은 정보를 필요로 하며, 그로 인해 표본의 수가 커야 한다.

39 정답 ②

표본추출과 관련된 오차에는 표본오차와 비표본오차가 있다. ㄴ·ㄹ은 비표본오차에 대한 설명이다.

40 정답 ③

기호화란 자료의 처리와 분석이 용이하도록 각 응답들에 기호를 할당하는 것을 말한다. 예상되거나 수집된 전체 응답을 상호배타적인 집단으로 분류하고 또한 모든 응답을 포괄할 수 있어야 한다.

빨리보는 간단한 키워드

시/험/전/에/ 보/는/ 핵/심/요/약/ 키/워/드/

미래가 어떻게 전개될지는 모르지만, 누가 그 미래를 결정하는지는 안다.

– 오프라 윈프리 –

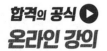

부록 | 빨리보는 간단한 키워드

제1장	마케팅 조사의 이해

제1절 마케팅 조사의 의의

1 마케팅 조사의 개념

(1) 마케팅

조직이나 개인이 자신의 목적을 달성시키는 교환을 창출하고 시장을 정의하고 관리하는 과정

(2) 마케팅 조사

① 마케팅 의사결정에 필요한 정보를 제공하기 위해 수행하는 활동
② 실제 의사결정이 아니며, 마케팅 의사결정을 위한 여러 정보를 제공하기 위해 자료를 수집·분석하는 과정

2 마케팅 조사의 목적

마케팅 조사의 목적은 의사결정자가 보다 나은 의사결정을 내릴 수 있도록 지원하는 것임

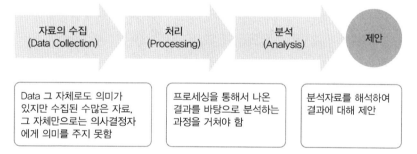

제2절 마케팅 조사와 마케팅 프로그램의 개발

(1) 의사결정(Decision Making)이란 여러 가지의 대안 행동 및 정책들 중 하나를 선택해서 이를 적용하는 결정과정을 의미

(2) 마케팅 프로그램의 개발은 마케팅믹스 4P's(Product, Price, Place, Promotion)에 대한 계획을 의미

제3절 마케팅 조사의 유형

(1) 신디케이트(Syndicate) 조사

시장조사 전문기관 또는 전문회사 등에서 주기적으로 다양한 제품에 대한 동향·정기적인 시장점유율 조사·고객반응·경쟁사에 관한 정보 등의 마케팅 의사결정에 필요한 조사를 해서 해당 정보를 필요로 하는 기업에 판매하기 위한 조사방법

(2) 애드혹(Ad-hoc) 조사

기업 조직이 필요로 하는 시기에 시행하는 조사방법

(3) 옴니버스(Omnibus) 조사

하나의 조사에 여러 기업들이 함께 참여하는 형식의 조사방법

제4절 마케팅 조사의 단계

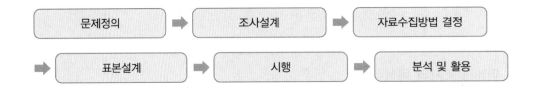

문제정의 ➡ 조사설계 ➡ 자료수집방법 결정 ➡ 표본설계 ➡ 시행 ➡ 분석 및 활용

1 문제정의

환경의 변화 또는 마케팅 전략의 변화 단계에서 정의

2 조사설계

어떠한 조사를 시행할 것인지 결정하는 단계

(1) 탐색조사

① 특정 문제가 잘 알려져 있지 않은 경우에 적합한 조사방법으로 문제의 규명이 목적
② 예비조사의 성격을 가짐
③ 사례조사·문헌조사·전문가 의견조사 등이 있음

(2) 기술조사

① 현재 나타나고 있는 마케팅 현상을 보다 정확하게 이해하기 위해서 수행되는 조사

② 기술조사의 목적은 현 상태를 있는 그대로 정확하게 묘사하는 데 있음

③ 어떤 집단의 특성을 기술하려 할 때, 또는 예측하고자 할 때 사용

④ 횡단조사, 종단조사 등이 있음

(3) 인과조사

① 마케팅 현상의 원인이 무엇인지 밝혀내기 위한 조사

② 인과 관련성을 파악하는 데 목적이 있음

③ 실험 등의 방법이 있음

3 자료수집방법의 결정

(1) 1차 자료

조사자가 현재 수행 중인 조사목적을 달성하기 위해 직접 수집한 자료

① **장점**
  ㉠ 조사목적에 적합한 정확도·신뢰도·타당성 평가가 가능
  ㉡ 수집된 자료를 의사결정에 필요한 시기에 적절히 활용 가능

② **단점** : 2차 자료에 비해 사료수집의 시간, 비용, 인력이 많이 듦

③ **유형** : 전화서베이, 리포트, 대인면접법, 우편이용법 등

(2) 2차 자료

다른 조사를 하기 위해 이미 수집된 자료이며, 현 조사에 도움이 되는 자료

① **장점**
  ㉠ 통상적으로 자료 취득이 쉬움
  ㉡ 시간, 비용, 인력이 적게 듦

② **단점**
  ㉠ 자료수집 목적이 조사목적과 일치하지 않음
  ㉡ 자료의 신뢰도가 떨어짐

③ **유형** : 논문, 정기간행물, 각종 통계사료 등

4 **표본설계**

(1) 표본조사가 전수조사보다 많이 활용되는 이유

① 시간과 비용, 노력을 절감할 수 있음

② 보다 세밀한 조사가 가능

③ 모집단의 수가 너무 많거나 모집단의 정확한 파악이 어려운 경우 전수조사를 사용하기가 어려움

(2) 표본추출법의 종류 : 확률 표본추출법과 비확률 표본추출법

제5절 마케팅 조사의 주요 조사대상

표본이란 전체 모집단의 축도 또는 단면이 된다는 가정 하에 모집단으로부터 선택된 모집단 구성단위의 일부를 의미함

제6절 마케팅 조사의 최근 경향

1 **마케팅 애널리틱스**

IT 기술로 구축되고 축적된 데이터를 통계학적 혹은 컴퓨터 공학적 분석방법(데이터마이닝, 머신러닝, 딥러닝 등)을 이용하여 분석하는 마케팅 의사결정 시스템

(1) 데이터마이닝(data mining)

대규모로 저장된 데이터 안에서 체계적이고 자동적으로 통계적 규칙이나 짜임을 분석하여, 가치 있는 정보를 빼내는 과정

(2) 기계학습(machine learning)

① 기계에게 알고리즘을 학습시키고 데이터에서 지식과 전략적 시사점을 도출하는 작업

② 회귀분석 계열의 수치예측과 판별분석·군집분석 등의 분류예측 등 다양한 방법이 발달해 옴

(3) 딥러닝(deep learning)

① 기계학습 중 인공신경망(neural network)에 기초한 심층학습 기법

② 최근 비정형 자료의 분석에 탁월한 성능을 보이고 있음

2 빅데이터(big data)

(1) 전통적인 기법으로 분석하기 어려운 매우 큰 데이터

(2) 양(volume), 속도(velocity), 다양성(variety)의 3가지 요소(element)로 정의

(3) 구조화된 정형데이터(전자상거래 데이터)와 비구조화된 비정형데이터(텍스트, 이미지 및 영상, 음성 등)로 구성

제2장　마케팅 조사의 예비적 관계

제1절 의사결정단계와 마케팅 조사와의 상호관계

1 포괄적 조사

(1) 개념

의사결정을 하기 위한 대안의 선택, 평가 및 확정 등에 대한 문제 해결을 하기 위한 조사

(2) 목적

① 관련 변수 사이의 상호관계 정도의 파악
② 특정한 상황 발생빈도의 조사 및 상황에 따른 특성 조사
③ 관련된 상황에 대한 예측

2 탐색조사

특정 문제가 잘 알려져 있지 않은 경우에 적합한 조사방법으로 문제의 규명이 목적

3 성과측정조사

의사결정의 목적을 이루기 위해 시행하는 조사

(1) 구매자/고객 수준에서의 정성적 성과지표

① 고객만족도

② 구매의도

③ **브랜드인지도** : 최초 상기도/비보조 인지도/보조 인지도 등

④ 순추천지수(Net Promoter Score)

(2) 제품/기업 수준에서의 정량적 성과지표

① 매출액

② 영업이익

③ 시장점유율

④ 광고수익률(ROAS ; Return On Ad Spend)

제2절 마케팅 문제의 인식

(1) 상황분석(Situational analysis)의 개념

경영자들이 조직의 능력을 이해할 목적으로 조직의 내부 및 외부 환경을 분석하기 위해 사용하는 방식들을 모아둔 것

(2) 상황분석의 목적

① 외부환경과 시장을 이해하는 것

② 기업내부의 기회와 위협을 인식

③ 경쟁자를 분석하고 시장 내 자사 제품/서비스의 경쟁적 위치를 인지

(3) 상황분석의 분석대상

① 시장환경

② 시장과 산업의 특성

③ 소비자 행동패턴

제3절 마케팅 문제의 유형

1 문제의 원천에 대한 유형

(1) 조직의 마케팅 문제를 발생시키는 조직 외적 요소

경제적 상황, 정부정책상의 변화, 기술적 변화, 공급 및 수요 상황

(2) 조직의 마케팅 문제를 발생시키는 조직 내적 요소

조직 내 마케팅 담당부서의 위치, 마케팅 담당 인적자원의 구성, 마케팅 믹스 요소

2 문제 발생 성격에 대한 유형

(1) 현 상황에 관한 문제

(2) 재인지된 문제

(3) 반복되는 문제

(4) 미인지 문제

(5) 재정립 문제

제4절 조사요구서의 작성

1 조사요구서 작성 시의 기본사항

- 진행할 프로젝트의 이름
- 조사 의뢰부서
- 주사 허가인자 및 허가부서
- 날짜
- 진행할 프로젝트의 번호 및 시작일
- 필요로 하는 예산(비용)
- 보고서의 제출날짜
- 조사 실시기관

2 조사요구서와 관련된 각종 개념

(1) 조사의 배경

마케팅 전략의 변화 및 환경의 변화로 인해 마케팅 의사결정이 필요한 문제가 생겼음을 설명

(2) 조사의 목적

조사의 문제 및 목적, 의사결정 문제 등을 서술하여 의사결정자에게 조사의 필요성을 정확하게 전달

(3) 조사의 범위, 조사의 유형 및 수집 자료

조사에 삽입해야 하는 내용을 나열하고 서베이, 관찰, 실험 등 어떠한 방식의 조사를 할 것인지를 설명하며, 수집할 자료를 제시

(4) 자료분석방법

수집된 각종 자료들을 분석할 기법 및 과정을 나타냄

(5) 자료수집방법

누구를 조사의 대상으로 삼아 자료를 수집할지를 나타냄

(6) 조사의 가치

시행한 조사의 결과로 인해 취득할 정보의 가치 및 의사결정문제의 해결에 있어 어떠한 방식으로 활용될 것인가를 제시

(7) 조사의 일정 및 팀의 구성

조사 일정을 제시하며, 조사에 참여할 사람들의 프로파일을 제시

(8) 조사비용(예산)

조사에 소요되는 비용을 산정하고 제시

제3장 마케팅 조사모델과 조사정보의 구조

제1절 마케팅 조사모델

1 탐색조사(Exploratory Research)

(1) 무엇이 문제인가를 알기 위해서 시행하는 조사

(2) 특정 문제가 잘 알려져 있지 않은 경우에 적합한 조사방법이며, 문제의 규명이 목적

(3) 기술조사 및 인과조사를 수행하기 전 단계의 역할을 수행하는 경우가 많으며, 유연성이 특징

(4) 계량적인 방법보다는 전문가 의견조사, 문헌조사, 표적집단면접법, 심층면접법 등의 질적인 방법을 주로 활용

(5) 자료가 구조화되어 있지 않으며, 엄밀하게 통계분석을 시행하지 않는 경우에는 추출된 연구결과물을 일반적인 상황으로 확장시키기 어려움

(6) 사례조사·문헌조사·전문가 의견조사 등

2 기술조사(Descriptive Research)

(1) 마케팅 현상을 보다 정확하게 이해하기 위해서 수행되는 조사

(2) 확실한 목적과 조사하려는 가설을 염두에 두고 시행하는 엄격한 조사 방법

(3) 현 상태를 있는 그대로 정확하게 묘사하는 것이 목적

(4) 집단의 특성을 기술하려 할 때, 또는 예측하고자 할 때 사용

(5) 횡단조사

① 모집단으로부터 추출된 표본에서 단 1회의 조사로 마케팅 정보를 수집하는 방법
② 과거의 기억에서부터 응답된 정보에 대한 신뢰성 확보 어려움

(6) 종단조사

① 일정한 간격으로 반복적 조사를 통해 마케팅 변수의 변화추이를 보는 조사

② 변화에 따른 마케팅 변수에 대한 소비자의 반응측정이 가능

③ 패널조사라고도 함

3 인과조사(Causal Research)

(1) 마케팅 현상의 원인이 무엇인지 밝혀내기 위한 조사

(2) 실험 등을 통한 조사방법에 의해서 가능

(3) 인과 관련성을 파악하는 것이 목적

제2절 조사정보의 구조와 개발과정

1 탐색조사(Exploratory Research)

(1) 문헌조사(Literature Research)

① 조사를 하기 위해 가장 먼저 실행되어야 하는 조사

② 주로 2차 자료 활용

(2) 전문가 의견조사(Key Informant Survey)

① 풍부한 지식 및 경험을 갖춘 전문가를 통해 정보를 찾아내는 조사

② 델파이 조사기법이란 어떤 문제의 해결과 관계된 미래 추이의 예측을 위해 전문가 패널을 구성하여
수회 이상 설문하는 정성적 분석 기법(전문가 합의법)

(3) 심층면접법(Depth Interviews)

① 조사대상자들 중의 한 명을 선택해서 깊이 있는 질문을 통해 조사하는 방법

② 면접진행자의 경우 많은 숙련을 필요

③ 취득한 자료를 해석하기가 용이하지 않음

(4) 표적집단면접법(FGI)

① 응답자를 8~12명 정도의 집단으로 해서 비구조적인 인터뷰를 시행하는 방식

② 장점

　㉠ 많은 주제의 자료수집이 가능

　㉡ 획기적인 아이디어 개발이 가능

　㉢ 행위에 대한 내면의 이유 파악이 가능

　㉣ 전문적인 정보의 획득이 가능

③ 단점

　㉠ 주관적인 해석의 우려

　㉡ 고비용

　㉢ 도출된 결과의 일반화가 어려움

2　기술조사(Descriptive Research)

(1) 패널조사(Panel Research)

① 패널

　㉠ 일종의 고정적인 표본

　㉡ 일정 기간 동안 인원들이 일정하게 유지되는 형태

② 종단조사에 적용하기 용이

(2) 혼합패널(Omnibus Panel)

① 특정 변수에 대해서는 기존 패널표본이 유지

② 다른 변수에 대해서는 다른 집단을 패널표본으로 구성

(3) 순수패널(True Panel)

같은 변수에 대해서 이를 반복적으로 답하는 집단

3　인과조사(Causal Research)

(1) 가설

① **개념**: 가설은 조사자가 자료나 판단에 근거하여 옳다고 믿는 변수들 간의 인과관계 혹은 조사대상의 특성을 나타내는 진술

② **비방향적 가설**: 독립변수와 종속변수 간의 관계에 대해 방향을 제시하지 않는 것

③ **방향적 가설**: 독립변수와 종속변수 간의 관계에 대한 방향을 제시하는 것

(2) 인과관계의 조건

① **동반발생** : 인과관계로 설정된 변수들이 가설이 예측하는 방향으로 함께 흘러가는 것

② **발생의 시간적 순서** : 원인변수로 설정한 변수의 변화가 결과변수로 설정한 변수의 변화보다 먼저 선행해야 한다는 것

③ **외생변수의 통제**

㉠ 외생변수란 결과변수에 영향을 미칠 수는 있지만, 연구자가 원인변수로 설정하지 않는 변수

㉡ 인과관계 조사에서 외생변수를 통제하는 것은 중요함

④ **외생변수의 통제방법** : 균형화, 제거, 상쇄, 무작위화

(3) 인과관계의 종류

① **단순한 인과관계** : A → B

② **연속적 인과관계** : A → B → C

③ **구조적 인과관계** : A → B, A → C, B → C

제4장 자료의 측정

제1절 1차 자료와 2차 자료

1 1차 자료

현재 당면하고 있는 조사를 위해 수집한 자료

탐색조사의 경우	심층면접법, 표적집단면접법, 전문가 의견조사
기술조사의 경우	서베이법, 관찰법
인과조사의 경우	실험법

2 2차 자료

(1) 다른 조사를 하기 위해 이미 수집된 자료이며, 현 조사에 도움이 되는 자료

(2) 2차 자료원

공공단체 또는 조사 회사의 정기 발행물	무역협회, 통계청, 산업별 협의기구, 상공회의소, 조사회사의 발표 자료
기업 내부자료	판매원 자료, 소비자 자료, 회계자료, 재무자료
신디케이트 조사 자료	점포조사 자료, 소비자 패널조사 자료
인터넷 자료	검색 엔진 등을 통해 수집된 자료

3 관찰법

(1) 행동의 패턴을 기록 및 분석해서 조사대상에 대한 체계적인 지식을 취득하는 방법

(2) 비공개적 관찰인 경우 관찰의 대상이 되는 피관찰자 자신이 관찰되는 사실을 모르게 하는 것이 중요

(3) 장점
　① 설문으로 알 수가 없는 피관찰자의 행동까지도 측정이 가능
　② 피관찰자가 의사표현이 불가능한 경우에도 조사가 가능

(4) 단점
　① 피관찰자의 행동에 대한 동기 및 개념 등의 관찰이 불가능
　② 관찰자들에 따라 결과에 대한 기록 및 해석이 다를 수 있음
　③ 비용 등의 문제로 인해 적은 수의 사람을 관찰하므로 해당 결과를 일반화하기 어려움

4 서베이법

(1) 설문지를 통해 직접 질문해서 자료를 수집하는 방법

(2) 장점
　① 대규모의 조사가 가능
　② 직접적으로 관찰이 불가능한 동기 및 개념의 측정 등이 가능
　③ 대규모의 표본으로 조사 결과에 대한 일반화가 가능
　④ 수치적(계량적) 방법으로 분석해서 객관적인 해석이 가능
　⑤ 자료의 코딩 및 분석이 용이

(3) 단점

① 설문지에 대한 개발이 쉽지 않음

② 조사를 진행함에 있어 많은 시간이 소요

③ 부정확하면서도 성의 없는 응답 가능성이 있음

④ 응답률이 저조

⑤ 깊이가 있으면서 복잡한 질문 등을 하기가 어려움

(4) 종류

① **전화인터뷰법**

면접진행자가 응답자들에게 전화를 걸어 설문지의 질문을 하고 기록하는 방식

② **대인인터뷰법**

㉠ 개념 : 면접진행자가 응답자를 직접적으로 만나서 인터뷰하는 방법

㉡ 종류 : 몰 인터셉트 인터뷰, 방문 인터뷰, CAPI

㉢ 장점

- 응답자들에 대한 응답률을 높일 수 있음
- 복잡하거나 긴 질문의 사용이 가능
- 시각적인 자료의 활용이 가능
- 응답자가 질문을 이해하지 못했을 경우에 설명이 가능

㉣ 단점

- 면접진행자에 의한 오류 발생의 가능성이 있음
- 비용이 많이 들어감
- 접촉범위의 한계가 있음

③ **전자인터뷰법** : 컴퓨터 통신을 활용한 방법

④ **우편조사법** : 우편을 통해서 조사하는 방법

제2절 측정의 의미와 과정

1 변수

통상적으로 구체적 변수 및 구성개념들을 모두 지칭

2 구성개념

(1) 추상적인 성격이 강한 변수

(2) 구성개념의 측정을 위해 측정이 가능하도록 재정의할 필요가 있음

3 개념적 정의(Conceptual Definition)

측정의 대상이 되는 어떠한 개념(Concept, Construct)의 의미를 사전적으로 정의를 내린 것

4 조작적 정의(Operational Definition)

(1) 어떠한 개념에 대해 응답자가 구체적인 수치(Number)를 부여할 수 있는 형태로 상세하게 정의를 내린 것

(2) 추상적인 개념을 측정 가능한 구체적인 현상과 연결시키는 과정(Operationalization)

제3절 척도의 종류

1 척도의 개념

(1) 변수를 수량화하는 것

(2) 수치 및 기호의 연속적 체계, 즉 측정하는 도구

(3) 신뢰도 및 타당성이 필요

2 척도의 종류

(1) 명목척도(Nominal Scale)
  ① 연구하고자 하는 대상을 분류시킬 목적으로 임의로 숫자를 부여하는 척도
  ② 상하관계는 없고 일종의 구분만 존재하는 척도
  ③ 단순하게 이름만 가지고 구별이 가능한 척도
  ④ 명목척도에 있어서 수는 부류(Class) 또는 범주(Category)의 역할을 수행
  ⑤ 명목척도는 상호배반적이어야 함
  ⑥ **예시** : 성별, 좋아하는 색, 직업, 거주하는 도시 등

(2) 서열척도(Ordinal Scale)
  ① 대상을 어떤 변수에 대해 서열적으로 배열할 경우에 쓰이는 척도
  ② 연구 대상의 특성 등에 대해 상대적인 정도를 표현하기 위해 수치를 부여하는 척도
  ③ 순서(크기)는 의미가 있는 반면에, 수치 간격이 얼마나 큰지(차이)에 대한 의미는 없음

④ 간격척도와 비율척도처럼 연산수행이 이루어지지 않음

⑤ 측정 대상들의 특성을 서열로 나타낸 것

⑥ 측정 대상이나 분류에 관한 정보를 주는 명목척도의 특성을 가짐과 동시에 측정 대상의 상대적 서열을 표시해 줌

⑦ **예시** : 학생들의 성적 등위, 인기 순서, 키 순서 등

(3) 등간척도(Interval Scale)

① 등간척도는 간격이 일정한 척도

② 크기 등의 차이를 수량적으로 비교할 수 있도록 표지가 수량화된 척도

③ 간격이 일정해서 덧셈과 뺄셈은 가능하지만, '0'이 아무것도 없는 것을 뜻하지 않으므로 몇 배라고 단정할 수 없는 척도

④ '+', '−'는 가능하지만, '×', '÷'는 불가능

⑤ 서열, 범주, 거리에 대한 정보를 지니고 있음

⑥ 측정된 값들은 동일한 간격을 가짐

⑦ 절대 '0'의 개념을 가지지 않으며, 측정 간격이 절대적으로 정해져 있지 않고, 자의적으로 설정

⑧ 자료의 중심경향치를 나타내기 위해서는 평균(mean)이 적절하며, 중앙값과 최빈값도 사용이 가능함

⑨ 등간척도로 측정한 자료는 분산분석, 회귀분석, 상관분석 등의 통계분석을 이용할 수 있으며, 또한 고급통계기법인 요인분석, 판별분석, 군집분석, 다차원척도법도 이용할 수 있음. 다만, 조화평균·기하평균 및 변동계수와 같은 통계량은 계산이 불가능

⑩ 등간척도는 수치 간의 차이가 동일한 척도로 질적인 속성을 계량화할 때 많이 사용

⑪ **예시** : 시간 − 새벽 1시, 새벽 2시, …

(4) 비율척도(Ratio Scale)

① 비율척도는 절대 '0'이 존재하는 척도

② 등간척도에 절대영점(기준점)을 고정시켜서 비율을 알 수 있게 만든 척도

③ 법칙을 수식화하고 완벽한 수학적인 조작을 위해서 비율척도가 바람직

④ 0을 기준으로 하기 때문에 비율이 가능한 척도

⑤ '×', '÷'가 가능한 척도

⑥ 서열, 비율, 범주, 거리 등에 관한 정보를 가지고 있음

⑦ 척도상 위치를 모든 사람이 동일하게 인지하고 해석

⑧ 모든 통계분석 기법의 활용이 가능하다는 특징

⑨ **예시** : 무게, 키, 가격, 나이, 시장점유율 등

[척도의 종류]

척도	기본특성	일상적인 활용사례	허용되는 통계량	
			기술통계	추론통계
명목척도	숫자를 확인하고 대상을 분류	주민등록번호, 선수의 등 번호, 성별, 주거지	퍼센트(%), 빈도	카이스퀘어, 이변량검정
서열척도	대상의 상대적 위치를 지정 (단, 대상들 간의 크기나 차이는 없음)	품질 순위, 석차, 선호도	퍼센트(%), 중앙값	순위상관, ANOVA
등간척도	비교된 대상물의 차이, 영점(Zero)은 임의적으로 정해짐	온도	범위, 평균, 표준편차	가설검정
비율척도	절대영점이 존재하고, 척도값 비율을 계산하여 이용	길이, 무게	기하학적 평균, 조화평균	분산의 개수

3 척도의 개발과 평가

비교 척도법	쌍대비교 척도법, 고정총합 척도법, 순서서열 척도법
메트릭 척도법	연속형 평가척도, 리커트 척도, 의미차별화 척도, 스타펠 척도

(1) 리커트 척도(Lickertis Scale)

① 리커트 척도는 응답자들이 주어진 문장을 보고 동의하는 정도를 답하도록 하는 척도

② 응답자들이 쉽게 이해하고, 척도 설계가 쉬우며 관리하기가 용이

③ 측정값은 등간척도로 간주

④ 응답자들이 스스로가 이해하며 답하는 경우에 널리 활용되는 방식

⑤ 반응자들이 주어진 문장에 얼마나 동의하는지를 척도에 표시하도록 하여 특정 주제에 대한 반응자의 태도를 알아보는 평정척도

⑥ 예시

> C회사의 자동차는 승차감이 아주 좋다.
> 〈전혀 그렇지 않다〉 1　　　　2　　　　3　　　　4　　　　5 〈매우 그렇다〉

(2) 의미차별화 척도

① 서로가 상반되는 형용사적 표현을 양 끝에 표시하고 적절한 위치에 응답자가 응답하게 하는 척도

② 응답자들이 이해하기가 쉬움

③ 대가 되는 형용사적 표현을 설계하기가 상당히 어렵다는 문제점이 있음

④ 서열척도적인 성격이 강하지만, 간격 등이 같다고 가정하여 등간척도로 간주

⑤ 예시

> 대한민국 경제의 앞날에 대해서 여러분의 솔직한 느낌을 표시해주세요.
> 〈밝다〉 : —— : —— : —— : —— : —— : —— : —— : 〈어둡다〉

(3) 스타펠 척도

① 0점 없는 −5에서 +5 사이의 10점 척도로 측정하는 척도

② 의미차별화 척도와 상당히 비슷하지만, 양 끝 쪽에 대가 되는 형용사적 표현을 설계할 필요가 없음

③ 예시

> D백화점에 대한 평가를 다음의 각 속성별로 표기해주세요(동의할수록 높은 점수를 부여)
>
> | | | |
> |---|---|---|
> | −5 −4 −3 −2 −1 | 직원이 친절하다 | +1 +2 +3 +4 +5 |
> | −5 −4 −3 −2 −1 | 제품의 품질이 높다 | +1 +2 +3 +4 +5 |
> | −5 −4 −3 −2 −1 | A/S가 뛰어나다 | +1 +2 +3 +4 +5 |
> | −5 −4 −3 −2 −1 | 첨단제품을 개발한다 | +1 +2 +3 +4 +5 |

제4절 측정의 타당성 및 신뢰성

1 오차(Error)

(1) 이론적으로 구하고자 하는 참값과 실제 계산이나 측량 등으로 구한 값의 차이

(2) 체계적 오차(Systematic Error) : 측정의 과정에 있어서 일정한 패턴을 지니는 오차

(3) 비체계적 오차(Nonsystematic Error) : 일정한 패턴이 없는 오차

2 타당성(Validity)

측정하고자 하는 대상을 척도가 얼마나 정확하게 측정하는지에 관련한 것

(1) 동시 타당성(Concurrent Validity)

① 조사 연구자가 관심 있는 측정 A를 현재 시점에서 관측하고, 기준이 되는 측정 B는 동시에 동일한 시점에서 나타나는 경우에 해당

② 높은 동시 타당성은 측정 A 및 측정 B가 높은 상관관계를 갖는 경우를 의미

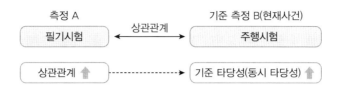

(2) 예측 타당성(Predictive Validity)

① 조사 연구자가 관심 있는 측정 A를 현재 시점에서 관측하고, 기준이 되는 측정 B는 미래시점에서 나타나는 경우에 해당되며, 측정 A를 활용해서 측정 B를 예측하는 의미를 가짐

② 높은 예측 타당성은 측정 A와 측정 B가 높은 상관관계를 가짐

③ 두 개의 개념이 서로 다르지만 연계되는 경우에 두 개념에 대한 조작적 정의 사이에도 상관관계가 있어야 함

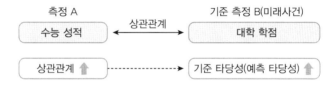

(3) 내용 타당성(Content Validity)

① 연구 설계 또는 실험 등에 있어서, 조사 연구자가 측정하고자 하는 내용이 조사대상의 주요 국면을 대표할 수 있느냐 하는 등의 판단 및 그와 관련된 타당성을 의미

② 시험 등을 통해서 측정하는 행동 또는 실문 주제의 내용이 직무 수행에 있어 중요한 상황을 대표할 수 있느냐 하는 판단과 관련

③ 주관적으로 판단할 수밖에 없기 때문에, 구성개념을 명확하게 이해해야 하며, 정리를 잘 해야 함

(4) 구성 타당성(Construct Validity)

① 조사의 설계에서 처리, 결과, 모집단 및 상황들에 대한 이론적인 구성 요소들이 성공적으로 조작화된 정도를 의미

② 측정도구가 측정하고자 하는 본질을 얼마나 명확하게 측정하고 있는지를 파악하는 방법

③ 추상화의 정도가 높은 개념을 구성개념이라 하는데, 연구자가 측정하고자 하는 추상적 개념이 실제로 측정도구에 의하여 제대로 측정되었는지의 정도를 말함

④ 다른 종류의 타당성들과는 달리 이론과 구성개념 및 가설적인 관계를 검증한다는 점에서 타당성의 핵심적인 요소

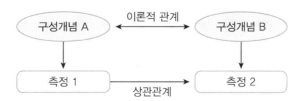

(5) 수렴 타당성(Convergent Validity)

① 동일한 개념에 대해 복수의 조작적 정의(설문항목) 간 상관관계로 타당성을 추정하는 것

② 동일한 구성개념을 측정한 두 측정치는 상관관계가 높아야 함

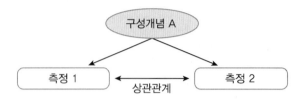

(6) 판별 타당성(Discriminant Validity)

① 서로 다른 개념을 측정했을 때 얻어진 측정값들 간에는 상관관계가 낮아야 한다는 것

② 서로 다른 두 개념을 측정한 측정값들의 상관계수가 낮게 나왔다면 그 측정방법은 판별 타당성이 높다고 할 수 있음

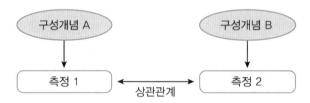

(7) 이해 타당성(Nomological Validity)

① 이론에 근거하여 구성(개념)들 간 관계가 예상한 대로 나타나고 있는지의 여부를 파악하여 구성개념 타당성을 평가하는 방법

② 이론적인 관계가 측정 간의 관계에서 확인되면 높은 이해 타당성이라 할 수 있음

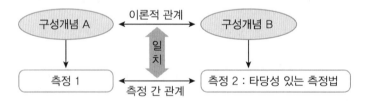

(8) 집중 타당성(Convergent Validity)

동일한 개념을 측정하기 위해 최대한도로 상이한 두 가지의 측정방식을 개발하여, 이로 인해 얻어진 측정값들 간에 높은 상관관계가 존재해야 한다는 것을 의미

(9) 내적 타당성(Internal Validity)

① 실험 또는 연구조사를 통해 찾아낸 효과가 다른 경쟁적 원인들에 의해서라기보다는 조작화된 처리에 기인된 것이라고 할 수 있는 정도

② 측정된 결과가 실험처리(독립변수)의 진정한 변화 때문에 일어난 것인가에 관한 문제

3 신뢰성(Reliablity)

반복적으로 측정했을 시에 일관성 있는 결과를 보여주는 정도

(1) 신뢰성 측정 방법

① 내적 일관성을 활용하는 방법

ㄱ 반분법 : 측정항목을 양분해서 서로 상이한 집단에서 측정

ㄴ 크론바흐의 알파 : 2개의 항목 간 상관관계를 적절하게 변형한 값

② 반복측정방법

일정한 시간 간격을 두고 2번 측정해서 두 측정값의 상관관계의 값으로 평가한 것

(2) 신뢰성 향상방안

① 구성개념을 정확히 이해해야 함

② 신뢰성이 높다고 인정받고 있는 측정법을 사용해야 함

③ 시간과 경제적 여유가 있으면 반복측정법을 사용해야 함

④ 측정항목의 수, 척도점의 수를 늘리게 되면 크론바흐의 알파 값은 커짐

⑤ 타 항목과의 상관관계가 적은 항목을 제거해서 크론바흐의 알파 값을 높임

제5장 질문서의 작성

제1절 질문서 작성의 기본지침

- 질문이 길지는 않은가?
- 조사의 목적에 맞게 작성했는가?
- 질문의 배열에 일관성이 존재하는가?
- 타당성 및 신뢰성이 존재하는가?
- 응답할 응답자들이 해당 질문들을 정확하게 이해할 수 있는가?
- 처음부분과 끝부분의 질문은 응답자가 답하기 쉬운 질문으로 배합한다.
- 질문 내용은 쉽게 표현하도록 한다.
- 응답자로 하여금 유도성 있는 질문은 하지 않도록 한다.
- 응답자가 민감하게 반응할 수 있는 질문 또는 중요한 질문 등은 질문서 중간에 배치한다.
- 한 번에 두 가지 이상의 질문은 하지 말아야 한다.
- 애매모호한 표현에는 상당한 주의를 해야 한다.
- 모든 응답에 표시가 가능하게 해야 하며, 이러한 응답은 중복되지 않도록 해야 한다.

제2절 질문서의 구조와 질문내용의 파악

질문서의 구조는 다음과 같음

- 응답자에 대한 파악자료(Identification Data)
- 응답자에 대한 협조의 요구(Request for Cooperation)
- 필요한 정보의 유형(Information Structure)
- 지시사항(Instruction)
- 응답자의 분류에 대한 자료(Classification Data)

제3절 질문-응답형태의 선택

1 개방형 질문(Open-Ended Questions)

(1) 개념

응답에 대한 선택지를 제시하지 않고 응답자들이 자유롭게 응답할 수 있도록 하는 것

(2) 특징

① 주관식 질문

② 다양하고 창의적인 응답을 얻어낼 수 있음

③ 개방형 질문은 주로 심층적 분석을 수행하기 위한 연구에 적합한 방식

④ 연구조사의 초기 단계 또는 탐색적인 연구에서 많이 활용

(3) 장점

① 직접적인 인용이 가능

② 응답자들에게 충분한 자기표현의 기회를 제공

③ 사실적이면서 생생한 현장감 있는 응답의 취득이 가능

④ 가능한 응답범주를 모두 알 수가 없거나, 상당히 많은 응답범주를 필요로 하는 경우에 유용하게 활용(특히, 사전조사에서 유용)

(4) 단점

① 무응답 또는 응답에 대한 거절의 빈도수가 많음

② 코딩이 어려우며, 분석이 어려움

③ 응답자들의 응답에 있어 일정 수준의 사고가 요구되는 만큼 응답자들이 어느 정도의 교육 수준을 갖추고 있어야 함

2 고정형 질문(Fixed-Alternative Questions)

(1) 개념

응답의 대안을 제시하고, 그중 하나를 선택하게끔 하는 질문방식

(2) 특징

① 응답이 용이하고 분석이 쉬움

② 이분형의 질문과 선다형의 질문이 있음

③ 응답자들의 생각을 모두 반영한다고 할 수 없음

④ 선다형 질문의 경우에는 의미차별화 척도, 리커트 척도, 스타펠 척도 등이 널리 활용

⑤ 개방형 질문에 비해 도표화와 분석이 쉬움

⑥ 조사대상의 응답으로부터 응답자들을 직접적으로 비교할 수 있음

(3) 예시

① 이분형 질문의 예

> 당신은 학위취득 후에 타 학교로 편입하실 계획이 있으신가요?
> 예 _____   아니오 _____

② 선다형 질문의 예

> 당신은 자사의 홈페이지에 일주일에 평균 몇 번이나 방문하시나요?
> 거의 방문하지 않는다. _____   1~2회 정도 _____
> 3~5회 정도   _____   6회 이상 _____

제6장 표본조사의 설계

제1절 표본추출의 기본용어

1 표본의 개념 및 표본의 크기

(1) 개념 : 모집단으로부터 선택된 모집단 구성단위의 일부

(2) 표본의 크기

① 표본의 크기가 클 경우에는 오차를 줄임

② 변수의 수가 많으면 많을수록 측정에 수반되는 오차가 커지게 되므로 표본의 크기가 커야 함

③ 조사 연구대상을 소그룹으로 세분화시키는 조사의 경우 표본의 크기는 커야 함

④ 중요 조사일수록 더욱 더 많은 정보를 필요로 하며 표본의 수가 커야 함

2 모집단(Population)

(1) 통계적인 관찰의 대상이 되는 집단 전체

(2) 본래의 집단 전체를 모집단이라 하고, 이에서 추출되어진 일부를 표본이라고 함

3 표본추출단위(Sampling Unit)

(1) 표본추출에 있어서 대상이 되는 연구대상의 집합

(2) 표본추출과 관련된 오차

① 표본오차(Sampling Error)

㉠ 모집단 전체를 조사하지 않고, 일부 표본만 조사함으로써 발생되는 오차

㉡ 표본오차는 표본이 모집단을 확실하게 대표하지 못하기 때문에 발생

② 비표본오차(Nonsampling Error)

㉠ 자료수집의 과정에서 발생되는 오차

㉡ 조사자의 실수 또는 태만, 잘못된 질문, 자료처리에 있어서의 오류 등으로 발생

4 전수조사(Complete Enumeration)

(1) 통계조사에서 모집단 전체를 조사하는 방법

(2) 시간 및 비용이 많이 듦

제2절 표본추출의 방법 및 표본조사의 설계

1 확률 표본추출법과 비확률 표본추출법

확률 표본추출법	단순무작위 표본추출법[= 단순임의 표본추출법(Simple Random Sampling)]
	계층별무작위 표본추출법[= 층화임의 표본추출법(Stratified Random Sampling)]
	군집 표본추출법[= 집락 표본추출법(Cluster Sampling)]
	체계적 표본추출법[= 계통 표본추출법(Systematic Sampling)]
비확률 표본추출법	편의 표본추출법(Convenience Sampling)
	판단 표본추출법(Judgement Sampling)
	할당 표본추출법(Quota Sampling)
	눈덩이 표본추출법(Snowball Sampling)

2 확률 표본추출법과 비확률 표본추출법 비교

비교기준	확률 표본추출법	비확률 표본추출법
표본의 모집단 대표성	높음	낮음
표본추출오류계산	가능	불가능
추계통계기법적용	가능	불가능
비용	높음	낮음
표본추출기법	높은 수준 요구됨	높은 수준 요구되지 않음

제3절 단순무작위 표본추출법

(1) 단순무작위 표본추출법의 개념

① 모집단의 구성원들이 표본으로서 선정될 확률이 미리 알려져 있고 동일하며, '0'이 아니도록 표본을 추출하는 방법

② 단순임의 표본추출법(Simple Random Sampling)이라고도 함

(2) 단순무작위 표본추출법의 특징

① 이해가 쉬움

② 컴퓨터 프로그램에서 생성된 난수 또는 난수표 등을 활용

③ 모집단의 모든 구성요소들에 대한 목록의 확보가 용이하지 않음

④ 자료에 대한 분석결과가 미리 정해진 허용오차 안에서 모집단에 대한 대표성을 가질 수 있음

⑤ 이질적인 구성요소의 집단들이 많은 관계로 집단 간의 비교분석을 필요로 하는 경우 표본이 상당히 커야 함

제4절 계층별무작위 표본추출법

(1) 계층별무작위 표본추출법의 개념

① 모집단을 구성하고 있는 집단에서 집단의 구성요소의 수에 비례해서 표본의 수를 할당하여 각 집단에서 단순무작위 추출법으로 추출하는 방법

② 층화임의 표본추출법(Stratified Random Sampling)이라고도 함

(2) 계층별무작위 표본추출법의 특징

① 각각의 층은 서로 동질적인 구성요소를 지녀야 하며, 서로 이질적

② 모집단에 대한 표본의 높은 대표성의 확보가 가능

③ 표본을 구성하는 각각의 층들을 서로 비교해서 모집단을 구성하는 각 층의 차이점 추정이 가능

④ 모집단의 높은 대표성을 확보하기 위해서는 기준변수를 적절히 선정해야 하므로 모집단의 특성에 대한 사전 지식이 전혀 없는 상태라면 이러한 방식의 사용이 불가능

⑤ **종류** : 비례적 층화표본추출, 불비례적 층화표본추출

제5절 군집 표본추출법

(1) 군집 표본추출법의 개념
① 모집단을 대표할 수 있을 만큼 다양한 특성을 지닌 집단(군집)들로 구성되어 있을 시에 군집을 무작위로 몇 개 추출해서 선택된 군집 내에서 무작위로 표본을 추출하는 방법
② 집락 표본추출법(Cluster Sampling)이라고도 함

(2) 군집 표본추출법의 특징
① 군집 내 요소들은 서로 이질적으로 다양한 특성을 가지고 있어야 하고 군집들은 서로 동질적이어야 함(즉, 내부적으로는 이질적, 외부적으로는 동질적이라는 조건이 만족되어야 함)
② 비용 및 시간이 절약됨
③ 모집단의 대표성을 확보하기 위해 표적모집단을 구성하는 그룹이 여러 가지 유형인 경우 한 그룹만을 선택해서는 안 됨

(3) 지역 표본추출
표적모집단의 구성원들이 각 지역에 걸쳐서 분포되어 있으며, 각 지역에 속한 구성원들이 조사의 문제에 있어 지역 간에 차이가 없다고 생각되는 경우에 임의로 한 지역을 선택하는 방법

(4) 그 외 : 1단계 군집 표본추출, 다단계 군집 표본추출

제6절 체계적 표본추출법

(1) 체계적 표본추출법의 개념
① 모집단 구성원에게 어떠한 순서가 있는 경우에 일정한 간격을 두면서 표본을 추출하는 방법
② 계통 표본추출법(Systematic Sampling)이라고도 함

(2) 체계적 표본추출법의 특징
① 대표성을 지니고 있는 표본을 효율적으로 추출이 가능
② 표본추출프레임이 순서가 있거나 순서에 의해 표본의 추출이 가능한 경우에 사용이 가능
③ 주기성을 가지고 있는 경우에 문제가 발생
④ 비교적 용이하게 무작위성이 확보된 표본의 추출이 가능
⑤ 모집단이 어떠한 패턴을 가질 시에는 표본추출 시에 상당히 주의를 해야 하며, 모집단의 크기가 잘 알려지지 않거나 무한한 경우 표본의 추출간격을 알 수 없음

(3) 예시 : 투표 출구조사, 몰 인터셉트 인터뷰 등

제7절 비확률 표본추출법

1 편의 표본추출법(Convenience Sampling)

(1) 연구 조사자가 편리한 시간 및 장소에 접촉하기 쉬운 대상을 표본으로 선정하는 것

(2) 적은 시간 및 비용으로 조사대상을 확보할 수 있음

(3) 표본의 모집단 대표성이 부족

(4) 편의 표본으로부터 엄격한 분석결과를 취득할 수 없지만, 조사 대상들의 특성에 대한 개괄적인 정보의 획득이 가능

2 판단 표본추출법(Judgement Sampling)

(1) 연구 조사자가 조사의 목적에 적합하다고 판단되는 구성원들을 표본으로 추출하는 것

(2) 해당 분야에 있어서의 전문가들의 의견 등이 표적모집단의 대표성을 지닌다고 가정

3 할당 표본추출법(Quota Sampling)

(1) 모집단을 어떠한 특성에 따라 세분집단으로 나누고, 나누어진 세분집단의 크기 등에 비례해서 추출된 표본의 수를 결정하여 각 집단의 표본을 판단 또는 편의에 의해 추출하는 방법

(2) 층화임의 표본추출과 비슷하지만 각각의 집단에서 무작위로 표본을 추출하지 않고, 편의에 의해 추출한다는 점에서 차이가 있음

(3) 시간 및 경제적인 면에서 이점이 있음

(4) 가장 널리 활용되는 표본추출 방식

4 눈덩이 표본추출법(Snowball Sampling)

연구 조사자가 적절하다고 판단되는 조사대상자들을 선정한 후에 그들로 하여금 또 다른 조사대상자들을 추천하게 하는 방식

제8절 표본추출의 단계

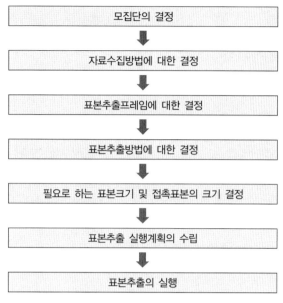

[표본추출단계의 흐름도]

| 제7장 | 자료수집방법 |

제1절 수집방법과 수집방법의 결정기준

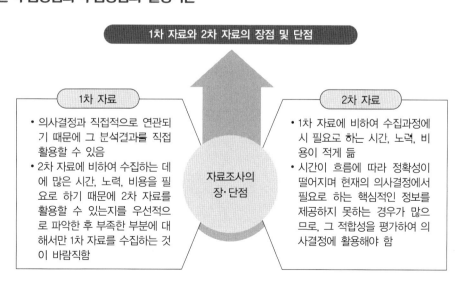

제2절 커뮤니케이션 방법

구분	장점	단점
대인면접법	• 가장 융통성 있는 자료수집방법임 • 응답자의 확인이 가능함 • 응답률이 높음 • 표본분포의 통제가 가능	• 익명성의 부재가 발생(응답 내용에 따라 응답자는 정보제공을 하더라도 익명으로 할 때가 있기 때문) • 조사비용이 많이 소요됨 • 면접자의 감독과 통제가 어려움(응답자가 만나기를 꺼려하거나, 비협조적인 경우 면접자가 응답을 조작할 우려가 있음)
우편질문법	• 표본분포가 폭 넓고, 대표성을 지닐 수 있음 • 면접 오류발생이 없음 • 현장조사자가 필요 없음 • 조사비용이 저렴함 • 특정 이슈에 대한 솔직한 응답이 가능함 • 응답자가 충분한 시간적 여유를 가지고 답변할 수 있음 • 편견적 오류가 감소함(면접자가 없으므로 면접자의 개인적 특성 및 면접자들 사이의 차이에서 나올 수 있는 오류가 나타나지 않게 됨)	• 애매모호한 무응답으로 인해 오류가 발생함 • 질문에 대한 통제가 불가능함 • 무응답된 질문에 대한 처리가 어려움 • 포괄적인 조사와 같은 특정 질문은 할 수 없음 • 주제에 관심이 있는 사람들만이 응답할 우려가 많음 • 모집단의 특정 지역은 접근이 불가능함(문맹자 등) • 회수율이 낮음
전화면접법	• 표본분포가 폭넓고 다양함 • 한 시점에 나타나는 일에 대해 정도가 높은 정보취득이 가능함 • 컴퓨터를 이용한 자동화 조사가 가능함 • 면접이 어려운 사람에게 적용가능한 조사방법임	• 질문의 길이와 내용에 있어 제한적임 • 보조도구를 사용하기 어려움 • 조사 도중에 전화를 끊어 조사가 중단될 수 있음 • 특정 주제에 대해 응답의 회피가 나타날 수 있음
이메일질문법 (인터넷조사)	• 질문의 전달 속도가 빠름 • 응답과 피드백이 돌아오는 시간도 매우 빠름 • 우편질문법에 비해 비용을 절감할 수 있음 • 면접원이 필요 없음(매우 직접적으로 면접법과 같이 면접자의 편견 등이 개입되지 않음) • 즉시 답장이 오지 않을 것이 전제된 상태에서 메시지를 주고받는 커뮤니케이션 방식인 비동기 커뮤니케이션임	• 보안에 취약할 수 있음 • 익명성을 보장할 수 없음

제8장 │ 수집 자료의 처리와 분석

제1절 수집 자료의 정리와 분석 단계

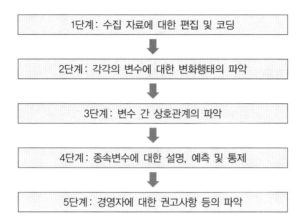

1단계: 수집 자료에 대한 편집 및 코딩

2단계: 각각의 변수에 대한 변화행태의 파악

3단계: 변수 간 상호관계의 파악

4단계: 종속변수에 대한 설명, 예측 및 통제

5단계: 경영자에 대한 권고사항 등의 파악

제2절 자료의 분석

1 통계분석기법(조사목적에 따른 분류)

(1) 관련적인 분석

① 상관관계분석, 교차분석

② 변수 간 관계 분석이 목적

(2) 기술적인 분석

① 기술통계분석, 도수분포분석

② 자료에 대한 특성기술이 목적

(3) 인과관계의 분석

① 회귀분석, 분산분석, 판별분석

② 종속변수가 독립변수에 영향을 받는다는 가정 하에 그 관계의 확인이 목적

(4) 구조추출 분석

① 군집분석, 다차원척도법, 요인분석

② 자료 내 잠재되어 있는 구조의 파악이 목적

2 통계분석기법(변수의 특성에 의한 분류)

(1) 종속변수가 존재하는 통계분석기법

　　① 회귀분석, 판별분석, 분산분석
　　② **2개 이상인 종속변수의 분석기법** : 다변량분산분석(MANOVA)

(2) 종속변수에 대한 개념이 없는 통계분석기법

　　요인분석, 교차분석, 기술통계분석, 상관관계분석, 도수분포분석

제3절 단일변수의 분석

1 자료의 중심화 경향

(1) 최빈값

　　가장 빈도수가 많은 측정 값

(2) 중앙값

　　데이터를 크기순으로 나열했을 때, 중앙에 위치하는 값을 말하며, 데이터가 짝수인 경우에는 중앙에
　　있는 2개의 평균

2 자료의 산포도

(1) 범위

　　최댓값과 최솟값의 차이

(2) 분산

　　① 자료의 산포도를 나타내는 대표적인 통계량
　　② 분포의 평균으로부터 각 관찰치들의 편차제곱들의 평균
　　③ 해석이 어려운 측정치

(3) 표준편차

　　① 분산의 제곱근
　　② 분산에 비해 해석이 비교적 쉬움
　　③ 산포도의 측정치로 널리 활용

(4) 비대칭도
대칭이 아니라 한쪽으로 기울어진 정도

(5) 백분위수
자료를 오름차순으로 정렬해서 백등분된 값

3 가설

(1) 개념
① 조사자가 자료나 판단에 근거하여 옳다고 믿는 변수들 간의 인과관계 혹은 조사대상의 특성을 나타내는 진술
② 연구자가 어떤 현상에 대해 "…일 것이다"라고 생각하는 것을 나타낸 진술
③ 연구가설(research hypothesis)이라고도 함

(2) 가설의 종류
① **귀무가설**
통계적 검증의 대상이 되는 연구가설이며, 대립가설의 반대에 해당하는 진술
② **대립가설**
귀무가설과 대립되는 가설이며, 보통 마케닝조사에서는 앞에서 언급한 연구가설(연구자가 믿는 그리고 지지하기를 원하는 가설) 설정

(3) 가설의 검증절차
① 통계적 가설검증을 거쳐 귀무가설은 기각되거나(rejected), 기각되지 않음(not rejected)
② 만약 귀무가설이 기각되면 연구가설(즉 대립가설)은 지지되지만(supported), 기각되지 않으면 연구가설은 지지되지 않음(not supported)
③ 귀무가설이 기각되고 연구가설(대립가설)이 지지되는 상황을 통계적으로 유의하다고 말하며, 마케팅조사에서 연구가설이 지지되기 때문에 가장 바람직한 상황임

(4) 가설 설정의 예시

H_0 : 아이스크림의 평균 무게 = 60g
H_1 : 아이스크림의 평균 무게 ≠ 60g

제4절 두 변수의 분석

1 상관관계분석

(1) 개념

한 변수의 변화에 의해 타 변수의 변화 정도 및 방향을 예측하는 분석기법

(2) 성격

① 상관관계는 인과관계가 아닐 수도 있다는 것에 주의

② 특정한 경우를 제외하고, 상관관계는 대체로 음의 방향인지 또는 양의 방향인지, 관계의 방향이 포함

③ 독립변수·종속변수가 없음(독립변수와 종속변수의 관계가 불명확하며, 두 변수 상호관련성만을 파악하고자 할 때 활용)

④ 측정치가 아닌 하나의 지수이므로 변수 간 관계의 비율 및 백분율은 다름

⑤ 상관관계의 계수끼리는 가감승제(±, ×, ÷)가 불가능

⑥ 상관관계의 결정계수는 상관관계의 계수를 제곱해서 나오는 값

(3) 종류

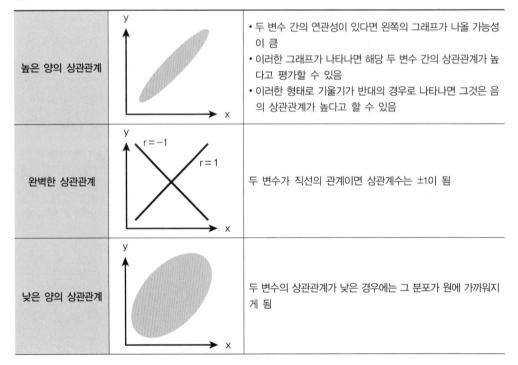

높은 양의 상관관계	(그래프)	• 두 변수 간의 연관성이 있다면 왼쪽의 그래프가 나올 가능성이 큼 • 이러한 그래프가 나타나면 해당 두 변수 간의 상관관계가 높다고 평가할 수 있음 • 이러한 형태로 기울기가 반대의 경우로 나타나면 그것은 음의 상관관계가 높다고 할 수 있음
완벽한 상관관계	(그래프) $r=-1$, $r=1$	두 변수가 직선의 관계이면 상관계수는 ±1이 됨
낮은 양의 상관관계	(그래프)	두 변수의 상관관계가 낮은 경우에는 그 분포가 원에 가까워지게 됨

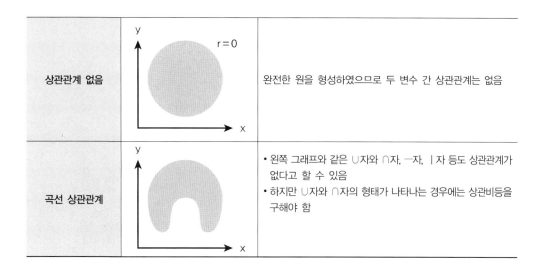

상관관계 없음		완전한 원을 형성하였으므로 두 변수 간 상관관계는 없음
곡선 상관관계		• 왼쪽 그래프와 같은 ∪자와 ∩자, ―자, ㅣ자 등도 상관관계가 없다고 할 수 있음 • 하지만 ∪자와 ∩자의 형태가 나타나는 경우에는 상관비등을 구해야 함

2 회귀분석과 상관관계의 차이

(1) 회귀분석의 경우 변수 간 인과관계가 성립되어야 함

(2) 회귀분석은 정규성, 등간성, 선형성 등의 조건이 필요하며, 이를 검증해야 함

(3) 상관관계는 등간척도 이상이 아닌 서열척도만으로도 분석이 가능

(4) 상관관계는 두 변수의 관계를 예측할 수 있는 정도일 뿐이고, 정확한 예측치를 제시하지 못함

제5절 다변량 분석

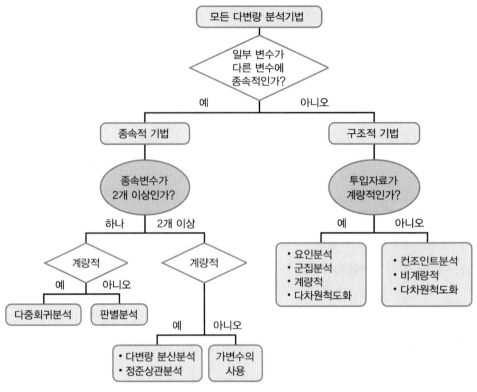

[다변량 통계적 분석기법]

| 제9장 | 단순회귀분석 |

제1절 회귀모델의 기본개념

1 회귀분석의 목적

(1) 독립변수와 종속변수 간의 상관관계, 즉 상호관련성의 여부를 알려줌

(2) 상관관계가 있다면 이러한 관계는 어느 정도나 되는가를 알려줌

(3) 독립변수와 종속변수 간 관계의 성격을 알려줌

2 회귀분석의 기본 가정

(1) 독립변인 및 종속변인 간 관계가 직선적(등간, 비율척도가 적합)

(2) 종속변수 및 오차(예측값과 실제값의 차이)의 분포가 정상분포를 이루어야 함

(3) 오차항이 독립변인들의 값과 독립적이어야 함

(4) 오차들의 분산이 일정해야 한다(오차항의 등분산성)

(5) 모든 개체들의 오차가 서로 자기 상관이 없어야 함

3 종속변수와 독립변수 간 성격 및 관계

구분	변수의 성격		변수의 관계
	종속변수	독립변수	
회귀분석	등간, 비율	등간, 비율	종속적 관계 파악
판별분석	명목	등간, 비율	
분산분석	등간, 비율	명목	
요인분석	등간, 비율	등간, 비율	상호 관계 파악
군집분석	명목, 등간, 비율	명목, 등간, 비율	

제2절 회귀분석의 모델

$$Y_i = \beta_0 + \beta_1 X_i + \varepsilon_i$$

- Y_i : 종속변수의 i번째 값
- X_i : 독립변수의 i번째 값(미리 제시된 상수)
- β_0, β_1 : 회귀계수
- ε_i : 우연적 오차로 해당 평균은 0이며, 분산은 '0'으로 가정

제3절 회귀방정식의 추정

(1) **회귀방정식** : 경제행위의 인과관계를 과거의 통계를 기반으로 추정한 방정식

(2) **회귀방정식의 추정** : 회귀분석 모델에서 회귀계수를 추정하는 것을 의미

(3) 최소자승법(Least Square Method)을 이용하여 회귀계수 추정

제4절 회귀분석에 있어서의 통계적 추론

(1) **상관계수(Coefficient of Correlation)**
　① 두 변수의 상관성을 나타내는 척도
　② 항상 −1과 1 사이에 존재
　③ 상관계수 값이 −1 또는 1일 경우에는 두 변수가 완전한 직선 관계임을 의미
　④ 점들이 직선에 얼마나 모여 있는지를 나타냄
　⑤ 이상점이 있을 경우에, 이에 대한 영향을 받음

(2) **결정계수(Coefficient of Determination)**
　회귀식의 적합도를 재는 척도

제5절 상관관계

1 회귀방정식 상관계수의 특징

(1) 변수 간 관계의 정도와 방향을 하나의 수치로 요약해 주는 지수

(2) 상관계수는 −1.00에서 +1.00 사이의 값을 가짐

(3) 변수와의 방향은 (−)와 (+)로 표현하며, 양의 상관관계일 경우에는 (+)값이 나타나고, 음의 상관관계일 경우에는 (−)값이 나타남

(4) 양의 상관관계는 한 변수가 증가함에 따라 타 변수도 증가하는 경우를 의미하고, 음의 상관관계는 한 변수가 증가함에 따라 다른 변수는 감소하는 경우를 의미

(5) 상관계수의 절댓값이 높을수록 두 변수 간의 관계가 높다고 할 수 있음

2 Pearson의 상관관계(적률 상관관계)

(1) 두 변수가 등간척도 이상이어야 함

(2) 두 변수가 직선의 관계가 있어야 함

(3) 각 행과 열의 분산이 비슷해야 함

(4) 최소한 하나의 변수가 정상분포를 이루어야 함

(5) 사례수가 적을수록 신뢰도가 떨어짐

(6) 상관계수는 r로 표현

제6절 회귀분석의 활용

회귀분석은 다음과 같이 마케팅 뿐만 아니라 비즈니스 분야에서 다양하게 활용

- 금융 관련 예측(주택 가격 또는 주가)
- 판매 및 프로모션 예측
- 시계열 예측

제10장 분산의 분석

제1절 분산분석의 이해

1 분산분석(ANOVA ; Analysis of Variance)

(1) 두 집단 이상의 평균 간의 차이를 검증하는 것으로 T-검정을 일반화한 분석 방법

(2) 분산분석은 각 집단의 분산을 분석하지만, 실제로는 각 집단의 평균이 동일하다는 가설을 검정하는 것

2 분산분석의 가정

(1) 모집단의 분산은 모두 같음

(2) 모집단은 정규분포를 따름

(3) 표본은 서로 독립적

(4) 표본은 각 모집단에서 무작위로 추출

제2절 분산분석의 이론적 고찰

1 종류

(1) 일원분산분석(One-Way ANOVA)

종속변인이 1개, 독립변인이 1개일 때, 2개 이상의 독립변인 집단 간 차이가 유의한지를 검증하는 데 활용

(2) 이원분산분석(Two-Way ANOVA)

① 종속변인은 1개, 독립변인은 2개일 때, 집단 간 차이가 유의한지를 검증하는 데 활용
② 이원분산분석은 주 효과 및 상호작용 효과를 분석할 수 있음

(3) 다원분산분석(MANOVA)

① 종속변인이 1개인 단순한 분산분석을 확장해서 2개 이상의 종속변인이 서로 관계된 상황에 적용시킨 것
② 둘 이상의 집단 간 차이 검증이 가능

(4) 공분산분석(ANCOVA)

① 다원분산분석에서 특정한 독립변인에 초점을 맞추고 다른 독립변인은 통제변수로 해서 분석하는 방법
② 특정한 사항을 제한하여 분산분석을 하는 것

2 변수의 종류

매개변수	A → C처럼 보이지만 실제로는 'A → B → C'이며, A의 결과이자 C의 원인이 되는 변수
외생변수	독립변수 외 종속변수의 변동을 초래하게 하는 제3의 변수
억제(억압)변수	독립변수의 영향력을 상쇄 및 억제시키는 방향으로 작용하는 제3의 변수
왜곡변수	독립–종속 관계의 방향을 반대로 보이게 하는 변수
조절변수	종속변수에 대한 독립변수의 효과를 중간에서 조절하는 변수

3 분산분석(ANOVA) 설계를 위해 고려해야 할 사항

(1) 각 요인에 얼마나 많은 수준이 있는가?

(2) 얼마나 많은 요인들이 있는가?

(3) 종속변인이 몇 개인가?

(4) 각 요인이 피험자 간 요인인가? 피험자 내 요인인가?

제11장 다변량 분석법

제1절 다변량 분석법의 활용

(1) 다변량 분석법(Multivariate Analysis)의 개념

　　서로 관련된 다변량의 자료를 요약 또는 분류하는 등의 통계적 기법

(2) 다음 세 가지 기준에 따라 분석하는 방법이 달라짐

　　① 분석할 변수들을 종속변수와 독립변수로 구분할 수 있는가?
　　② 종속변수가 있다면 몇 개가 있는가?
　　③ 변수들의 측정단위는 어떠한가?

제2절 요인분석법

1 요인분석(Factor Analysis)

(1) 요인분석의 개념

알지 못하는 특성을 규명하기 위해 문항 또는 변인들 간 상호관계를 분석해서 상관이 높은 문항 및 변인들을 묶어 몇 개의 요인으로 규명하고 해당 요인의 의미를 부여하는 통계방법

(2) 요인분석의 접근방법

높은 상관관계를 지니는 변수들이 하나의 공통적인 개념에 도달한다는 논리를 기반으로 하며, 이러한 요인분석은 상관관계를 갖는 변수들을 새로운 합성변수(요인)들로 결합

(3) 요인분석의 특징

① 종속변수 및 독립변수의 개념이 없음
② 모집단 특성에 대한 추정을 하지 않음
③ 추출된 요인과 요인 내 변수를 파악해서 추후의 분석에 활용
④ 모수, 통계량, 가설검정 등의 개념이 활용되지 않음

(4) 요인분석의 목적

① 자료에 대한 요약
② 변수의 구조 파악
③ 불필요한 변수의 제거
④ 측정도구에 대한 타당성 검증

(5) 요인분석의 가정

① 각 변수는 정규분포를 이루어야 함
② 각 변수의 관찰치는 상호 독립적이어야 함
③ 각 변수의 분산은 같다는 동분산성의 가정
④ 요인분석의 대상이 되는 모든 변수는 등간척도 이상인 정량적 자료이어야 함
⑤ 변수의 분산은 요인공통분산, 변수고유분산, 잔차분산으로 세분할 수 있어야 함
⑥ 통상적으로 요인분석을 활용하기 위해서는 적어도 각 변수마다 자료의 수는 50개 이상이 되어야 하고, 이러한 자료의 수가 최소한 변수 개수의 두 배는 되어야 함
⑦ 이미 모집단에서 변수들 간에 확정된 관계가 존재한다는 가정

2 요인분석의 종류

(1) 분석목적에 따른 분류

탐색적 요인분석	분석 전에 그 자료의 기본구조가 알려져 있지 않은 경우에 활용
확인적 요인분석	변수들 간 기존관계를 가설로 설정하고 요인분석을 활용해서 그 관계가 성립됨을 실증하는 데 활용

(2) 분석방법에 따른 분류

공통요인분석	분석의 대상이 되는 변수들의 기저를 이루는 구조를 정의하기 위한 분석방법
주성분분석	주어진 자료를 이용하여 다수의 변수들을 소수의 요인으로 축약하기 위한 분석방법

제3절 군집분석법

(1) 군집분석(Cluster Analysis)의 개념

소비자나 상표들을 서로 유사한 것끼리 묶어서 군집화하려는 경우에 활용되는 기법

(2) 군집분석의 활용

① 주로 소비자들을 여러 개의 특징적인 세분시장으로 나누는 데 활용

② 목표변수 및 반응변수를 지니지 않은 데이터에 적용해서 개체를 분류하고자 할 때 활용

③ 많은 수의 관측개체를 몇몇의 그룹(군집)으로 나눔으로써 대상집단을 이해하고 군집을 효율적으로 활용

(3) 군집분석의 종류

① **계층적 방법(Hierarchical Method)** : 조사대상을 하나의 군집으로 간주해서 출발하여 가까운 대상들이 군집으로 묶여 점차 군집이 커지고 군집의 수는 적어짐

② **비계층적 방법(Nonhierarchical Method)** : 사전에 정해진 군집의 수에 따라 대상들이 군집에 할당되는 방법이며, 대표적으로는 k-평균 군집분석이 있음

제4절 판별분석법

(1) 판별분석(Discriminant Analysis)의 개념

미리 정의된 둘 또는 그 이상의 군집이 어떠한 측면에서 서로가 구분되는지 그 이유를 찾기 위해 활용되는 방법

(2) 판별분석의 활용

① 판별분석은 연구 대상이 두 집단 중 어디에 속하는지를 판단하는 분석기법

② 두 집단의 분류에 중요한 역할을 하는 변수를 찾아내는 활용

(3) 판별분석의 특징

① 독립변수 및 종속변수가 존재

② 독립변수는 비율척도 또는 등간척도, 종속변수는 명목척도

③ 판별분석은 독립변수들에 대한 계량적 측정치의 선형결합이 단 하나의 종속변수를 묘사하거나 예측하기 위해 활용된다는 점에서는 (다중)회귀분석과 비슷

④ 단지 회귀분석에서의 종속변수가 계량적인데 반하여 판별분석에서의 종속변수는 범주적(비계량적)이라는 차이가 있음

⑤ 판별분석은 분산분석과도 비교될 수 있는데, 판별분석에서 단 하나의 종속변수가 범주적이고 독립변수들이 계량적인 데 반하여 분산분석에서는 종속변수가 계량적이고 독립변수가 범주적임

(4) 판별분석의 주요 가정

① 독립변수들이 실제로 집단소속을 설명

② 각 모집단에서 독립변수들은 정규분포를 이루며, 독립변수들의 분산이 동일

③ 현재의 분석에서 고려하고 있는 독립변수 이외에는 어느 응답자도 특정한 집단과 연관을 갖지 않음으로써 집단소속의 사전확률이 동등

제5절 다차원 척도법

(1) 다차원 척도법(Multidimensional Scaling)의 개념

유사성 · 비유사성 값을 활용해서 개체들을 2차원 공간상에 점으로 표현하는 분석방법

(2) 다차원 척도법의 활용분야

시장세분화, 가격 결정, 신제품 개발, 광고 연구 영역 등의 광범위한 마케팅 문제에도 유용하게 활용

(3) 다차원 척도법의 특징

① 개체들을 2차원 공간상에 점으로 표현해서 각 개체들 사이의 집단화를 시각적으로 표현

② 몇 개의 특성변수를 측정한 후에 해당 변수들을 활용해서 각 개체들 사이의 거리 또는 비유사성 등을 측정하고, 이를 활용해서 개체들을 2차원 또는 3차원 공간상의 점으로 표현

(4) 다차원 척도법의 종류

① **비속성자료를 활용한 방식** : 소비자들이 대상의 속성을 총합적으로 인지한다는 가정을 두고, 만들어진 방식

② **속성자료를 활용한 방식** : 대상을 평가하고 인식함에 있어 그에 따르는 속성들을 정의하고 이러한 속성에 근거해서 자료를 분석해서 해당 대상들을 공간에 배열하는 방식

(5) 다차원 척도법의 활용

① 지각도는 여러 대상들(브랜드, 기업 등)에 대한 소비자의 지각을 나타내는 그림으로 포지셔닝 맵이라고도 함

② 지각도에는 대상들의 유사성(similarity) 정도만을 나타내주는 지각도와 유사성과 함께 소비자의 이상점(ideal point)을 나타내주는 지각도가 있음

③ 다차원 척도법으로 지각도를 그릴 수 있음

제6절 컨조인트 분석법

(1) 컨조인트 분석(Conjoint Analysis)의 개념

제품 속성의 중요도를 파악하는 데 있어 유용한 기법으로 제품 속성들의 조합에 의해 만들어진 여러 제품 대안들에 대한 선호도를 분석함으로써 소비자들이 제품 평가 시에 어떠한 제품을 중요하게 여기는지 밝혀내는 기법

(2) 컨조인트 분석의 활용(효과)

① 신제품개발 또는 기존제품의 특정 부위에 대한 개선 등에 유용하게 활용

② 시장세분화

③ 제품의 최적 속성을 결정

④ 매출액 및 시장점유율의 추정

⑤ 광고 및 커뮤니케이션의 효율화

⑥ 연구대상 제품에 대한 수익성 및 사업성의 분석

(3) 컨조인트 분석의 특징

종속변수가 서열척도인 경우에 적합한 분석방법

(4) 컨조인트 분석의 목적

독립변수인 제품이나 조사대상의 속성 등이 종속변수인 제품이나 조사 대상 등에 대한 선호도 및 선택이 있어 각각 어느 정도의 영향을 미치며, 더불어 그러한 속성들 사이에는 어떤 관계인지를 밝혀내는 데 있음

제12장　조사결과의 통합 및 조사보고서 작성

제1절 조사보고서 작성

[조사보고서 포함사항]

- 표지의 작성
- 목차
- 요약
- 서론
- 조사디자인 및 자료수집의 방법 결정
- 자료분석방법 및 그로 인한 발견점
- 결론
- 부록

제2절 조사보고서와 자료의 시각화

(1) 자료시각화의 개념

분석결과를 차트(chart), 그래프(graph), 지도(map) 등을 사용하여 시각적으로 표현하고 전달하는 과정

차트	두 가지 이상의 데이터의 분류, 평균, 차이, 관계 등을 시각적으로 분석하기 위하여 사용되는 도형
그래프	시간에 따른 자료의 경향과 변화를 보여주는 것에 초점을 두는 도형
지도	공간의 표상을 일정한 형식을 이용해 기호로 표현한 그림으로, 대부분 2차원의 평면에 표현

(2) 시각적 속성

차트 혹은 그래프를 구성하는 모든 요소

① 위치, 형태, 크기, 색, 명도, 채도, 선 굵기, 선 유형이 주요한 시각적 속성
② **정량적 자료일 때 주로 활용하는 시각적 속성**: 위치
③ **정성적(범주형) 자료일 때 활용하는 시각적 속성**: 형태와 선 유형

(3) 자료특성에 따른 시각화

① **수량의 시각화**
- ㉠ 수량과 빈도의 시각화
- ㉡ 브랜드별 판매량, 순수익 등과 지표를 활용한 시각화가 가능
- ㉢ 막대차트, 버블차트, 히트맵 등이 있음

② **비율의 시각화**

　　㉠ 수량, 빈도와 함께 자주 사용되는 자료는 비율

　　㉡ 기업의 시장점유율, 점포별 판매비율과 같은 지표를 시각화

　　㉢ 파이차트, 도넛형차트, 와플차트, 트리맵 등이 있음

③ **분포의 시각화**

　　㉠ 자료가 어떻게 분포되어 있는지를 표현

　　㉡ 연령별로 설문조사 응답자 수를 표시할 때 유용

　　㉢ 히스토그램(histogram)과 밀도도표(density plot) 등이 있음

④ **지리공간 데이터의 시각화**

　　㉠ 위치정보 시스템의 발달과 함께 지리공간 데이터를 이용한 시각화

　　㉡ 지도에 데이터를 표시하면 효율적으로 정보전달 가능

　　㉢ 지도, 단계구분도, 카토그램 등이 있음

SD에듀와 함께, 합격을 향해 떠나는 여행

독학학위제 2단계 전공기초과정인정시험 답안지(객관식)

전공분야

성명

2	수 험 번 호

(1)
(2) ① ● ③ ④

※ 감독관 확인란

관 리 번 호 (응시자수)
(연번)

인

답안지 작성시 유의사항

1. 답안지는 반드시 컴퓨터용 사인펜을 사용하여 다음 보기와 같이 표기할 것.
   보기 잘된 표기: ● 잘못된 표기: ⊗ ⊙ ◑ ◐ ○
2. 수험번호 (1)에는 아라비아 숫자로 쓰고, (2)에는 "●"와 같이 표기할 것.
3. 과목코드는 뒷면 "과목코드번호"를 보고 해당과목의 코드번호를 찾아 표기하고,
   응시과목란에는 응시과목명을 한글로 기재할 것.
4. 교시코드는 문제지 전면 의 교시를 해당란에 "●"와 같이 표기할 것.
5. 한번 표기한 답은 긁거나 수정액 및 스티커 등 어떠한 방법으로도 고쳐서는
   아니되고, 고친 문항은 "0"점 처리함.

과목코드 / 응시과목

교시코드 ① ② ③ ④

(응시과목 번호 1–40 each with ① ② ③ ④)

과목코드 / 응시과목

교시코드 ① ② ③ ④

(응시과목 번호 1–40 each with ① ② ③ ④)

독학학위제 2단계 전공기초과정인정시험 답안지(객관식)

컴퓨터용 사인펜만 사용

★ 수험생은 수험번호와 응시과목 코드번호를 표기(마킹)한 후 일치여부를 반드시 확인할 것.

전공분야

성명

답안지 작성시 유의사항

1. 답안지는 반드시 컴퓨터용 사인펜을 사용하여 다음 보기와 같이 표기할 것.
   보기 잘된 표기: ● 잘못된 표기: ⊗ ⊗ ◑ ◐ ○ ●

2. 수험번호 (1)에는 아라비아 숫자로 쓰고, (2)에는 " ● "와 같이 표기할 것.

3. 과목코드는 뒷면 "과목코드번호"를 보고 해당과목의 코드번호를 찾아 표기하고, 응시과목란에는 응시과목명을 한글로 기재할 것.

4. 교시코드는 문제지 전면 의 교시를 해당란에 " ● "와 같이 표기할 것.

5. 한번 표기한 답은 긁거나 수정액 및 스티커 등 어떠한 방법으로도 고쳐서는 아니되오, 고친 문항은 "0"점 처리함.

※ 감독관 확인란

(인)

관 리 번 호

(연번)

(응시자수)

[이 답안지는 마킹연습용 모의답안지입니다.]

독학학위제 2단계 전공기초과정인정시험 답안지(객관식)

★ 수험생은 수험번호와 응시과목 코드번호를 표기(마킹)한 후 일치여부를 반드시 확인할 것.

전공분야

성명

수험번호

(1) 2 — — — — — —

(2) ③ ④ ●

수험번호 기입란 (①②③④⑤⑥⑦⑧⑨⑩ 마킹)

※ 감독관 확인란
(인)

관 리 번 호
(연번)
(응시자서)

과목코드 / 응시과목

과목코드	응시과목
	1 ① ② ③ ④ 21 ① ② ③ ④
	2 ① ② ③ ④ 22 ① ② ③ ④
	3 ① ② ③ ④ 23 ① ② ③ ④
	4 ① ② ③ ④ 24 ① ② ③ ④
교시코드	5 ① ② ③ ④ 25 ① ② ③ ④
① ② ③	6 ① ② ③ ④ 26 ① ② ③ ④
	7 ① ② ③ ④ 27 ① ② ③ ④
	8 ① ② ③ ④ 28 ① ② ③ ④
	9 ① ② ③ ④ 29 ① ② ③ ④
	10 ① ② ③ ④ 30 ① ② ③ ④
	11 ① ② ③ ④ 31 ① ② ③ ④
	12 ① ② ③ ④ 32 ① ② ③ ④
	13 ① ② ③ ④ 33 ① ② ③ ④
	14 ① ② ③ ④ 34 ① ② ③ ④
	15 ① ② ③ ④ 35 ① ② ③ ④
	16 ① ② ③ ④ 36 ① ② ③ ④
	17 ① ② ③ ④ 37 ① ② ③ ④
	18 ① ② ③ ④ 38 ① ② ③ ④
	19 ① ② ③ ④ 39 ① ② ③ ④
	20 ① ② ③ ④ 40 ① ② ③ ④

답안지 작성시 유의사항

1. 답안지는 반드시 컴퓨터용 사인펜을 사용하여 다음 [보기]와 같이 표기할 것.
   [보기] 잘된표기: ● 잘못된표기: ⊘ ⊗ ◑ ○ ◐
2. 수험번호 (1)에는 아라비아 숫자로 쓰고, (2)에는 "●"와 같이 표기할 것.
3. 과목코드는 뒷면 "과목코드번호"를 보고 해당과목의 코드번호를 찾아 표기하고, 응시과목란에는 응시과목명을 한글로 기재할 것.
4. 교시코드는 문제지 전면 의 교시를 해당란에 "●"와 같이 표기할 것.
5. 한번 표기한 답은 긁거나 수정액 및 스티커 등 어떠한 방법으로도 고쳐서는 안되며, 고친 문항은 "0"점 처리함.

과목코드 / 응시과목

과목코드	응시과목
	1 ① ② ③ ④ 21 ① ② ③ ④
	2 ① ② ③ ④ 22 ① ② ③ ④
	3 ① ② ③ ④ 23 ① ② ③ ④
	4 ① ② ③ ④ 24 ① ② ③ ④
교시코드	5 ① ② ③ ④ 25 ① ② ③ ④
① ② ③	6 ① ② ③ ④ 26 ① ② ③ ④
	7 ① ② ③ ④ 27 ① ② ③ ④
	8 ① ② ③ ④ 28 ① ② ③ ④
	9 ① ② ③ ④ 29 ① ② ③ ④
	10 ① ② ③ ④ 30 ① ② ③ ④
	11 ① ② ③ ④ 31 ① ② ③ ④
	12 ① ② ③ ④ 32 ① ② ③ ④
	13 ① ② ③ ④ 33 ① ② ③ ④
	14 ① ② ③ ④ 34 ① ② ③ ④
	15 ① ② ③ ④ 35 ① ② ③ ④
	16 ① ② ③ ④ 36 ① ② ③ ④
	17 ① ② ③ ④ 37 ① ② ③ ④
	18 ① ② ③ ④ 38 ① ② ③ ④
	19 ① ② ③ ④ 39 ① ② ③ ④
	20 ① ② ③ ④ 40 ① ② ③ ④

[이 답안지는 마킹연습용 모의답안지입니다.]

독학학위제 2단계 전공기초과정인정시험 답안지(객관식)

컴퓨터용 사인펜만 사용

★ 수험생은 수험번호와 응시과목 코드번호를 표기(마킹)한 후 일치여부를 반드시 확인할 것.

전공분야

성명

답안지 작성시 유의사항

1. 답안지는 반드시 컴퓨터용 사인펜을 사용하여 다음 보기와 같이 표기할 것.
   보기 잘된 표기: ● 잘못된 표기: ⊗ ⊗ ⊙ ◑ ◐ ○ ○
2. 수험번호 (1)에는 아라비아 숫자로 쓰고, (2)에는 "●"와 같이 표기할 것.
3. 과목코드는 뒷면 "과목코드번호"를 보고 해당과목의 코드번호를 찾아 표기하고,
   응시과목란에는 응시과목명을 한글로 기재할 것.
4. 교시코드는 문제지 전면 의 교시를 해당란에 "●"와 같이 표기할 것.
5. 한번 표기한 답은 긁거나 수정액 및 스티커 등 어떠한 방법으로도 고쳐서는
   아니되고, 고친 문항은 "0"점 처리됨.

※ 감독관 확인란

관 리 번 호

(응시자수)

참고문헌

■ 김성영·라선아, 『마케팅 조사』, 한국방송통신대학교 출판부, 2006.

■ 안광호, 『마케팅 조사원론』 제3판, 학현사, 2004.

■ 이석규, 『마케팅 관리』, 박영사, 2005.

■ 안영일·김대윤·이동근, 『유통관리사 2급』, (주)시대고시기획, 2011.

■ 안영일·이동근, 『유통관리사 2급 단기완성』, (주)시대고시기획, 2011.

■ 이동근, 『독학사 마케팅원론』, (주)시대고시기획, 2011.

SD에듀와 함께, 합격을 향해 떠나는 여행

SD에듀 독학사 경영학과 2단계 마케팅조사

개정13판1쇄 발행	2023년 04월 12일 (인쇄 2023년 02월 24일)
초 판 발 행	2009년 03월 10일 (인쇄 2009년 01월 14일)
발 행 인	박영일
책 임 편 집	이해욱
편 저	독학학위연구소
감 수	윤호정
편 집 진 행	송영진 · 양희정
표지디자인	박종우
편집디자인	김경원 · 장성복
발 행 처	(주)시대고시기획
출 판 등 록	제10-1521호
주 소	서울시 마포구 큰우물로 75 [도화동 538 성지 B/D] 9F
전 화	1600-3600
팩 스	02-701-8823
홈 페 이 지	www.cdcdu.co.kr

I S B N	979-11-383-4131-8 (13320)
정 가	23,000원

SD에듀 독학사

경영학과

why

왜? 독학사 경영학과인가?

4년제 경영학 학위를 최소 시간과 비용으로 단 1년 만에 초고속 합격 가능!

1 조직, 인사, 재무, 마케팅 등 기업 경영과 관련되어 기업체 취직에 가장 무난한 학과

2 감정평가사, 경영지도사, 공인노무사, 공인회계사, 관세사, 물류관리사 등 자격증과 연관

3 노무사, 무역 · 통상전문가, 증권분석가, 회계사 등의 취업 진출

경영학과 과정별 시험과목(2~4과정)

1~2과정 교양 및 전공기초과정은 객관식 40문제 구성

3~4과정 전공심화 및 학위취득과정은 객관식 24문제+**주관식 4문제** 구성

※ SD에듀에서 개설된 과목은 굵은 글씨로 표시하였습니다.

2과정(전공기초)	3과정(전공심화)	4과정(학위취득)
회계원리	재무관리론	재무관리
인적자원관리	경영전략	마케팅관리
마케팅원론	노사관계론	회계학
조직행동론	소비자행동론	인사조직론
경영정보론	재무회계	
마케팅조사	경영분석	
원가관리회계	투자론	
생산운영관리	경영과학	

SD에듀 경영학과 학습 커리큘럼

기본이론부터 실전문제풀이 훈련까지!

SD에듀가 제시하는 각 과정별 최적화된 커리큘럼에 따라 학습해보세요.

STEP 01
기본이론
핵심이론 분석으로
확실한 개념 이해

STEP 02
문제풀이
OX문제+실전예상문제를
통해 실전문제에 적용

STEP 03
모의고사
최종모의고사로
실전 감각 키우기

STEP 04
핵심요약
빨리보는 간단한 키워드로
중요 포인트 체크

독학사 경영학과 2~4과정 교재 시리즈

독학학위제 공식 평가영역을 100% 반영한 이론과 문제로 구성된 완벽한 최신 기본서 라인업!

START

2과정

▸ **전공 기본서** [전 7종]
  - 경영정보론 / 마케팅원론 /
    조직행동론 / 원가관리회계 /
    인적자원관리 / 회계원리 /
    마케팅조사

▸ **경영학 벼락치기** [통합본 전 1종]
  - 인적자원관리+마케팅원론+
    조직행동론+경영정보론+
    마케팅조사+회계원리

3과정

▸ **전공 기본서** [전 6종]
  - 재무회계 / 경영분석 /
    소비자행동론 / 경영전략 /
    노사관계론 / 재무관리론

4과정

▸ **전공 기본서** [통합본 전 2종]
  - 재무관리+마케팅관리 /
    회계학+인사조직론

※ 표지 이미지 및 구성은 변경될 수 있습니다.

GOAL!

➕ **독학사 전문컨설턴트가 개인별 맞춤형 학습플랜을 제공해 드립니다.**

SD에듀 홈페이지 **www.sdedu.co.kr** 상담문의 **1600-3600** 평일 9~18시 / 토요일·공휴일 휴무

나는 이렇게 합격했다

여러분의 힘든 노력이 기억될 수 있도록
당신의 합격 스토리를 들려주세요.

합격생 인터뷰
상품권 증정

추첨을 통해
선물 증정

베스트 리뷰자 1등
아이패드 증정

베스트 리뷰자 2등
에어팟 증정

SD에듀 합격생이 전하는 합격 노하우

"기초 없는 저도 합격했어요
여러분도 가능해요."

검정고시 합격생 이*주

"불안하시다고요?
SD에듀와 나 자신을 믿으세요."

소방직 합격생 이*화

"강의를 듣다 보니
자연스럽게 합격했어요."

사회복지직 합격생 곽*수

"선생님 감사합니다.
제 인생의 최고의 선생님입니다."

G-TELP 합격생 김*진

"시험에 꼭 필요한 것만 딱딱!
SD에듀 인강 추천합니다."

물류관리사 합격생 이*환

"시작과 끝은 SD에듀와 함께!
SD에듀를 선택한 건 최고의 선택"

경비지도사 합격생 박*익

합격을 진심으로 축하드립니다!

합격수기 작성 / 인터뷰 신청

QR코드 스캔하고 ▷ ▷ ▷ ▶
이벤트 참여하여 푸짐한 경품받자!

합격의 공식
SD에듀